NCS 기반
비서실무실습

장은주
김성은
유지선

Secretarial Practice

도서출판
청람

머리말

오늘날 치열한 경쟁 속에서 생존해야 하는 기업들은 우수한 인적자원에 투자를 아끼지 않고 있다. 뛰어난 능력과 자질을 갖춘 비서는 기업의 경쟁력이므로 기업들은 과거에 비해 비서에게 높은 역량을 요구하고 있다. 비서직은 업무 영역이 넓어 조직과 사회 전반에 대한 이해가 요구될 뿐 아니라 본인의 지식과 경험을 업무로 연결할 수 있는 응용력이 중요하다. 따라서 우수한 전문비서를 육성하기 위해서는 이론교육뿐 아니라 실무능력을 배양할 수 있는 교육이 반드시 병행되어야 한다.

최근 비서교육에 큰 변화를 가져온 요소로 두 가지를 들 수 있다. 첫째는 비서직의 국가직무능력표준(NCS: National Competency Standards)이 정해져서 비서 직무의 능력단위와 능력표준이 발표되었다. 기존의 비서교육이 현장중심형 교육이었으므로 교육의 내용과 질에는 큰 영향을 미치지는 않았으나 수업을 진행하는 방식에 변화를 가져왔다. 즉 강의실이 비서실무 현장이 되어 학생들이 개별 과제를 완성할 수 있는 교육방식으로 변화되어 학생들의 실무능력을 높이는 방향으로 나아가고 있다. 두 번째 변화는 스마트 오피스의 확대를 들 수 있다. 스마트 오피스의 등장으로 우리 사회 모든 분야에서 업무 수행 방식이 크게 변화되었다. 모바일 업무 수행으로 시간과 공간을 초월한 업무가 가능해지면서 업무의 효율성이 증대되었을 뿐 아니라 이러한 변화는 앞으로 더욱 가속화될 것으로 예상된다. 따라서 본 교재는 기존의 현장중심형 비서실무의 기본 토대 위에 국자직무능력표준에 따라 업무 과제를 완벽하게 수행할 수 있는 과제 중심으로 구성하였다. 나아가 스마트기기의 활용을 통해 업무효율성을 높일 수 있도록 스마트기기의 활용능력을 배양하는 데 노력을 아끼지 않았다.

본 서는 총 12장으로 구성되어 있으며 전화 및 내방객 등의 비서의 대인관계업무, 상사의 일정, 회의, 출장보좌업무를 효율적으로 수행할 수 있도록 보좌업무, 문서관리 및 정보처리업무, 취업으로 비서실무 전반의 내용을 모두 포함하였다. 각 장마다 해당 주제별로 제시된 다양한 비서실무 과제를 수행해 봄으로써 업무능력을 높일 수 있도록 하였을 뿐 아니라 현직 비서들의 다양한 사례를 삽입하여 현직 비서들의 목소리를 반영하였다. 또한 비서학 분야의 학술논문, 비서들의 다양한 커뮤니티 사이트 등에서도 관련된 내용을 발췌하여 교재의 폭을 넓히고자 노력하였다.

조직의 문화나 상황, 비서의 자질이나 능력 등에 따라 비서업무 내용에는 차이가 있다. 본서가 가능한 다양한 상황을 포함하고자 하였으나 모든 상황을 다루지는 못해 미련과 후회가 남지만 계속적으로 연구 보완할 것을 약속하며 부족한 부분에 대해서는 앞으로도 주변의 의견을 수렴할 것을 약속하는 바이다. 끝으로 이 책이 나오기까지 물심양면으로 도와주신 도서출판 청람의 이수영 사장님과 편집 관계자분들, 자료협조와 조언을 아끼지 않은 교수님들, 사랑하는 제자들에게도 깊이 감사를 드린다. 그리고 무엇보다 어려운 시기를 잘 견디어준 사랑하는 가족에게 감사드린다.

2015년 2월

차 례

제1장 비서의 업무자세 및 환경관리

1. 직장예절 ········ 2
   1) 비서의 업무자세 ········ 3
   2) 인사예절 ········ 3
2. 지시 및 보고업무 ········ 5
   1) 지시를 받을 때 ········ 5
   2) 보고할 때 ········ 6
3. 비서의 환경관리 ········ 8
   1) 상사 집무실 ········ 8
   2) 비서실 ········ 9
   3) 접견실 ········ 9
   4) 탕비실 ········ 9

제2장 전화응대업무

제1절 전화응대업무 1 ········ 20

1. 전화응대 예절 ········ 20
   1) 상사의 기호 파악 ········ 20
   2) 전화응대의 기본 원칙 ········ 21
2. 전화를 걸고 받을 때의 자세 ········ 22
   1) 전화를 걸 때 유의할 점 ········ 22
   2) 전화를 받을 때 유의할 점 ········ 24
3. 다양한 상황에서의 전화응대 I ········ 25
   1) 전화연결 ········ 25
   2) 직급에 따른 전화연결 ········ 25
   3) 상사 부재 시 전화응대 ········ 25

제2절 전화응대업무 2 ···· 27

1. 다양한 상황에서의 전화응대Ⅱ ···· 27
   1) 상대방이 부재 중일 경우 ···· 27
   2) 직위가 높은 사람에게 비서가 전화를 걸 때 ···· 27
   3) 상사가 통화 중일 경우 ···· 28
   4) 전화중개 시 ···· 28
   5) 통화 도중에 다른 전화가 걸려올 경우 ···· 29
   6) 비서 부재 시 전화응대 ···· 29
   7) 전화가 잘못 걸려왔을 때 ···· 29
   8) 전화를 끊을 때 ···· 30
2. 전화기기와 전화서비스 ···· 30
   1) 키폰 ···· 30
   2) 전화부가서비스 ···· 31
3. 국제전화 ···· 32
   1) 국제전화의 종류 ···· 32
   2) 국제전화서비스 ···· 34

제3장 내방객응대업무

제1절 내방객응대업무 1 ···· 66

1. 면담준비 ···· 66
   1) 상사의 기호 파악 ···· 67
   2) 면담예약 ···· 67
   3) 면담일시 결정 시 피해야 할 시간 ···· 68
   4) 상사 부재 시의 면담예약 ···· 69
   5) 면담약속의 변경 및 취소 ···· 69
   6) 내방객 기록부와 내방객 카드 활용 ···· 69
2. 선약 유무에 따른 내방객응대 ···· 70
   1) 방문객응대 자세 ···· 70
   2) 방문객 맞이 순서 ···· 71
   3) 선약 유무에 따른 내방객응대 ···· 72
3. 내방객 조정 및 상사 면담 중의 비서의 업무 ···· 73
   1) 내방객 조정 ···· 73
   2) 내방객 면담 중의 비서의 업무자세 ···· 73
   3) 상사 대리자로서의 내방객응대 ···· 74

제2절 내방객응대업무 2 ···· 75

1. 내방객 맞이 ···· 75
    1) 인사 ···· 75
    2) 소개예절 ···· 76
    3) 명함 ···· 77
2. 내방객 안내 ···· 78
    1) 안내예절 ···· 78
    2) 복도와 계단에서의 안내 ···· 79
    3) 엘리베이터와 에스컬레이터에서의 안내 ···· 79
    4) 문에서의 안내 ···· 80
    5) 응접실에서의 안내 ···· 80
    6) 교통수단에서의 자리 배치 ···· 81
3. 내방객 접대 ···· 82
    1) 응대 장소의 환경 정비 ···· 82
    2) 음료 대접 ···· 82
    3) 방문객 전송 ···· 83

제4장 일정관리업무 1

제1절 일정관리업무 1 ···· 108

1. 효율적 일정 수립 ···· 108
    1) 비서의 일정관리 재량권 ···· 109
    2) 상사의 일정관리 원칙 ···· 109
2. 일정표의 종류 및 다이어리 운용 ···· 111
    1) 일정표의 종류 ···· 111
    2) 일정표 운용 ···· 112
3. 일정확인 및 변경 ···· 113
    1) 일정확인 ···· 113
    2) 일정변경 ···· 113

제2절 일정관리업무 2 ···· 115

1. 비서의 업무관리 ···· 115
    1) To Do List ···· 115
    2) 업무일지 작성 ···· 116

3) 티클러 파일과 Bring Forward Filing System 활용 116
4) 조직도 파악 117
5) 업무매뉴얼 118
6) 상사의 개인정보 119
7) 속기 공책을 활용한 메모 119
8) 기타 업무 효율화 방안 120

2. 비서의 시간관리 121
1) 즉시처리의 원칙 121
2) 계획에 의한 업무추진 121
3) 상사와의 업무 및 시간 조정 122
4) 스스로의 통제 122

제5장 회의업무

제1절 회의업무 1 140

1. 회의의 개요 140
1) 회의의 기능 141
2) 회의의 형식 142
3) 컴퓨터 및 통신을 활용한 회의 144

2. 상사의 회의 참석 시 보좌업무 145
1) 상사 회의 참석 시 확인사항 145
2) 상사 회의 참석 시 준비사항 146

3. 성공적 회의 개최를 위한 준비업무 147
1) 회의 목적 확인 147
2) 회의 장소 선정 147
3) 회의 시기 결정 147
4) 회의장 준비 148
5) 설비 및 비품 준비 150

제2절 회의업무 2 151

1. 상사의 회의 주최 시 보좌업무 151
1) 상사 회의 주최 시 업무순서 151
2) 외부강사 초청 시 체크사항 153
3) 회의 통지 154
4) 회의 자료 준비 154
5) 회의 진행 155

2. 회의 당일업무와 회의의 사후업무 ········ 155
1) 회의 개시 전의 업무 ········ 155
2) 회의 개최 중의 업무 ········ 156
3) 회의의 마무리 및 사후업무 ········ 156

3. 국제회의 ········ 159
1) 통역 ········ 159
2) 교통안내 ········ 159
3) 국기의 취급 ········ 160

제6장 출장업무

제1절 출장업무 1 ········ 176

1. 출장준비 ········ 176
1) 제반 규정 및 상사의 취향 확인 ········ 177
2) 출장계획 수립 ········ 178

2. 예약업무 ········ 179
1) 교통편 예약 ········ 179
2) 숙박시설 예약 ········ 181
3) 렌트카 예약 ········ 184

제2절 출장업무 2 ········ 185

1. 출장일정표 작성 ········ 185
1) 출장일정표 기재사항 ········ 186
2) 출장일정표 작성 시 유의사항 ········ 186

2. 출장보좌업무 ········ 187
1) 출발 전의 업무 ········ 187
2) 출장 중의 업무 ········ 189
3) 상사의 귀사에 대비한 업무 ········ 190
4) 출장사후업무 ········ 191

3. 해외출장수속 ········ 191
1) 여권 ········ 191
2) 비자 ········ 192
3) 환전 ········ 192
4) 해외여행보험과 예방접종 ········ 193

제7장 정보수집 및 관리업무

1. 정보수집 및 자료제시 ···· 216
1) 비서의 정보관리업무 ···· 216
2) 정보수집 ···· 217
3) 자료의 제시 ···· 218
2. 정보의 보안 ···· 219
1) 기밀정보의 보안 ···· 219
2) 정보의 보호 ···· 220
3) 소셜미디어 사용에 따른 정보보안 원칙 ···· 221

제8장 총무업무

1. 상사의 대내외 활동관리 ···· 236
1) 상사의 인간관계 관리 ···· 236
2) 행사업무 ···· 237
3) 비즈니스 골프 ···· 238
2. 경조사업무 ···· 238
1) 경사의 처리 ···· 239
2) 조사의 처리 ···· 239
3) 경조 전보와 선물 ···· 241

제9장 문서작성업무

1. 문서의 의의 ···· 256
1) 문서의 정의 ···· 256
2) 문서의 필요성 ···· 257
3) 문서의 기능 ···· 257
4) 문서의 종류 ···· 257
5) 문서의 성립과 효력발생 ···· 260
2. 문서의 작성 ···· 260
1) 문서작성의 기본 원칙 ···· 260
2) 문서작성의 형식 ···· 262
3. 공문서 작성 및 결재 방식 ···· 264
1) 문서의 기안 ···· 264

2) 기안문서의 작성 ········ 267
3) 문서의 결재 ········ 269
4) 문서의 시행 ········ 269

4. 사문서 작성 ········ 270
1) 사내문서 ········ 270
2) 사외문서 ········ 270
3) 보고서 ········ 273

제 10 장 문서정리업무

1. 문서정리의 의의 ········ 288
1) 문서정리의 필요성 ········ 288
2) 문서정리의 과정 ········ 290
3) 문서의 대출 ········ 291
4) 문서의 보존과 폐기 ········ 292
5) 문서정리를 위한 용구 ········ 293

2. 문서정리의 방법 ········ 295
1) 조직의 문서관리법 ········ 295
2) 문서정리의 순서 ········ 296
3) 문서정리방법 ········ 297

3. 전자문서의 관리 ········ 302
1) 전자문서 ········ 302
2) 전자문서의 처리과정 및 보관 ········ 303

제 11 장 문서수발신업무

1. 문서의 수신 ········ 314
1) 문서의 접수 및 배부업무 ········ 314
2) 상사 부재 중의 우편물 처리 ········ 316
3) 봉투의 처리 ········ 317

2. 문서의 발신 ········ 318
1) 우편물의 발신 ········ 318
2) 우편물의 종류 ········ 318
3) 우편제도 ········ 319

제12장 취업준비

1. 취업전략 ········ 328
1) 진로경로 설정 ········ 329
2) 취업정보수집 ········ 329
3) 취업노트 ········ 331
2. 취업서류 ········ 332
1) 이력서 ········ 332
2) 자기소개서 ········ 333
3) 포트폴리오 ········ 335
3. 면접 ········ 335
1) 면접순서 및 주의사항 ········ 335
2) 면접시험 시 피해야 할 사항 ········ 337

부 록

전문비서 윤리강령 ········ 358
항공사 코드 ········ 360
각국 도시 공항 코드 ········ 361
세계 주요국 월별 평균 기온 ········ 363
세계시차표 ········ 364
세계 화폐단위 ········ 365
수의(壽儀) ········ 366

Chapter 1

비서의 업무자세 및 환경관리

Chapter

1 비서의 업무자세 및 환경관리

Secretarial Practice

학습내용

1. 직장예절
2. 지시 및 보고업무
3. 비서의 환경관리

학습목표

1. 직장예절의 중요성을 인식하고 예의바른 직장인의 자세를 익힌다.
2. 상사의 지시를 받는 방법과 올바른 보고방법을 학습함으로써 상사의 지시내용을 신속·정확하게 이해하고 필요한 사항을 적시에 보고할 수 있다.
3. 상사 집무실, 비서실 등의 환경관리를 통하여 업무 효율성을 극대화한다.

1 직장예절

직장은 나이, 학력, 성격, 사고방식 등이 다른 사람들이 모여 하나의 공동 목표를 달성하기 위해 서로 협력하고 조직적으로 일하는 곳이다. 함께 일하는 사람들을 존중하고 자신의 역할을 충실히 하며 함께 일하는 사람에게 도움을 줄 수 있을 때 우리들의 직장은 신명나는 일터가 될 수 있다. 따라서 우리는 직업인으로서의 바람직한 태도와 자세, 업무능력을 갖추기 위해 노력해야 한다.

예절은 자기가 속한 조직에 자신을 잘 어울리도록 만드는 방법이다. 흔히 예절이 형식적인 것이고, 분위기를 경직시킨다고 생각하지만 이는 서로 다른 개성과 계층이 편하고 자연스럽게 만날 수 있는 하나의 통로이며, 또 다른 형태의 의사소통방법이다. 따라서 서로 다른 사람들이 모인 직장에서 타인을 먼저 생각하고 예의바르게 행동함으로써 자신의 이미지를 높일 뿐 아니라 직장을 일하고 싶은 곳으로 스스로 만들어

나가야 한다.

바른 예절을 갖추는 것은 마음만으로 되지는 않는다. 다른 사람을 배려하는 마음가짐뿐만 아니라 올바른 예절을 익히고 몸에 배도록 노력하는 것이 중요하다.

1) 비서의 업무자세

비서로서의 바른 업무자세를 살펴보면 다음과 같다.

- 상사로부터 신뢰받을 수 있도록 한다.
- 상사를 존경하는 마음을 갖는다.
- 상사의 업적을 높이는 일을 본분으로 삼는다.
- 상사의 성격 및 업무방식을 파악한다.
- 헌신적인 태도로 열심히 일한다.
- 기밀을 지킨다.
- 업무준비는 세심하게, 처리는 분명하게 한다.
- 상사에게 조언을 할 수 있어야 한다.
- 항상 배우려는 자세를 갖는다.
- 호감을 주는 비서가 되도록 노력한다.

2) 인사예절

직장예절의 기본인 인사예절에 대해 학습해 본다.

가벼운 인사

방법

바로 선 자세에서 3m 정도 앞을 보고 상체를 15° 각도로 앞으로 구부린다.

상황

- 상사를 두 번 이상 복도에서 만날 때
- 타 부서 상사나 손님과 스쳐 지나갈 때

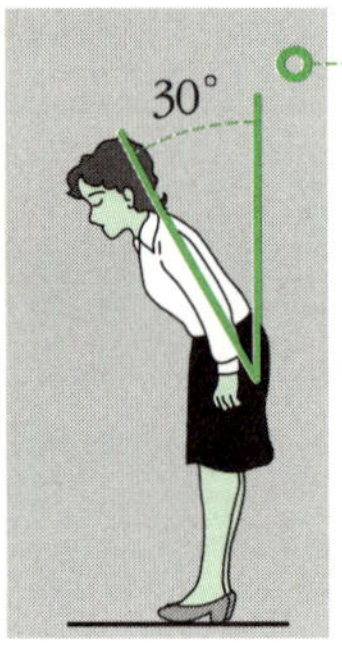

보통 인사

방법

바로 선 자세에서 2m 정도 앞을 보고 상체를 30° 각도로 앞으로 구부린다.

상황

- 직장생활에서 가장 자주 하는 인사
- 윗사람이나 내방객을 만나거나 헤어질 때
- 지시 또는 보고 후

정중한 인사

방법

바로 선 자세에서 1.5m 정도 앞을 보고 상체를 45° 정도 숙인 후 천천히 상체를 일으킨다.

상황

- 상사 및 임원의 출·퇴근 시
- 공식 석상에서 처음 인사할 때
- 면접 시 인사할 때
- 사죄의 뜻을 전달하거나 예의를 갖추어 부탁할 때
- 진정한 감사의 표현을 전할 때

(1) 상사나 동료들을 자주 만나는 경우

처음 상사나 동료를 만났을 때는 정중하고 명랑하게 인사를 하고 다시 만나게 될 때는 밝은 표정과 함께 가볍게 목례를 하는 것이 좋다.

(2) 작업 중일 경우

작업 중에 인사를 할 여유가 있으면 상황에 맞게 가볍게 목례를 한다. 그러나 인사를 할 수 없는 경우에는 인사를 하느라 작업의 안전성을 잃는 것보다는 작업에 몰두하는 것이 상대방을 더 편하게 해줄 수 있다.

(3) 모르는 사람이 인사를 하는 경우

잘 모르는 사람이 먼저 인사를 하는 경우에는 같이 인사로 답례를 하는 것이 좋다. 예의바른 인사는 아무리 해도 밑지거나 손해 보는 일이 없다.

(4) 출 · 퇴근 시

아침에 출근해서는 밝고 명랑하게 인사를 하고 먼저 퇴근을 할 경우에는 남아 있는 동료들에게 인사를 하고 가는 것이 예의이다. 출 · 퇴근 인사를 할 때는 인사말을 곁들인다.

2 지시 및 보고업무

1) 지시를 받을 때

상사로부터의 지시나 명령을 충실히 이행하는 것은 조직의 일원으로서 기본적인 자세이며 의무이다. 상사로부터 지시를 받을 때 유의할 점은 다음과 같다.

① 명령을 받을 때는 메모를 한다

- 상사가 불렀을 때는 메모 준비를 하고 지시내용을 받아 적어야 한다.
- 메모할 때는 중요한 내용을 신속히 적도록 한다.

② 끝까지 듣고 질문한다

지시 내용 중 이해가 안 되는 내용이 있으면 표시해 두었다가 상사의 지시가 끝난 후에 질문을 한다.

③ 지시를 받은 뒤 간단히 복창하여 확인한다

- 지시를 다 받고 난 뒤에는 지시내용을 요령 있게 복창하여 잘못 들었거나 빠뜨린 것이 있는지 확인한다.
- 이해하기 어려운 내용은 다시 여쭈어 보아 확실히 이해하도록 한다.

- 상사가 바쁜 것 같다고 이해하지 못한 부분을 확인하지 않아 일을 잘못 처리하는 일이 없도록 한다.

④ 곧바로 지시받은 업무를 수행한다.

지시를 받으면 바로 일을 시작해야 한다. 만약 현재 업무의 진행 상황이 지금 지시받은 업무를 바로 시작하기 어렵다고 판단될 때는 상황을 솔직하게 설명하고 상사의 지시를 받아야 한다.

2) 보고할 때

지시를 받으면 즉시 실행하고 결과를 상사에게 보고하는 것이 조직의 일원으로서 기본적인 의무이다. 보고내용에 많은 시간과 노력을 들였으나 상사가 원하는 시간에 맞추지 못하면 보고의 가치는 떨어진다. 즉, 보고는 내용과 시간을 동시에 고려해야 한다.

(1) 보고를 해야 하는 경우

- 지시받은 업무가 끝났을 때
- 장기적 · 계속적인 업무는 중간에 진행상황을 보고한다.
- 지시받은 일이나 이미 승인된 작업계획이 도중에 변경될 때 변경내용을 보고한다.
- 상사가 담당하고 있는 업무와 관련된 정보를 입수하였을 때 보고한다.

(2) 효과적인 보고

① 간단명료해야 한다

정보보고는 간단명료하게 육하원칙에 따라 요약되어야 하며, 기타 필요한 내용이나 자료가 있을 때는 별첨으로 처리한다.

② 신속해야 한다

- 명령 · 지시받은 일을 끝내면 즉시 보고한다.

- 상사가 요청하기 전에 먼저 보고한다.
- 첫 번째 보고가 완전한 보고이어야 할 필요는 없으며 미진한 부분은 추가보고를 해 나가면 된다.
- 시일이 걸리는 일은 중간보고를 통하여 진행 상황을 보고한다.

③ 보고는 사실 그대로 보고해야 한다

추측이나 감정에 치우치지 말고 사실을 분명하게 보고한다.

④ 현상 파악과 아울러 경향 파악을 할 수 있어야 한다

사후보고식의 소극적 정보보고가 아니라 현상 파악을 통하여 경향을 분석하고 전망과 예측을 할 수 있도록 한다.

⑤ 탄력적이어야 한다

정보보고는 사용자의 창의력을 제한하는 보고가 되어서는 곤란하며 의사결정권자가 자유롭게 활용할 수 있도록 탄력성과 융통성이 있어야 한다.

⑥ 보고가 끝나면 내용을 정리해 둔다

(3) 보고방법

① 구두에 의한 보고

기밀사항, 긴급사항, 서면 설명으로는 불충분한 사항, 간단한 내용 등을 보고할 때는 구두보고가 적절하다.

- 면담을 통한 보고

보고자는 우선 보고할 수 있는 분위기를 조성하고 침착한 태도로 보고내용을 이해하기 쉽게 설명한다. 용어는 표준어를 사용하고 체계적이고 논리적으로 예를 들어가며 논리적으로 보고한다.

- 전화 보고

짧은 시간 내에 보고내용을 정확하게 전달하기 위해서는 사전에 보고의 내용을 요약해 둔다. 전화보고 시에는 상대방의 사정을 고려해야 한다. 우선 결론부터 보고한 후에 내용을 요약·설명하며, 이해하기 쉬운 용어로 간단명료하게 보고하며 중요한 부분은 반복한다.

② 문서에 의한 보고

보고서를 작성할 때는 다음에 유의한다.

- 보고서를 읽는 대상을 생각하고 작성한다. 업무가 바쁜 상사라면 한눈에 결론이 이해되도록 작성하고 문장은 가능한 짧게 한다. 이론을 좋아하는 상사라면 논리 정연하게 문장을 기술한다.
- 가능한 소제목을 붙인다.
- 결론을 앞에 쓰고 경위나 설명을 뒤에 쓴다.
- 사실과 의견, 추측과 인용 등을 명확히 구분한다.
- 도표나 그래프 등 시각적 표현방법을 활용한다.

3 비서의 환경관리

1) 상사 집무실

상사 집무실은 비서가 관리해야 할 가장 중요한 공간으로서 깨끗이 정리·정돈하여 상사가 자신의 역량을 최대한 발휘할 수 있도록 한다. 비서는 다음과 같은 체크리스트를 만들어 평소에 점검하는 습관을 들이도록 한다.

비서의 환경관리 체크리스트

- 책상의 비품, 의자, 소파, 소파 등받이, 커튼이나 블라인드의 청결상태
- 꽃이나 화분의 신선한 상태
- 조명 체크 – 어둡거나 깜박이면 교체
- 휴지통의 청결 여부
- 시계나 달력이 정확한지 점검
- 전화기의 이상 유무 확인
- 액자가 바르게 걸려 있는지 점검

- 사무기기의 이상 유무 확인
- 문구류(펜, 메모지, 공책 등) 점검
- 가습기, 오디오 등의 가전기구 점검
- 책꽂이의 정리 점검
- 퇴근 시에는 전기코드 및 스위치, 시건장치 확인

2) 비서실

비서실의 관리에서 중요한 점은 청결과 보안이다. 비서실은 내방객들이 회사에 대한 이미지를 가장 먼저 결정하는 장소이고, 가장 눈여겨보는 곳이기도 하다. 정돈된 모습과 사무적인 모습을 동시에 지닐 수 있도록 관리해야 한다. 그리고 많은 내방객이 출입하는 공간이므로 컴퓨터 모니터, 책상 위, 파일 캐비닛 등이 외부에 노출되지 않도록 해야 한다.

3) 접견실

비서는 접견실을 항상 청결히 관리하여야 한다. 응접세트의 커버나 테이블보는 일주일에 한 번씩 세탁을 하여 갈아주며, 여분의 커버나 테이블보를 준비해 교환한다. 또한 계절에 적합한 것을 선택할 필요가 있다. 접견실에 신문 및 잡지 등을 최근호로 구비하고 손님이 다녀간 후에는 즉시 정리정돈 한다.

4) 탕비실

탕비실은 차와 간단한 다과를 준비하는 곳이므로 항상 깨끗이 한다. 다양한 차(커피, 녹차 등)를 구비해 두고 찻잔도 여유 있게 준비한다. 찻잔은 차의 종류에 따라 구비해야 하며, 찻잔의 청결과 파손에 유의한다. 특히 개수대에 컵을 쌓아두지 않도록 한다.

도입 사례

회장님께서 미국으로 출장을 가셨을 때의 일이다. 그 시기에 회장님은 건강상태가 썩 좋지 않았지만 회장님께서 처리해야 할 업무 때문에 가실 수밖에 없었다. 가실 때 꼭 드셔야 하는 약을 시간대별로 기재하여 출장 물품에 같이 넣어 드리긴 했지만, 항상 회장님의 약을 시간대별로 챙겨 드렸던 내 입장에서는 마음이 편치 않았다. 생각 끝에 약을 복용해야 할 시간마다 문자를 하거나 전화를 드리는 것이 좋겠다고 생각을 했다. LA와 한국과는 16시간의 시차가 있었기 때문에 시간대별로 예약문자를 해놓거나, 보고 건이 있을 때 전화를 드려 복용해야 하는 약과 건강상태를 체크했다. 다행히 별다른 탈 없이 귀국하실 수 있었고 회장님께서 돌아오셔서 굉장히 흡족해 하시며 칭찬해 주셨던 기억이 떠오른다.

지금도 여전히 어떻게 상사를 보좌하는 것이 최상의 방법일지 항상 생각하며 업무를 한다. 내가 모시는 상사의 모든 것을 최상의 상태로 끌어올리는 것, 그것이 비서의 중요한 업무이자 능력이라 생각한다.

1 위 도입사례를 읽고 느낀 점을 적어 보자.

2 인사의 종류와 올바른 인사자세를 설명해 보자. 또한 한 명씩 일어나서 목례, 보통례, 경례 순서로 인사해 보고 강사의 지도를 받도록 한다(이때 개인별로 인사자세를 촬영한다). 촬영된 자신의 인사자세를 보고 본인의 인사자세의 좋은 점과 고쳐야 할 점이 무엇인지 생각해 보자.

인사의 종류	각도	시선	알맞은 상황
목례			
보통례			
경례(정중례)			

3 상사가 상공회의소에서 조찬모임을 마치고 9시 30분경에 출근을 하였다. 이때 비서의 올바른 아침 인사의 자세와 인사말을 작성해 보시오.

4 다음은 박은서 비서의 아침 출근 시 업무이다. 다음의 상황과 업무 순서를 참고하여 실습해 보자.

상황

이민영 대표이사는 박은서 비서가 준비한 차를 마시며 신문을 본다. 또한 업무 서류함에 올라온 서류와 전자문서함을 확인한다.

매일 아침 박 비서는 그날의 일정을 문서로 정리하여 사장님께 드리면서 일정 이외의 약속이나 지시사항을 여쭤 본다. 박 비서는 컴퓨터의 일정관리 프로그램을 상사의 스마트폰과 연동시켜 두었지만 상사는 매일 아침 비서가 그날의 일정을 인쇄하여 구두로 보고할 것을 지시하였다.

업무순서

① 비서는 상사 출근 전에 상사 집무실 환경을 확인한다. 조명과 블라인드를 조절하고 사무실 청소 상태와 화초의 상태도 점검한다.

② 컴퓨터를 켜두고 신문, 자료, 결재서류 등을 상사가 보기 편하게 책상 위에 정리한다. 오늘의 일정표도 인쇄하여 상사가 자주 확인하기 편한 곳에 둔다.

③ 상사 출근 시에는 하던 일을 멈추고 책상 옆면에 서서 밝은 미소와 함께 45° 각도로 '안녕하십니까?'의 인사를 한다.

④ 상사가 집무실에 들어갈 때까지 두 손을 공손히 모으면서 예의를 갖춘다.

⑤ 차와 메모 준비를 하여 노크를 한 후 상사의 집무실에 조용히 들어간다.

⑥ 상사 집무실에 들어서면 잠시 멈추고 15° 목례를 한 후 상사 책상 옆으로 간다. 이때 상사 앞으로 직선거리로 곧장 걸어가는 것을 피하고, 상사 책상 옆면에 도착할 수 있도록 원을 그리면서 조심스럽게 걸어간다.

⑦ 찻잔의 받침을 두 손으로 들어 상사가 원하는 위치에 찻잔을 조심스럽게 내려놓는다.

⑧ 오늘의 일정을 구두로 보고하고 보고된 일정 이외의 약속이나 지시사항이 있

는지 여쭈어 본다.

⑨ 필요할 경우 메모를 한 후 주요 내용을 복창하여 확인한다.

⑩ 상사의 집무실을 나올 때는 목례를 하고 뒷걸음으로 2~3걸음 걸은 후 돌아서서 조용히 자리에 돌아온다.

박은서 비서가 서류와 차 등을 들고 상사 집무실에 들어갈 때, 서류나 차를 상사에게 드릴 때, 그리고 나올 때의 올바른 태도를 설명해 보고 직접 실습해 보자. 또한 다음 일정을 상사 앞에서 직접 보고해 보고 이때 유의할 점이 무엇인지 작성해 보자.

10:00 am :	미래유통 김영철 사장 방문 영업부 이동엽 과장 동석 예정
12:00 pm :	Global Bank의 Mr. James Martin과 점심식사 조선호텔 일식당 미조
2:00 pm :	영업부 한영수 부장의 상반기 영업실적 보고
6:30 pm :	CM사의 홍승환 대표이사 취임 축하 리셉션 하얏트호텔 리젠시룸

1) 상사 집무실에 들어갈 때의 자세

2) 서류나 차 등을 상사에게 드릴 때의 자세

3) 상사 집무실에서 나올 때의 자세

4) 앞의 일정을 구두로 보고하는 문구를 작성해 보자.

5) 보고 시 유의할 점은 무엇인가?

6) 실습 소감을 적어보자.

5 다음 상사의 지시내용을 비서가 확인하기 위해 복창하는 어구를 적어 보자.

지시내용

"다음 주 화요일 점심예약을 했으면 좋겠어. 김영수 마케팅 이사하고 이철희 팀장, 대림양행의 천해수 본부장, 정일산업의 남상일 부장 초대하고. 아 참, IT Korea의 강무원 대표도 초대하지. 장소는 지난번에 갔던 종로의 중식당으로 하고 가능하면 '방'으로 예약을 해줘. 그리고 올 때 지난번 '홍보회의' 때 받았던 보고서 좀 검토하고 오라고 해줘."

1) 상사가 자주 가는 종로의 중식당은 한 곳이 아니다. 지난번 홍보회의 때 배포된 자료 또한 양이 매우 많았다. 이 상황에서 박은서 비서가 상사의 지시내용 중 확인해야 하는 내용을 어떻게 여쭈어 보아야 할 지를 구체적으로 적어 보자.

2) 상사의 지시내용 중 잘 모르는 내용이 있는 경우 언제, 어떻게 확인하는 것이 좋은가? 나아가 지시를 받을 때의 비서의 바른 업무태도는 무엇인가?

6 사장님은 아침 일찍 업무를 마무리한 후 우리 회사를 방문한 Mary&Young의 마케팅 상무님과 영업점 방문을 나가셨다. 사장님 외출 후 일어난 일을 사장님께 휴대전화로 보고하려고 한다. 다음 내용을 휴대전화 문자를 통해 보고할 내용으로 정리해 보자.

보고내용

사장님께서 외출하자마자 인사부장님이 급히 사장님과의 면담을 요청하였다. 면담 목적은 연구개발부장의 사직과 관련된 보고를 올리고자 함이다. 오전 11시 30분에 삼신건설의 이명훈 전무님이 전화하여 내일 오후에 방문하고 싶다고 연락이 와서 사장님과 일정을 확인한 후 연락드리겠다고 하였다. 경리부서에서 사장님께서 요청한 D사의 영업현황에 관한 자료가 완성되었다고 가능한 빨리 사장님께 보고를 해야 한다고 한다. 오후 1시 30분에 사장님 동창인 경민대학병원의 장성철 원장님께서 안부차 전화하셨고, 2시 20분에는 사모님께서 사장님과 휴대전화 연결이 안 된다고 돌아오시는 대로 전화 부탁한다고 연락이 왔다.

7 비서직에 종사하는 선배들이 상사의 책상을 어떻게 정리하는지 알아보자.

상황

며칠 전 상사가 외부 회의 참석 때문에 급히 외출을 해야 하는 상황에 인사부장이 상사에게 결재를 받으러 왔다. 상사는 바로 외출해야 하는 상황이라 간단히 설명을 듣고 서명을 하려고 하는데 펜이 잘 나오지 않아 필통에 있는 다른 검은색 펜으로 서명을 하려고 하였으나 이 펜 또한 상태가 좋지 않았다. 그러자 인사부장이 본인의 펜을 주어 상사가 서명을 하였다. 상사 책상 위의 필통에는 다양한 종류의 펜이 넘쳐나고 있는데 하필 상사가 선택한 펜이 말썽을 부린 것이다. 박은서 비서는 상사의 책상 정리를 해야 하는데 어디까지 정리를 하는 것이 맞는지 잘 몰라 이제까지는 상사 책상 위의 물건은 건드리지 않고 원래 있던 자리에 다시 놓는 정도였다. 그리고 상사가 메모지에 쓴 종이도 버려야 할지 그냥 두어야 할지 몰라 상사 책상 옆에 쌓아두었다. 어떻게 상사의 책상을 정리해야 할지 선배들의 조언을 구해야 할 상황이다.

8 비서직에 종사하는 사람이 갖추어야 할 복장 사진 5개를 인터넷이나 잡지 등에서 찾아 정리해 보자. 그리고 바람직하지 않은 복장도 찾아서 무엇이 잘못되었는지 정리해 보자.

9 최근 건강에 대한 관심으로 커피 이외에 건강에 좋은 음료를 찾는 상사들이 늘고 있다. 아침에 마시면 좋은 차, 오후에 지쳤을 때 마시면 좋은 차, 흥분했을 때 마음을 차분하게 하는 데 도움이 되는 차, 다이어트에 좋은 차 등등 다양한 차가 있다. 차의 종류를 정리해 보고 직접 음미해 보며 느낌을 적어 보자. 또한 차와 함께 내면 좋은 간식의 종류도 찾아서 정리해 보자.

사례 [현직비서 사례] 난이 죽어가요…

제가 신경을 좀 안 썼더니 난이 말라 죽어가고 있어요. 오늘 물 주려고 난을 옮기는데 잎 끝이 노랗게 타고 있는 거예요. 아마도 이렇게 된 이유는 따로 있는 것 같습니다. 요전에 제가 난에 영양을 준다고 영양제를 샀답니다. 그리고 영양제 튜브 꼭지를 잘라서 난 화분에 거꾸로 꽂아 한 번에 영양제를 모두 주입했습니다. 전 아주 제가 대견스러웠습니다. 잘 들어가지도 않는 영양제를 있는 힘 없는 힘 다해서 쥐고 짜고 해서 겨우 성공했거든요. 난 한 개도 아닌 다섯 개 모두에…

저는 자랑스럽게 사내 여직원에게 저의 성공담을 얘기했죠. 근데 이게 웬일? 영양제는 그냥 화분에 꽂아 놓고 몇 달씩 가는 거라네요. 정말 난감했습니다. 비서 시작한 지 얼마 되지 않아 벌어진 일. 그때부터 난이 죽어가고 있었던 것 같아요. 하지만 전 신경 쓰지 않았답니다. 겉으로 보기에 아주 싱싱했으니까요. 그런데 오늘 아침 보니 이게 웬일? 죽어가고 있는 가엾은 난들. 그래서 과감히 잎들을 싹둑싹둑 잘랐습니다. 그런데 이 방법이 맞는 방법인지 모르겠네요. 답변 부탁드립니다.

10 비서는 만물박사이어야 한다. 위의 사례에서 볼 수 있듯이 사무실 환경을 쾌적하게 하는 것도 비서의 업무이다. 대부분의 상사 집무실에서 많이 볼 수 있는 화초가 동양란이다. 동양란을 잘 기르는 방법을 찾아서 알아보자.

참고 존칭, 높임말… 정말 어려워요

압존법이 폐지되었다고 알고는 있지만, 직장분위기와 상사에 따라 융통성 있게 활용하는 것이 현명하다. 어떠한 표현이 정확히 맞다고 단정지을 수는 없지만 상황에 따라 적절히 활용하기 바란다.

비서가 상사와 면대면으로 말씀드릴 때에는 표현 1을 주로 사용하지만 통상적으로는 표현 2를 많이 사용한다. 기본적으로 표현 2처럼 주체를 높이는 것이 우리나라의 언어의 예절이다.

상황) 회장님께서 김 상무를 호출했지만, 외근 중이다.

표현 1. 비서 : 회장님, 김 상무는 현재 외근 중입니다.
표현 2. 비서 : 회장님, 김 상무는 현재 외근 중이십니다.
표현 3. 비서 : 회장님, 김 상무님은 현재 외근 중이십니다.

내부임원의 경우, 직급(부회장, 사장, 전무, 상무), 나이, 상황에 따라 표현은 달라질 수 있다. 임원과 비서가 같은 공간에 있으며 안내를 할 경우에는 그 임원에게도 예의를 갖춰 응대하는 것도 중요하므로 상대방을 높이는 표현법이 적절하다.

상황) 회장님께서 관계사 사장 또는 부회장을 호출하여, 회장실로 안내하는 경우
표현 1. 비서 : 회장님, 김병호 사장님 도착했습니다.
표현 2. 비서 : 회장님, 김병호 부회장님 도착하셨습니다.

11 다음 상황에 맞는 적절한 언어 표현법을 적어 보자.

비서가 출근하여 다른 사람에게 아침 인사할 때	
비서가 지각하여 상사에게 사과할 때	
비서가 외출할 때	
비서가 외출 후 귀사했을 때	
비서가 상사보다 먼저 퇴근할 때	
상사가 외출할 때	
상사가 퇴근할 때	
부탁을 받았을 때	
부탁을 할 때	
사과할 때	
상사가 호명할 때	
상사로부터 지시를 받았을 때	
업무 중 이야기 중인 사람에게 말을 걸 때	
실수나 과오를 저질렀을 때	
감사의 마음을 표현할 때	

실습평가서

실습을 하면서 느낀 점을 적어 보자.

1. 인상적인 부분

2. 어려운 부분

3. 개선된 부분

✣ 스스로의 평가

평가점수	실습내용
매우 잘함	
잘함	
보통	
노력 요망	
많은 노력이 요망됨	

Chapter 2

전화응대업무

Chapter

2 전화응대업무

제1절 전화응대업무 1

학습내용

1. 전화응대 예절
2. 전화를 걸고 받을 때의 자세
3. 다양한 상황에서의 전화응대 I

학습목표

1. 비서의 예의바른 전화응대가 상사와 기업의 이미지 제고에 중요함을 인식하고 올바른 전화응대를 할 수 있다. 또한 상사의 전화응대 기호를 확인하여 상사의 요구에 맞는 전화응대를 할 수 있다.
2. 전화를 잘 걸고, 잘 받을 수 있다.
3. 상사에게 걸려온 전화의 연결 여부를 결정할 수 있고 상사 부재 시 비서로서 바른 전화응대를 할 수 있다.

1 전화응대의 예절

1) 상사의 기호 파악

비서는 상사가 선호하는 전화응대 방식을 빨리 파악하도록 노력해야 한다. 특히 다음과 같은 내용에 주의하여야 한다.

전화응대 관련 상사의 기호 파악

상사의 Needs를 파악하라!
상사의 기분을 읽어라!

내 상사는 본인에게 온 전화를 모두 받는가?

그렇지 않다면

상사와 전화통화를 자주 하는 사람들은 누구인가?
전화가 걸려 왔을 때 상사는 비서가 어떻게 처리하기를 원하는가?
용건을 여쭈어 보지 않고 바로 연결해도 되는 사람은 누구인가?
통화를 원하는 않는 사람의 전화를 비서가 어떻게 응대하기를 원하는가?

처음 입사하여 상사가 선호하는 전화응대 방식을 익히기는 쉽지 않을 뿐 아니라 많은 시간이 필요하다. 이러한 시간을 줄이기 위해서는 입사하여 전임자에게 필요한 정보를 얻도록 한다. 또한 비서는 상사와 자주 전화통화를 하는 사람들의 음성을 기억하도록 한다. 물론 모든 사람의 목소리를 구별하기는 힘들지만 자주 전화하는 사람이나 상사와 중요한 관계인 사람의 목소리를 기억하고 상대방에게 먼저 인사를 한다면 좋은 인상을 줄 수 있다.

2) 전화응대의 기본 원칙

① 신호가 3번 울리기 전에 왼손으로 받아라

신호가 울리면 즉시 왼손으로 전화를 받는다. 오른손은 메모를 할 수 있도록 한다. 아무리 바쁜 일을 하던 도중이라도 전화벨이 세 번 울리기 전에 받도록 하며, 늦게 받았을 경우는 사과의 말을 먼저 하도록 한다. 예의바르게 응대한다.

② 친절하고 예의바르게 응대한다

전화응대 시 발음은 정확하고 목소리는 명랑하게 하여 의사전달이 확실히 되도록 한다. 바람직한 전화 목소리는 낮으면서도 활기찬 목소리이다. 무표정한 음성과 지나치게 크거나 작은 목소리, 마지못해 대답하는 태도는 상대방에게 불쾌감을 주어 상사의 비즈니스에 부정적인 영향을 미칠 수 있음을 기억한다.

③ 언제나 메모를 할 수 있도록 준비해 둔다

전화응대 시 필요한 내용을 적을 수 있도록 전화기 옆에 항상 메모노트와 펜을 가까이 둔다. 전화를 받을 때 왼손으로 수화기를 드는 동시에 오른손에 펜을 잡으면 메모하는 습관이 저절로 몸에 익혀진다.

④ 상대방을 기다리게 할 경우, 이유를 분명히 밝혀라

상대방을 기다리게 할 경우는 이유와 얼마나 기다려야 하는지를 알려 준 후 보류버튼을 눌러 우리쪽에서 하는 대화가 상대방에게 들리지 않도록 한다. 기다리는 시간이 길어질 경우 중간중간 다시 연결하여 상대방의 대기의사를 확인한다.

⑤ 사적인 전화를 삼간다

비서가 회사 전화를 이용하여 사적인 전화를 하는 모습이 자주 다른 사람의 눈에 띄이면 업무에 소홀하다는 인상을 준다. 회사는 일하는 장소임을 명심하고 사적인 전화는 점심시간이나 퇴근시간 이후에 하도록 한다. 열심히 일하는 모습은 열심히 일한 후의 성과 이상으로 자신의 이미지와 능력에 영향을 미침을 기억한다.

2 전화를 걸고 받을 때의 자세

1) 전화를 걸 때 유의할 점

① 용건을 정리한다

전화를 걸기 전에 전화를 거는 목적을 육하원칙에 따라 정리하고 말할 순서를 미리 메모해 둔다. 긴급하게 전화를 걸어야 하는 경우가 많은 비서직의 경우 매번 내용을 메모한 후 전화를 걸기는 쉽지 않다. 그렇다 할지라도 전화 걸기 전에 내용을 머릿속으로 정리한 후 다이얼을 돌리도록 한다.

② 상대방의 소속과 이름을 확인한다

전화를 걸기 전에 상대방의 이름, 소속, 직책, 전화번호를 확인한다. 자주 연락하는 전화번호는 외우려고 노력하고, 전화기에 저장하거나 쉽게 찾을 수 있는 방안을 마련한다. 승진이나 부서 이동 등으로 직함, 부서명 변경 시 이전의 직함, 부서명을 부르지 않도록 유의한다.

③ 자신을 밝히고 상대방을 확인한다

자신의 소속과 이름을 밝힌다. 자신을 소개할 때는 회사명, 부서명, 이름 순으로 밝히도록 한다(예 : 신성전자 비서실의 김영숙입니다). 상사를 대신하여 전화를 걸 경우에는 '대영전자 김영철 사장님 비서인 손정숙입니다'로 소개를 한다.

④ 용건은 결론부터 말한다

공적인 전화이므로 인사는 간단히 하고 '다름이 아니오라' 등으로 서두를 시작하여 바로 용건으로 들어가도록 한다. 용건은 결론부터 말하고 그 다음 필요한 내용을 논리적으로 말한다. 상사의 의사를 전달해야 하는 경우는 자신의 의사가 아닌 상사의 의사임을 분명히 밝혀야 한다.

"사장님께서 사정상 그 회의에 참석할 수 없으시다고 말씀 전해 드리라 하셨습니다."
"이사님께서 가능하면 오후 4시로 약속 시간을 변경하셨으면 하십니다."

⑤ 복창을 한다

용건을 전달하면 받는 쪽이 복창하는 것이 예의이다. 그러나 상대방으로부터 아무런 반응이 없을 경우는 전화를 건 쪽에서 복창하여 상대방의 이해 여부를 반드시 확인하도록 한다. 특히, 숫자나 날짜 등은 복창하여 재확인하도록 한다.

⑥ 끝맺음을 한다

전화는 건 사람이 먼저 끊으나 상대방이 손윗사람인 경우에는 상대방이 전화를 끊은 후 수화기를 조용히 내려놓는다. 수화기를 조용히 내려놓는 습관을 들이도록 한다.

2) 전화를 받을 때 유의할 점

① 벨이 3번 울리기 전에 받는다

전화가 걸려오면 하던 일을 멈추고 벨이 3번 울리기 전에 받아 자신을 밝힌다. 외부 전화인 경우는 회사명을 밝히지만 사내 전화인 경우는 회사명을 밝히지 않는다.

"안녕하십니까? 경인산업 비서실입니다."
"비서실 손정숙입니다."

② 전화를 건 상대방을 확인한다

전화를 건 상대방의 이름과 소속, 용건을 확인한다.

"실례지만 어디십니까?"
"어느 분이시라 여쭐까요?"
"어느 분이 전화하셨다고 말씀드릴까요?"

"용건을 말씀해 주시겠습니까?"
"전할 말씀이 있으십니까?"
"제가 용건을 여쭤 봐도 될까요?"

③ 메모하면서 듣는다

용건을 메모하면서 듣는다. 용건을 알아들을 수 없을 때는 재차 확인하여 메모한다. 통화 도중에 다른 사람과 의논해야 할 경우에는 송화기를 손으로 막고 이야기하거나 보류 음악이 나가게 한다. 시간이 오래 걸릴 때는 상대방에게 기다려줄 것을 요청한다.

④ 끝맺음을 한다

끝맺음 인사를 하고 상대방이 전화를 끊은 후에 조용히 수화기를 내려놓는다.

3 다양한 상황에서의 전화응대 I

1) 전화연결

비서는 상사에게 걸려오는 무수히 많은 전화를 선별하여 상사가 불필요한 전화로 인해 중요한 시간을 낭비하지 않도록 보좌해야 한다. 그러기 위해서는 전화를 건 상대방의 소속과 이름, 용건을 먼저 파악하여야 한다.

아직까지도 우리 사회에서는 연장자에게 용건을 묻는 것을 무례하다고 생각하는 경향이 있으나 가능하면 전화를 건 상대방의 소속, 이름, 용건을 확인한 후 상사와의 전화연결 여부를 결정한다. 특히 잘 모르는 사람의 전화인 경우 상사가 자리에 있더라도 전화를 연결하지 않고 상대방의 소속과 이름, 용건을 메모하여 상사에게 전한 후 상사의 지시에 따른다.

2) 직급에 따른 전화연결

상사가 통화를 부탁한 상대가 상사와 직급이 같은 경우에는 상대방의 비서에게 "같이 연결하죠"라는 말로 상사와 상대방이 수화기를 동시에 들도록 중재한다. 상사보다 상대방의 직급이 높은 경우는 상대방의 비서에게 "제가 먼저 연결하겠습니다"라고 말하고 상사에게 먼저 연결하여 상대방이 수화기를 들기 전에 상사가 먼저 수화기를 들도록 중재한다. 반대의 경우에는 상대방이 먼저 수화기를 들 수 있도록 상대 비서에게 부탁한다.

3) 상사 부재 시 전화응대

상사 부재 시 상사를 찾는 전화를 받을 경우 비서는 자신의 소속과 이름을 밝히고 상대방의 소속과 이름, 용건, 전화받은 일시, 회신의 필요성 여부, 상대방의 전화번호 등을 메모한다. 상대방의 전화번호를 상사가 알고 있더라도 비서는 다시 한 번 확인한다. 상사 부재중에 걸려온 전화내용을 메모지에 적어 상사의 책상 위에 문진 등으로 눌러 놓고, 후에 상사가 볼 수 있도록 한다. 또한 상사의 전화메모 확인 여부도 체크하도록 한다. 전화메모는 적은 즉시 상사의 책상 위에 올려놓도록 한다. 나중으로 미루었다가 메모를 전달하는 것을 잊어버려 상사가 중요한 전화를 놓치지 않도록 한다. 전화메모는 상사의 눈에 잘 띄는 곳에, 혹은 상사와 사전에 약속한 장소에 놓도록 한다.

상사가 출장, 회의, 개인 용무 등으로 자리를 비울 경우 비서는 재치 있고 현명하게 응대해야 한다. 상사의 부재 이유를 부정적으로 응답하면 상대방에게 좋지 않은 이미지를 줄 수 있다. 또한 상사의 부재 이유를 지나치게 자세히 설명하여 무의식적으로 정보를 흘리지 않도록 한다. 따라서 비서는 때로 거짓말이 아닌 거짓, 즉 white lie를 해야 하는 경우도 있다.

"사장님 아직 출근하지 않으셨습니다."
→ "사장님 오늘 오전 외부 일정으로 조금 늦게 출근하십니다."

"사장님 지금 국세청에서 오신 손님과 면담 중이십니다."
→ "사장님 지금 면담 중이십니다."

"사장님은 동창회가 있어서 그 회의에는 참석할 수 없습니다."
→ "사장님은 다른 일정으로 그 회의에 참석할 수 없으시다고 말씀 전해 드리라 하셨습니다."

회의 중인 상사와 상대방이 급한 용무로 지금 당장 통화를 원할 때 상대방의 소속과 용건을 적어 회의 중 또는 면담 중인 상사에게 전달한다. 회의실에 들어갈 경우는 노크를 하지 않고 조용히 회의실 안으로 들어가 상사에게 메모를 전달하고 상사의 지시에 따른다.

제2절 전화응대업무 2

학습내용

1. 다양한 상황에서의 전화응대 Ⅱ
2. 전화기기와 전화서비스
3. 국제전화

학습목표

1. 다양한 상황(8가지 상황)에서 전문비서로서 전화응대를 할 수 있다.
2. 전화기기의 다양한 기능과 통신업체에서 제공하는 다양한 전화서비스를 알아두어 전화기기와 전화서비스를 효율적으로 활용할 수 있다.
3. 기업들이 글로벌화되면서 영어 전화응대가 많아지고 있다. 따라서 영어로 전화응대를 할 수 있으며 각종 국제전화서비스의 종류를 알고 적절히 선택할 수 있다.

1 다양한 상황에서의 전화응대 Ⅱ

1) 상대방이 부재 중일 경우

상사가 통화하기를 원하는 상대방이 자리를 비워 다른 사람이 전화를 받은 경우 상대방의 전화통화 가능 시간을 확인하도록 한다. 메모를 남길 때는 상사의 성명과 소속, 전화번호, 용건 등을 알려 주고, 전달을 받고 있는 사람의 신분을 확인해 둔다. 전화메모는 가능하면 상대방의 비서나 해당 부서 직원에게 남긴다.

2) 직위가 높은 사람에게 비서가 전화를 걸 때

비서직의 특성상 직위가 높은 사람에게 비서가 상사를 대신하여 전화를 걸어야 하는 경우가 자주 있다. 이런 경우 상대방의 비서에게 전화를 하여 용건을 전하고 적당한 조치를 기다리는 것이 원칙이다. 그러나 상대방이 비서가 없는 경우이거나 또는 상대방과 직접 통화가 되었을 때는 당황하지 말고 직접 전화를 드리게 된 점을 사과하고 이어서 용건을 전하도록 한다.

"안녕하십니까? 이렇게 직접 전화드려서 죄송합니다. 저는 경인산업 김영수 사장님 비서인 김영숙입니다. 다름이 아니오라, …"

3) 상사가 통화 중일 경우

상사가 통화 중일 때 상사를 찾는 전화의 경우 상대방에게 상사가 통화 중임을 알리고 상대방에게 기다릴 것인지, 메시지를 남길 것인지, 아니면 상사가 통화를 마치면 우리 쪽에서 전화를 해주기를 원하는지 등 상대방의 의사를 확인하고 그에 맞는 응대를 하도록 한다.

"이사님은 지금 통화 중이십니다. 잠시 기다리시겠습니까? 아니면 이사님 통화 마치시는 대로 저희가 전화드릴까요?"

상대방이 오랫동안 기다릴 경우는 다시 전화를 연결하여 '대단히 죄송합니다만, 조금만 더 기다려 주십시오'라고 한다. 상대방이 오랫동안 기다려야 할 경우 중간중간 연결하여 상대방의 의사를 재확인한다.

4) 전화중개 시

전화를 중개할 경우에는 '누구로부터 누구에게'인지를 확인한 후 연결한다. 전화를 바꾸어 줄 때는 상대방으로부터 들은 내용을 전해 줌으로써 전화를 건 사람이 같은 말을 되풀이하지 않도록 한다. 또한 담당자 연결 시 끊어지거나 부재중일 경우를 대비하여 담당자 이름과 직통번호를 알려준다.

상대방 : 3분기 실적공시가 언제쯤 되는지 궁금해서 전화드렸습니다.
비서 : 안녕하십니까? 담당자 연결에 착오가 있었나 봅니다. 죄송합니다. 실적공

시 담당자는 경영기획팀 이두환 사원이며, 바로 전화 연결 해드리겠습니다. 혹시 연결 중에 끊어지면, 담당자 직통번호는 02-526-0000이오니 참고 바랍니다. 감사합니다.

담당자 : 경영기획팀 이두환입니다.

비서 : 안녕하세요. 비서팀 김서연입니다. 외부고객 전화 연결되어 있으며, 3분기 실적공시 관련 문의입니다. 바로 응대 부탁드립니다. 연결하겠습니다.

5) 통화 도중에 다른 전화가 걸려올 경우

통화 중 다른 전화가 걸려올 경우 비서는 통화 중인 상대방에게 양해를 얻은 후 걸려온 전화를 받아 간단히 인사한 후 통화 중임을 알리고 통화를 마친 후 전화하겠다고 한다. 만일 후에 걸려온 전화가 윗사람의 전화이거나 시급을 요하는 전화일 때는 먼저 걸려온 전화를 마무리하고 급한 전화부터 처리하도록 한다.

"죄송하지만, 제가 먼저 걸려온 전화를 받고 있습니다. 통화를 마친 후에 바로 전화 드려도 괜찮으실까요?"

6) 비서 부재 시 전화응대

비서도 업무상 종종 자리를 비우게 된다. 이럴 경우 중요한 전화를 놓칠 수도 있고 전화를 오랫동안 받지 않음으로 상대방에게 업무에 소홀하다는 인상을 줄 수 있다. 따라서 자리를 비울 때는 주변의 동료에게 전화를 받아 줄 것을 부탁한다. 아니면 자신의 휴대전화로 착신할 수 있도록 전화를 돌려놓거나 혹은 자신이 전화를 받을 수 있는 곳으로 연결해 놓든지, 자동응답기를 틀어 놓도록 한다.

7) 전화가 잘못 걸려왔을 때

전화가 잘못 걸려왔을 때 그냥 끊지 말고 우리 쪽의 전화번호나 회사명을 알려준다. 만약 회사 내 다른 부서를 찾는 전화일 경우에는 해당 부서의 전화번호와 담당자를 알려 준다.

8) 전화를 끊을 때

일반적으로 전화를 건 쪽에서 먼저 끊는 것이 원칙이지만 상대방이 손윗사람이거나 거래처일 경우에는 상대방이 먼저 끊도록 기다린다. 통화가 끝났을 때 '감사합니다. 안녕히 계십시오' 또는 '전화 주셔서 감사합니다. 안녕히 계십시오'라는 인사말을 잊어서는 안 된다. 전화기를 조용히 내려놓는 습관을 들이도록 한다.

전화가 도중에 끊어졌을 때도 원칙은 전화를 건 쪽에서 다시 건다. 그러나 이 경우에도 상대방이 손윗사람일 경우는 전화를 받은 쪽에서 다시 걸도록 한다. 다시 통화가 된 경우 나의 고의적인 실수가 아니더라도 전화가 도중에 끊어져서 죄송하다는 말을 먼저 하고 용건으로 들어가도록 한다.

2 전화기기와 전화서비스

전화기기를 효율적으로 이용하기 위해서는 전화기의 다양한 기능과 통신업체에서 제공하는 서비스를 알아야 한다. 최근에는 특히 스마트폰 등 고기능성 전화기의 등장으로 전화기기의 다양한 기능을 활용할 수 있어야 한다.

1) 키폰

키폰이란 하나의 주 장치에 일정수의 전화기를 연결하여 사용할 수 있는 첨단 통신시스템 장치이다. 키폰은 대표번호가 있어 동시에 여러 개의 전화회선을 이용할 수 있어 사무실에서 많은 양의 전화를 수용할 수 있다.

2) 전화부가서비스

① **단축다이얼** : 자주 사용하는 전화번호를 단축키로 줄여서 저장하는 기능으로 전화기에 따라 저장할 수 있는 용량이 다르다. 사무실에서 많이 사용되는 키폰은 약 20개 정도의 전화번호를 저장할 수 있다.

② **예약기능** : 통화하고자 하는 국선이나 내선 가입자가 통화 중일 때 예약기능을 이용하면 통화가 가능할 때 벨이 울린다.

③ **회의통화기능** : 동시에 세 사람 이상이 함께 통화할 수 있는 기능이다. 디지털 키폰의 경우는 최대 6명까지 동시에 회의전화에 연결될 수 있다.

④ **부재 중 안내** : 전화를 받을 수 없을 때 걸려오는 전화에 전화를 받을 수 없다는 메시지를 알려 주는 기능이다.

⑤ **착신통화 전환** : 걸려오는 전화를 다른 번호에서 받을 수 있도록 착신을 전환하는 기능이다.

⑥ **통화 중 대기** : 전화통화 중 걸려오는 다른 전화를 받을 수 있는 기능이다.

⑦ **발신전화번호 표시** : 전화를 건 상대방의 전화번호를 표시해 주는 기능이다.

⑧ **변경전화번호 자동안내** : 변경 전의 전화번호로 전화를 건 사람에게 변경된 새 전화번호를 알려 주는 서비스이다.

⑨ **대표번호** : 키폰의 중요한 기능 중의 하나로 전화회선이 2회선 이상일 경우 대표번호를 지정한다. 대표번호가 통화 중일 때는 그 다음 번호로 자동 연결시켜 주는 서비스이다.

⑩ **클로버서비스** : 발신자가 아니라 전화를 받을 사람이 전화요금을 부담하는 서비스이다. 우리나라에서는 '080'이 붙은 전화번호가 클로버서비스 전화번호이다.

⑪ **수신자요금부담서비스** : 전화를 받는 사람이 요금을 부담하는 서비스로 수신자가 요금부담 승낙을 한 경우에는 전화가 연결된다.

⑫ **전화사서함** : 언제 어디서든 전하고 싶은 내용을 상대방의 전화사서함에 남겨두면 상대방은 저장된 내용을 확인할 수 있는 서비스이다. 국제업무가 많은 기업에서 국가 간의 시차로 업무시간 중에 통화가 어려운 경우 전화사서함을 이용하여 메시지를 주고받음으로써 신속하게 의사소통을 할 수 있다. 전화사서함은 비밀번호를 입력해야 메시지를 확인할 수 있으므로 보안 면에서도 안전하다.

⑬ **로밍서비스** : 국내 휴대전화 이용 고객이 해외 출장이나 여행 시 본인의 휴대전화나 또는 임대 전화기를 이용하여 해외에서도 전화서비스를 받는 것을 말한다. 로밍서비스는 통신사나 출장 가는 국가에 따라 서비스의 방식과 내용이 다르므로 미리 확인하고 사용하는 것이 편리하다.

⑭ **크로샷서비스** : KT에서 제공하는 서비스로 대량의 음성, 문자 메시지를 신속하게 전송한다. 전송 상황 및 수신 결과를 알려 주며 미발송자에게는 재전송을 할 수 있으므로 발송 누락을 최소화할 수 있다. 많은 사람에게 메시지를 보낼 때 유용하다.

3 국제전화

많은 기업들이 전 세계를 무대로 활동하고 있으므로 비서는 외국어, 특히 영어로 전화를 응대할 수 있는 능력과 더불어 각종 국제전화서비스를 활용할 수 있어야 한다. 따라서 비서는 영어 이외에도 필요한 외국어 실력 향상을 위해 노력할 뿐 아니라 국제전화서비스를 제공하는 통신업체의 신상품이나 서비스 내용을 알아야 한다.

1) 국제전화의 종류

(1) 국제자동전화

국제자동전화란 전화교환원의 도움 없이 국제전화를 하는 것으로 수동에 비해 가격이 저렴하다. 자동전화를 할 경우에는 통신사업자 식별번호를 먼저 누른 후 국가번호, 지역번호, 그리고 상대방 전화번호 순서로 버튼을 누른다.

예를 들어 미국(국가번호 1) 뉴욕(지역번호 212)의 545-1218에 전화하고자 할 경우 다음의 순서로 버튼을 누른다.

국제자동전화 식별번호	1	212	545-1218
	국가번호	지역번호	전화번호

미국과 캐나다는 국가번호가 1로 동일하며 싱가포르의 경우는 지역번호가 없다. 우리나라와 시차가 큰 국가에 전화를 할 경우에는 미리 현지시각을 확인한 후 전화를 걸도록 하고 통화량이 많은 시간에는 전화연결이 잘 안 되는 경우도 있다. 아시아 지역 국가들은 오전 10시, 유럽 국가들은 오후 5시경에 통화량이 많다.

국제전화 할인요금이 적용되는 시간이 있으므로 할인시간대를 이용할 수 있으면 비용 면에서 유리하다. 할인시간대와 할인율은 통신사별로 차이가 있으므로 자주 이용하는 통신업체의 할인내용을 알아두면 편리하다.

해외에서 우리나라에 전화를 할 경우에는 지역번호 앞의 0과 통신업체별로 지정된 번호의 앞 0은 누르지 않는다.

국제자동전화 식별번호	82	2	2642-4057
	82	10	3260-3489

(2) 국제수동전화

국제전화를 교환원에게 신청하여 통화하는 전화로 교환원이 상대국의 가입자를 호출하여 연결하는 전화이다. 상대방을 지정하여야 할 경우(지명통화), 수신자가 요금을 지불하는 경우(콜렉트 콜) 등 요즘에 와서는 특별한 경우에만 사용된다. 또한 상대방이 이사를 하여 새 전화번호를 모르거나 전화번호는 모르고 이름이나 회사명만 알 경우 상대국 교환원에게 주소, 이름 등을 알려 주면 등록된 전화일 경우에는 연결하여 준다.

① 지명통화(person-to-person call)

통화하고자 하는 상대방을 지정하는 통화방법이다. 교환원에게 통화를 원하는 사람을 지명해서 신청하면 지명된 사람과 통화가 되었을 때만 전화요금이 부과된다.

② 수신자요금부담통화(collect call)

통화요금을 전화수신자가 부담하는 통화방법으로 교환원을 통하여 신청한다. 교환원이 수신인에게 요금을 부담할 것인가를 물었을 때 수신인이 요금을 부담하겠다는 의사를 밝힌 경우에만 전화를 연결시켜 준다. 따라서 전화교환원이 수신자 지불 통화의 승낙 여부를 물어볼 때 'Yes' 또는 'No'로 수신 여부를 정확하게 밝혀야 한다.

2) 국제전화서비스

(1) 제3자 요금부담서비스

특정 전화번호를 요금부담번호로 등록하고 최대 10개까지 국제통화번호를 지정할 수 있다. 지정된 전화번호로 이용된 국제통화 또는 국제 Fax 요금이 별도로 지정된 다른 전화번호(제3자)로 청구된다. 기업에서 시차가 커서 집에서 외국 사무실로 전화를 할 경우 집 전화를 사용하더라도 요금은 사무실 번호로 부과된다. 경비정산을 하기 위해서 전화발신 내역서 등을 제출하지 않아도 되므로 편리하다.

(2) 국제통역서비스

외국인과 국제통화 시 언어의 불편을 해소하기 위한 통역서비스로 다양한 외국어가 지원된다.

(3) 국제회의 통화서비스

미리 시각과 통화자를 지정하여 신청해 두면 2~5명까지 동시 회의 방식으로 통화할 수 있는 서비스이다.

도입 사례

회사에 입사한 지 얼마 되지 않았을 때 혹시 실수라도 할까 싶어 항상 초긴장의 상태였다.

그때 전화 벨이 울렸다. 전화를 받자마자 상대방은 "김 대표 있나?"라고 하였다. 순간 비서실무에서 배운 대로 소속과 존함을 여쭤 보았지만 상대방은 매우 언짢아 하면서 친구니까 바로 연결하라고 하셨다. 순간 너무 당황해서 바로 연결을 하였고, 한 5분이 흘렀을까…

사장님께서 부르시더니 화를 내셨다. 듣고 보니 전화를 건 사람은 언론사를 사칭하여 돈을 갈취하는 사람이었고, 회사 임원실로 전화해서 친구라고 얘기하여 통화하게끔 만드는 사람이었던 것이다. 그 후로는 소속과 이름을 밝히지 않으면 절대 연결하지 않았다. 이 일을 계기로 어떠한 상황에서도 당황하지 않고 침착하게 전화를 응대하게 되었을 뿐 아니라 스팸전화를 걸러내는 방법도 배울 수 있었다.

1 다음은 상사를 찾는 외부 전화를 비서가 상사에게 연결하는 경우이다. 역할을 정하여 실습해 보자.

1) 상사에게 전화를 연결하는 경우 1

상황

기린물산 대표이사 비서인 김서연 씨는 상사를 찾는 전화를 받는다.

업무순서

① 전화벨이 세 번 울리기 전에 받는다. 목소리는 상대방에게 자신의 미소를 전달할 수 있을 정도로 친절하게 응대한다.

② 비서는 상사에게 걸려오는 전화를 선별(screen)해야 한다. 재치 있고 순발력 있게 상대방의 신분을 묻는다.

③ 상대방이 신분을 밝히면, 명랑하고 반갑게 인사한다. 가능하면, 두 번째 통화부터는 상대방의 목소리를 기억하여서 상대방이 신분을 밝히기 전에 반갑게 인사한다.

④ 상대방이 전화 건 목적을 말하면, 가능한 상대방의 입장에서 협조적으로 말한다. 상대방이 용건을 말하지 않으면 용건을 물어본다.

⑤ 상사에게 여쭙고 전화를 연결한다.

참고 ∘ 상사의 전화응대 기호 파악

회사에 입사하여 상사의 전화응대 기호를 파악하기까지는 장기간이 요구된다. 따라서 입사하여 전임자로부터 업무인계를 받을 때 반드시 확인해야 할 내용이 무엇인지 미리 준비해야 한다. 즉 상사와 자주 통화하는 사람들이 누구인지, 상사가 전화받기를 꺼리는 사람은 누구인지, 회의 중에도 전화를 받는 사람들은 누구인지 등 구체적으로
전임자에게 질문을 하여 일일이 알아내야 한다. 이를 위해서는 전임자와 좋은 관계를 갖는 것이 기본자세이다.

비서 : 안녕하십니까? 기린물산 비서실입니다.

상대방 : 안녕하세요. 사장님과 통화할 수 있을까요?

비서 : 어느 분이시라 여쭐까요?

상대방 : 신영물산 김수진 부장입니다.

비서 : 안녕하세요? 부장님, 제가 용건을 여쭤 봐도 될까요?

상대방 : 제가 직접 말씀드리죠.

비서 : 네, 알겠습니다, 부장님. 잠시만 기다려 주세요.

(인터폰으로)

비서 : 사장님, 신영물산의 김수진 부장이 전화하셨습니다.
용건은 직접 말씀 드리신답니다. 연결할까요?

상사 : 네, 연결하세요.

비서 : 사장님, 잠시 수화기를 내려놓고 기다리시면 연결하겠습니다.

(비서 – 강 전무)

비서 : 부장님, 기다려 주셔서 감사합니다. 사장님께 전화 연결하겠습니다.

강전무 : 네, 고맙습니다.

(인터폰으로)

비서 : 사장님, 전화 연결되었습니다.

실습 후 실습 소감을 적어 보자.

2) 상사에게 전화를 연결하는 경우 2

상황

기린물산 대표이사 비서인 김서연 씨는 상사와 자주 통화를 하는 대영전자 강영식 전무의 전화를 받는다.

업무순서

① 전화벨이 세 번 울리기 전에 친절하고 활기 있게 전화를 받는다.
② 평소 상사와 자주 연락하는 상대방의 목소리를 알아듣고 반갑게 인사한다.

비서 : 안녕하세요? 기린물산 비서실입니다.
상대방 : 사장님 좀 바꿔주세요?
비서 : 전무님, 안녕하셨어요?
상대방 : 예, 김 비서도 잘 지냈어요?
비서 : 예, 전무님, 잠시만 기다려 주세요. 전화 연결하겠습니다.
(인터폰으로)
비서 : 사장님, 대영전자 강영식 전무 전화왔습니다. 2번 전화입니다.
상사 : 네.

실습 후 실습 소감을 적어 보자.

2 다음은 상사 부재중의 전화응대이다. 역할을 정하여 실습해 보자.

1) 상사 부재중 전화응대

상황

상사가 잠시 다른 부서에 가서 자리를 비운 사이에 현대은행 김무산 이사라는 분이 전화를 하였다. 상사와 김무산 이사는 평소 친분이 있는 관계가 아니다.

업무순서

① 전화벨이 세 번 울리기 전에 받는다.

② 상대방이 신분을 밝히면, 명랑하고 반갑게 인사한다. 가능하면, 두 번째 통화부터는 상대방의 목소리를 기억하여 상대방이 신분을 밝히기 전에 반갑게 인사한다.

③ 비서는 상사가 자리를 비운 경우 부재 이유를 구체적으로 밝히지 않는다.

④ 상대방이 전화건 목적을 말하면, 가능한 한 상대방의 입장에서 협조적으로 말하고 도움이 될 만한 정보를 준다. 단 중요한 정보를 상대방에게 흘려서는 안 된다.

⑤ 상대방에게 용건과 전화회신 요망 여부, 상대방의 전화번호를 확인한다. 필요시 상대방 외출 시에도 연락될 수 있는 휴대전화번호를 묻는다.

⑥ 통화를 마칠 때까지 명랑하게 응대하면서 인사말을 한다. 상대방이 전화기를 먼저 내려놓은 후 전화기를 내려놓는다.

⑦ 상대방의 이름과 소속, 용건, 전화받은 날짜와 시간, 회신의 필요성 여부, 상대의 전화번호 등을 전화 메모지에 기재한 후 상사의 책상 위에 문진으로 눌러 놓는다. 외출 중인 상사가 부재중의 전화나 방문객에 대한 정보를 스마트폰을 이용하여 보고받기를 원할 경우는 바로 보고한다.

참고

상사와 통화를 원하는 상대방에게 소속, 용건 등을 확인한 후 상사에게 전화를 연결했는데 상사가 전화받기를 꺼리는 경우가 있다. 그래서 많은 비서들은 상사가 자리에 있을지라도 잘 알지 못하는 사람이 전화로 상사를 찾을 경우 상사가 자리를 비웠으므로 메모를 남겨달라고 한다. 이후 메모를 상사에게 전한 후 상사의 지시에 따른다.

비서 : 안녕하십니까? 기린물산 비서실입니다.
상대방 : 안녕하세요. 사장님과 통화할 수 있을까요?
비서 : 어느 분이 전화하셨다고 말씀 드릴까요?
상대방 : 현대은행 김무산 이사입니다.
비서 : 안녕하세요? 이사님. 죄송합니다만, 사장님께서 잠시 자리를 비우셨습니다. 제가 용건을 여쭤 봐도 될까요?

상대방 : 안부차 연락드렸습니다. 사장님 언제 돌아오시나요?
비서 : 사내에 계시므로 곧 돌아오실 예정입니다. 이사님, 사장님 돌아오시면 메모 전하겠습니다. 제가 전화번호를 확인해도 될까요?
상대방 : ○○○-○○○○입니다.
비서 : 네, 잘 알겠습니다. 사장님 돌아오시면 말씀드리겠습니다.

실습해 보고 실습 소감을 적어 보자.

2) 상사 외출 중의 전화응대

상황

12시 점심식사 약속으로 사장님께서 외출한 사이 태광건설의 최지훈 상무가 전화를 하여 상사를 찾는다.

비서 : 안녕하십니까? 기린물산 비서실입니다.
상대방 : 안녕하세요? 태광건설의 최지훈 상무입니다.
비서 : 상무님, 안녕하셨어요?
상대방 : 사장님 지금 자리에 계신가요?
비서 : 사장님 외출 중이십니다. 1시 반에서 2시 사이에 돌아오실 예정입니다. 메모를 남기시겠습니까?
상대방 : 사장님 돌아오시면 전화 좀 부탁드립니다.
비서 : 예. 알겠습니다. 상무님, 제가 전화번호를 확인해도 될까요?
상대방 : 554-2389입니다.
비서 : 554-2389요. 상무님, 오후에 계속 사무실에 계실 예정이십니까? 혹시 외출하신다면 연락할 수 있는 전화번호를 주시면 연락을 드리겠습니다.
상대방 : 010-2222-3333으로 전화주시면 됩니다.

비서 : 예. 알겠습니다. 2시 이후에 돌아오시면 휴대전화로 연락드리겠습니다.
상대방 : 그럼 전화 부탁드립니다. 안녕히 계세요.
비서 : 알겠습니다. 상무님, 안녕히 계십시오.

실습해 보고 실습 소감을 적어 보자. 또한 휴대전화로 전화해야 할 때 유의할 점이 무엇인지 생각해 보자.

3) 상사 출장 중의 전화응대

상황

상사가 1주일간 중국 출장 중이다.

참고

상사가 출장 중인 경우 어디로 왜 출장을 갔는지는 밝히지 않는다. 경우에 따라 출장도 비밀일 경우는 출장 여부를 밝히지 않는다.

비서 : 안녕하십니까? 기린물산 비서실입니다.
상대방 : 안녕하세요. 태광건설의 최지훈 상무입니다.
비서 : 상무님, 안녕하셨어요?
상대방 : 네, 안녕하세요. 사장님 지금 자리에 계신가요?
비서 : 죄송합니다만, 사장님께서는 지금 출장 중이십니다. 다음 주 월요일에 돌아오세요. 메시지를 남겨드릴까요?
상대방 : 사장님 돌아오시면 전화 좀 부탁합니다.
비서 : 예, 알겠습니다. 상무님, 전화번호를 다시 확인해도 될까요?
상대방 : 554-2389입니다.
비서 : 554-2389요. 감사합니다.

실습해 보고 실습 소감을 적어 보자.

....

....

....

4) 상사 회의 중의 전화응대

상황

주요 안건으로 사장님은 지금 회의 중이다. 사장님은 회의 중에 가능한 전화연결을 하지 말아 달라고 하셨다. 회의는 약 2시간 정도 예정되어 있다. 회의가 시작된 지 약 20분 정도 지나 전화가 왔다. 상대방은 주요한 안건으로 사장님과 지금 꼭 통화를 해야 한다고 한다.

참고

상사가 회의 중일 경우 상대방에게 회의 중임을 밝히고 용건을 확인한다. 중요한 안건이 아니면 가능한 회의 끝난 후 전화를 드리겠다고 말한다. 그러나 중요한 안건인 경우 회의 중인 상사에게 메모를 전한다.

비서 : 안녕하십니까? 기린물산 비서실입니다.
상대방 : 안녕하세요. 영일산업의 김명훈 전무인데, 사장님 좀 바꿔 주시겠어요?
비서 : 죄송합니다만, 사장님은 지금 회의 중이십니다.
상대방 : 좀 급한 일인데… 회의 중이라도 좀 바꿔 주시겠어요?
비서 : 죄송합니다만, 무슨 용건이신지요?
상대방 : 부산공장 부지 계약건인데요.
비서 : 네, 알겠습니다. 잠시만 기다려 주십시오.
상대방 : 네, 고맙습니다.
(비서는 회의실에 조용히 들어가 사장님께 메모를 전한다. 사장님은 메모를 읽어 본 후 전화를 받겠다고 한다)
비서 : 김명훈 전무님. 사장님 통화 가능하십니다. 전화 연결하겠습니다.

상대방 : 네, 감사합니다.

(사장님께)

비서 : 사장님, 김명훈 전무 전화 연결되었습니다.

① 실습해 보고 실습 소감을 적어 보자.

② 회의 중인 상사에게 급한 안건인 경우 메모를 전달해야 한다. 회의실에 들어갈 때 비서가 주의해야 할 점이 무엇인지 설명하고 위 전화 대화문을 참고하여 비서가 작성해서 상사에게 드릴 메모의 내용을 아래에 직접 작성해 보자.

3 다음은 직급이 다른 경우의 전화응대이다.

상황

회장 비서가 전화를 하여 회장님께서 사장님과 통화를 원하신다며 사장님께 전화를 연결해 달라고 한다.

업무순서

① 전화벨이 세 번 울리기 전에 받는다.

② 평소 자주 연락하는 상대방의 목소리를 알아듣고 반갑게 인사를 한다.

③ 상사와 전화통화를 희망하는 상대방의 직급에 유의한다. 직급이 낮은 쪽을 먼저 전화연결하여 직급이 높은 쪽이 기다리는 일이 없도록 유의한다.

④ 상대의 상사와 자신의 상사의 직위와 연령이 비슷할 경우, 가능하면 동시에 각 상사에게 전화를 연결한다.

사장비서 : 안녕하세요? 삼신전자 사장실입니다.

회장비서 : 안녕하세요, 최미영 씨? 삼신중공업 김철수 회장님 비서인 김영숙 입니다.

사장비서 : 김영숙 씨, 안녕하셨어요?

회장비서 : 네. 회장님께서 이인석 사장님과 전화 연결을 부탁하셨는데, 지금 사장님 통화 가능하신가요?

사장비서 : 예. 가능합니다. 제가 먼저 연결하겠습니다. 잠시만 기다려주세요.

(사장님께) 사장님, 삼신중공업 김철수 회장님 전화입니다.

(… 통화 연결음이 끝날 즈음에 …)

회장비서 : 회장님, 삼신전자 이인석 사장님 전화 연결되었습니다.

실습 후 실습 소감을 적어 보자.

....

....

....

참고 ○ 전화를 받을 때

진단항목

① 전화벨이 3번 울리기 전에 수화기를 듭니까?
② 메모 준비는 되어 있습니까?
③ 수화기를 들면 소속, 성명을 말합니까?
④ 상대방을 확인했습니까?
⑤ 용건을 전달받으면 복창을 한다든지 다시 확인합니까?
⑥ 전화 메모지에 전언 내용을 적은 후 자신의 이름을 기입합니까?
⑦ 부재중 전화는 전언이 없어도 상사가 돌아오면 보고합니까?
⑧ 담당자를 몰라 전화를 이쪽저쪽으로 돌리지는 않습니까?
⑨ 사람이나 서류를 찾을 때 보류 버튼을 반드시 누릅니까?
⑩ 사람이나 서류를 찾는 데 시간이 걸릴 때 이쪽에서 다시 전화합니까?
⑪ 자기가 잘 알지 못하는 내용일 때는 다른 사람에게 바꾸어 줍니까?
⑫ 말을 명확하고 확실하게 발음하고 있습니까?
⑬ 경어는 적절했습니까?

⑭ 통화가 끝나면 상대방이 끊는 것을 기다려 조용히 끊습니까?

4 다음은 비서가 전화를 걸어야 하는 다양한 경우들이다. 역할을 정하여 실습해 보자.

1) 비서가 전화를 거는 경우 1

상황

외출에서 돌아오신 사장님은 태광건설의 최지훈 상무가 전화를 하여 상사를 찾은 전화메모를 읽어 본 후 최지훈 상무와의 전화연결을 지시한다.

업무순서

① 상대방의 전화번호, 소속 등을 확인하고 정확하게 버튼을 누른다.
② 자신의 소속과 이름을 밝히고 전화를 건 이유를 말한다.
③ 상사와 전화를 연결한다.

비서 : 최지훈 상무님, 안녕하세요? 저는 기린물산 이민영 사장님 비서인 박서연입니다.

상대방 : 네, 안녕하세요.

비서 : 사장님께서 전화연결을 부탁하셔서 전화드렸습니다. 잠시만 기다려 주시면 전화 연결하겠습니다.

상대방 : 네, 고마워요.

(사장님께)

비서 : 사장님, 태광건설 최지훈 상무 전화 연결되었습니다. 3번 전화입니다.

실습 후 실습 소감을 적어 보자.

2) 비서가 전화를 거는 경우 2

상황

박서연 비서는 김동섭 전무에게 직접 전화를 하여 회의시간과 장소를 재확인한다.

업무순서

① 전화를 걸기 전에 용건을 육하원칙에 따라 정리한다.
② 상대방의 전화번호, 소속 등을 확인하고 정확하게 버튼을 누른다.
③ 자신의 소속과 이름을 밝히고 상대방을 확인한다. 직급이 높은 사람과 비서가 통화해야 할 경우 직접 전화드린 점에 대해 사과한다.
④ 또렷한 발음으로 요령 있고 간명하게 전화를 건 이유부터 밝힌다.
⑤ 상대방에게 용건을 전달하면 받는 쪽이 복창하는 것이 예의이지만, 필요에 따라 이 쪽에서 복창하여 상대방의 이해 여부를 확인한다.
⑥ 감사의 인사말을 한다.
⑦ 전화를 건 쪽에서 먼저 끊는 것이 일반적이나 상대방이 손윗사람일 경우는 상대방이 전화를 끊은 후 전화기를 내려놓는다.

비서 : 김동섭 부장님, 안녕하세요? 저는 기린물산 박종진 사장님 비서인 김서연입니다.
상대방 : 네, 안녕하세요.
비서 : 직접 전화드려서 죄송합니다. 다름이 아니오라, 이번 주 금요일 3시 면담 확인차 전화 드렸습니다.
상대방 : 네, 알고 있습니다.
비서 : 장소는 저희 회사 7층 회의실입니다.
상대방 : 네, 알겠습니다. 안녕히 계세요.
비서 : 부장님, 그럼 금요일에 뵙겠습니다. 안녕히 계십시오.

실습 후 실습 소감을 적어 보자.

....

....

....

3) 비서가 전화를 거는 경우 3

상황

박서연 비서는 이남신 상무에게 직접 전화를 하여 상사와의 약속을 취소하고 일정을 다시 수립하기 위해 전화를 거는 상황이다.

참고

우리의 사정으로 일정을 변경해야 해서 전화를 건 경우는 상대방의 일정을 우선 고려하여 일정을 잡는다.

비서 : 이남신 상무님. 안녕하세요? 저는 기린물산 박종진 사장님 비서인 박서연입니다.

상대방 : 네, 안녕하세요.

비서 : 직접 전화드려서 죄송합니다. 다름이 아니오라, 사장님께서 갑작스런 출장으로 이번 주 금요일 약속을 다음 주로 미루셨으면 하십니다.

상대방 : 아, 그래요. 알겠습니다.

비서 : 상무님 가능한 시간을 먼저 말씀해 주시겠어요?

상대방 : 다음 주 수요일 오전 10시나, 오후 3시 이후에 괜찮아요.

비서 : 예, 그럼 수요일 오전 10시 30분으로 해도 괜찮을까요?

상대방 : 예, 좋습니다.

비서 : 그러면 면담 일정은 6월 24일 오전 10시 30분이고, 장소는 지난 번처럼 저희 회사 10층 소회의실입니다. 상무님, 약속 일정을 변경한 점, 죄송합니다.

상대방 : 괜찮습니다. 안녕히 계세요.

비서 : 예, 안녕히 계세요.

실습 후 실습 소감을 적어 보자.

참고 ○ 전화를 걸 때

진단항목

① 전화를 걸기 전에 상대방의 전화번호, 소속, 성명을 먼저 확인하였습니까?
② 전화를 걸기 전에 용건을 미리 메모하고 필요한 자료를 준비하였습니까?
③ 전화를 걸어 자신을 먼저 밝혔습니까?
④ 상대방을 확인했습니까? 상대방이 통화가 가능한 상황인지 확인하였습니까?
⑤ 용건을 결론부터 말했습니까?
⑥ 통화가 불필요하게 길어지지 않도록 논리적으로 내용을 전했습니까?
⑦ 말을 명확하고 확실하게 발음하고 있습니까?
⑧ 끝인사를 하였습니까?
⑨ 경어는 적절했습니까?
⑩ 통화가 끝나면 상대가 끊는 것을 기다려 조용히 끊습니까?

5 다음을 전화응대에 맞게 표현해 보시오.

1) 누구세요?
:

2) 무슨 일이세요?
:

3) 사장님, 김영철 사장님이 전화 바꿔 달라고 하시는데요?
:

4) 사장님은 지금 통화 중이신데 잠깐만요.
:

5) 사장님은 지금 동경 출장 중이신데 다음 주 수요일에 돌아오십니다.
:

6) 사장님은 아직 출근하지 않으셨습니다.
:

7) 사장님은 지금 국세청에서 오신 손님과 면담 중이십니다.
:

8) 사장님은 외부 행사가 있어서 그 회의에는 참석할 수 없습니다.
:

6 다음 신입비서 김영숙 씨의 전화응대 중 잘못된 부분이 있는지 확인하고 잘못된 부분이 있다면 어떻게 응대하는 것이 맞는지 논의해 보자.

상황

신입비서 김영숙 씨는 전임비서로부터 상사의 전화응대 기호에 대해 업무인계를 받았다. 상사와 자주 통화하는 사람들, 상사가 전화통화를 꺼리는 사람들 등등 필요한 내용을 충분히 인계받았다. 전임비서는 특히 상사가 용건을 밝히지 않는 전화를 매우 싫어하시므로 상사에게 전화를 한 분들에게 정중하게 꼭 용건을 확인한 후 상사에게 보고하였다고 한다. 그래서 김 비서는 상사를 찾는 전화마다 반드시 용건을 확인한 후 사장님께 보고하였다.

오늘 아침 입사 후 처음으로 회장님께서 외부에서 직접 전화를 하여 사장님을 찾으신다. 그래서 나는 '회장님, 제가 용건을 여쭤봐도 될까요?'라고 공손히 여쭈어 보았다. 그러자 회장님은 직접 말씀드리겠다며 지금 연결하라고 하신다.

7 다음 내용 중 잘못된 부분을 찾아 비서의 전화응대 방식에 맞게 수정해 보자.

1) 사장님을 찾는 전화가 와서 어느 분인지 여쭙고 전화를 연결하려고 하였는데 사장님이 자리에 계시지 않았다. 그래서 "죄송합니다. 사장님이 자리에 계시는 줄 알았는데… 사장님 어디 계신지 모르겠어요"라고 응대하였다.

2) 사장님이 통화 중인데 친분이 두터운 옥내윤 이사님이 전화를 하였다. 그래서 비서는 "이사님, 안녕하셨어요?"라고 인사를 한 후 "사장님 지금 통화 중인데 잠깐만 기다리세요"라고 말하고 보류 단추를 눌렀다.

3) 보통 8시에 출근하시던 부사장님이 오늘은 아무런 연락 없이 9시 20분이 되어도 출근하지 않으셔서 전화하려고 하는데 전화벨이 울렸다. 전화를 받으니 사장님께서 직접 전화를 하여 부사장님을 찾으신다. "사장님, 부사장님이 아직 출근하지 않으셔서 저도 지금 어떻게 된 일인지 확인하려고 하였습니다"라고 응대하였다.

4) 다음 주 화요일 오후 1시 30분에 예정된 '하반기 영업전략 회의'에 사장님께서 그날 동창들과의 점심 약속이 외부에서 있어서 참석하기 어렵다고 하시면서 영업부에 연락하라고 하신다. 그래서 나는 영업부장에게 전화하여 "저희 사장님은 동창 모임이 있어서 하반기 영업전략 회의에는 참석할 수 없습니다"라고 알려드렸다.

8 다음 상황에서 어떻게 하는 것이 좋을지 토론해 보자.

상황

사장님은 해외 출장 중이며 다음 주 금요일에 돌아오신다.

1) 오늘 아침 삼신제약의 김영철 부장이라는 사람이 전화를 하여 급히 사장님과 통화를 해야 한다며 출장지의 전화번호를 알려 달라고 한다.

2) 사장님과 각별한 사이인 미도그룹의 강영신 전무가 전화하여 사장님이 휴대전화를 받지 않으신다고 하시며 출장지의 다른 연락처를 급히 알려 달라고 하신다.

9 다음 내용을 읽고 상사에게 전할 전화메모(국문/영문)를 작성해 보자.

비서 : 안녕하십니까? 기린물산 비서실입니다.
상대방 : 안녕하세요. 대영전자 강영식 전무입니다.
비서 : 전무님, 안녕하셨어요?
상대방 : 네. 안녕하세요. 사장님 지금 자리에 계신가요?
비서 : 죄송합니다만, 사장님 지금 출장 중이십니다. 다음 주 월요일에 사무실에 출근하세요. 돌아오시면 연락드릴까요?
상대방 : 사장님 돌아오시면 다음 주에 약속된 저녁 모임이 김 이사가 입원하게 되어 취소되었다고 전해 주세요.
비서 : 죄송합니다만, 다음 주 무슨 요일인지 말씀해 주시겠어요?
상대방 : 아, 8월 28일 금요일 오후 7시입니다.
비서 : 예, 사장님께 말씀 전해 드리겠습니다. 전무님, 제가 전화번호를 다시 확인해도 될까요?
상대방 : 554-2389입니다.
비서 : 554-2389요. 감사합니다, 전무님. 안녕히 계세요.

비서 : Good morning, Mr. Kim's office. Miss Park speaking.
상대방 : Mr. Kim, please. This is Paul Robinson of IBM.
비서 : I'm sorry, Mr. Robinson, but Mr. Kim is not in the office now.
상대방 : When do you expect him back?
비서 : He'll be back in about 30 minutes. May I take a message?
상대방 : Yes, please. I would like to cancel the meeting with Mr. Kim of January 4th, Monday at 2 o'clock. I have to leave for New York tonight and I'll be back on January 6th. Could you ask him to call me back as soon as he returns?
비서 : I'm sure he gets your message. Your phone number please?
상대방 : 555-2485, extension 144.
비서 : 555-2485, extension 144, right?
상대방 : Right. Good-bye.

전화메모(한글 · 영문)

전화메모

________님
자리를 비우신 동안에 전화가 왔었습니다.
年 月 日(오전/오후) 時 分
발신자 : 성 명 ________
소 속 ________
전화번호 ________
☐ 전화요망
☐ 다시 걸겠다고
☐ 그냥 전화했다고
☐ 급한 용건이라고
MEMO ________

전화 받은 사람 ________

TELEPHONE MEMO

Date ________ Time : am
pm
To ________
While You Were Out
Mr./Ms. ________
Of ________
Tel No: ________ Ext ________
☐ Telephoned ☐ Will call again
☐ Returned your call
☐ Came to see you
☐ Please call
☐ Wants to see you
☐ Message ________

Taken by ________

10 다음 사례를 읽고 느낀 점을 토론해 보자.

상황

신입비서 김영숙 씨는 대표이사 비서로 근무하고 있다. 사장님은 공항 가는 도중에 전화를 하여 구매부서의 이 부장을 연결해 달라고 하신다. 김 비서는 구매부장에게 전화를 돌리고 전화를 끊었다. 잠시 후 사장님이 다시 전화를 해서 전화가 끊어졌다며 다시 연결하라고 한다. 김 비서는 죄송하다고 말씀드리고 다시 전화를 구매부장에게 연결하여 사장님 전화이니 받으라고 말씀드리고 전화를 끊었다. 조금 뒤 사장님이 다시 전화를 하여 도대체 왜 전화도 연결을 못하느냐고 하시며 구매부장에게 오라고 해서 전화를 받으라고 하신다. 어쩔 수 없이 구매부장은 사장실로 달려와서 전화를 받았다.

김 비서는 도대체 전화가 왜 연결이 안 되는지 이해가 되지 않아 전화기 연결 상태를 확인해 보니 전화기 링크 시스템에 문제가 있음을 확인할 수 있었다.

11 전화기의 다음 기능들을 설명해 보고 직접 실습해 보자.

1) 단축다이얼

2) 예약기능

3) 회의통화기능

4) 부재 중 안내

5) 착신통화 전환

6) 통화 중 대기

7) 대표번호

8) 등급별 통화 제한

9) 클로버서비스

10) 전화사서함

12 상사는 런던 사무소에 전화하여 Mr. John Smith와 전화를 연결하라고 한다. 그러시면서 "참, 지금 런던이 몇 시지?"라고 지나가는 말로 물어보셨다.

1) 비서가 런던 시간을 확인할 수 있는 방법으로는 어떤 방법들이 있는가?

2) 런던 545-1218에 전화를 하는 경우 눌러야 할 번호를 차례로 적어 보자.

13 우리 회사는 미국 뉴저지에 본사를 두고 있는 다국적기업의 한국지사로 미국과의 전화통화가 매우 많은 편이다. 그런데 한국과 미국 동부 간의 시차 때문에 사장님은 댁에서 종종 국제전화를 하시고 업무상 본점과 전화통화한 내역을 주시며 경리부에 전화요금을 청구하라고 한다. 이 일을 개선할 수 있는 방법으로 어떤 방법이 좋겠는가?

14 다음은 한국 본사와 3개국에 걸쳐 있는 지사들 간의 전화회의 관련 내용이다. 내용을 잘 읽고 아래의 질문에 답해 보자.

▲음성회의 시스템

박승영 본부장은 이영희 소장(뉴욕사무소), 최순재 지사장(일본지사), 박종진 소장(런던사무소)과 한국 시간으로 3월 25일 수요일 오전 10시에 전화회의를 개최하고자 한다.

따라서 전화회의 개최 일시와 회의 안건을 월요일에 e-mail로 회의 참석자들에게 보내 그들로부터 회의 참석 여부에 관해 회신을 받았다. 김영철 사장은 전화 네트워크뿐 아니라 통화 중 필요한 자료나 그래픽을 뉴욕, 일본, 런던으로 보내기 위해서 컴퓨터를 이용하고자 한다.

1) 전화회의(conference call)는 최근 들어 기업에서 면 대 면 회의를 대체하는 수단으로 많이 이용되고 있다. 기업에서 전화회의가 어떻게 이용되고 있는지 현직 비서들의 경우를 인터뷰하여 발표해 보자.

2) 전화회의를 개최하고자 할 때 회의 참석자들에게 회의 참석 여부를 확인하기 위해 보통 e-mail을 발송한다. 앞의 내용을 바탕으로 이영희 소장, 최순재 지사장, 박종진 소장에게 전화회의 개최를 알리는 e-mail을 한국어로 작성해 보자.

상황

상사는 매주 월요일 오전 9시(홍콩 시간)에 전화회의에 참석한다. 오늘 아침 홍콩 지사로부터 다음 e-mail을 받았다.

Please be informed that the pass code is changed to 1025231 effective next Monday, June 30 and all the other details remain unchanged.

Conference Name1	AC Operation Meeting
Date & Time	Weekly Monday at 9am HKT
Conference Leader	Darcy Lai
Cost Center	11170

Toll Meet Me number : (852) 2387-5400

Pass code : 1025231

Regards,

3) 상사가 국제전화회의에 초대되었다. 다음 e-mail의 내용을 파악해 보자.

15 상사는 해외출장이 잦아 일년에 3개월 정도는 외국에 머무른다. 그래서 외국으로 출장을 갈 때마다 로밍서비스를 받아 해외에서도 자신의 휴대전화를 사용한다. 국제 로밍서비스에 대해 조사해 보자. 또한 해외데이터 로밍서비스에 대해서도 조사해 보자(신청방법, 가능국가, 이용요금 등).

16 요즘 비서들은 스마트폰을 이용한 업무처리의 양이 급증하였다. 다음의 예는 현직 비서들이 스마트폰을 업무에 어떻게 활용하고 있는지를 보여 준다.

예 1: 상사가 해외 출장 중일 때도 스마트기기로 실시간으로 편리하고 간단하게 부담 없이 의견을 교환하고 일정을 조율할 수 있어 예전보다 업무속도가 빨라졌어요.

예 2: 상사가 해외 출장이 잦은 편인데 출장으로 해외에 계실 경우에 e-mail보다 스카이프, 왓츠앱, MSN 등의 스마트기기 애플리케이션으로 업무 지시를 하시는 경우가 많아요.

예 3: "제가 생각하기에 비서업무를 하는데 스마트기기가 정말 필요한 것 같아요. 한번은 상사가 퇴근 후에 음식점 번호를 물어보는데 급한 마음에 114로 바로 문의했지만 번호 등록이 안 되어 있었어요. 그래서 인터넷 검색을 해서 알려 드려야 했는데 스마트기기를 항상 휴대하고 있어서 바로 검색해서 상사께 알려 드릴 수 있었어요."

현직 비서들을 인터뷰하여 스마트폰이 그들의 업무수행에 어떻게 도움이 되고 있는지 다양한 예를 알아보자.

참고

스마트기기의 급속한 확산은 비서들로 하여금 과거와는 다른 업무환경에 적응해야 하는 과제를 안겨 주었다. 즉 스마트폰을 이용하여 과거보다 복잡하고 다양한 비서업무를 훨씬 더 신속하고 정확하게 처리할 수 있게 되었다. 또한 언제 어디서든 상사와 연락이 가능해지면서 상사의 비서에 대한 기대가 높아졌을 뿐 아니라 비서에 대한 믿음도 커졌다.
실제 많은 비서들이 외부에 있는 경우 또는 퇴근 후에도 상사가 업무를 재촉할 경우 손안의 컴퓨터를 이용해 시간과 장소에 구애받지 않고 자료를 송부하거나 일정을 확인하고 있다. 또한 상사가 해외출장 중일 경우에도 실시간으로 상사와 비서가 의견을 교환하고 일정을 조율함으로써 업무처리가 빨라졌다. 이처럼 이제 스마트폰은 비서업무에서 필수이다. 이런 스마트폰을 이용하여 처리할 수 있는 업무가 많아짐에 따라 스마트폰을 잘 이용할 수 있는 능력을 길러야 할 뿐 아니라 상사에게 스마트폰 사용법을 알려 주는 비서도 많이 있다.
과거 스마트폰이 아닌 일반 휴대전화를 사용할 때 비서들이 상사에게 휴대전화로 문자메시지 보내는 법을 알려 드리곤 했는데 오늘날 비서들은 주기적으로 상사의 스마트기기 정보를 업데이트해야 하고 유용한 애플리케이션의 사용법을 알려 주고 있다. 기존에 비서들이 근무할 때 아침에 출근하면 전화응답기에 녹음된 전화내용을 확인하고 컴퓨터를 켜서 이메일을 확인하고 수신된 팩스를 확인하면서 하루를 시작하였다면 요즘의 비서는 스마트폰을 통해 언제 어디서든 확인할 수 있으니 격세지감을 느끼게 된다.
스마트폰을 이용해 시공간을 초월해 상사와의 커뮤니케이션이 가능해져 신속한 업무처리가 가능하지만 스마트기기의 빠른 주기 변화로 인하여 비서가 상사의 스마트기기를 자주 업데이트해야 하는 고충도 있다. 또한 상사보다 앞서서 유용한 애플리케이션을 알아야 한다는 부담감도 있고 업무와 사생활의 경계가 모호해지는 어려움을 토로하는 비서들도 많이 있다. 스마트폰인지는 모르겠지만 '악마는 프라다를 입는다' 라는 영화에서 비서인 앤 해서웨이가 끊임없이 자기를 찾는 상사의 전화에 자신의 휴대전화를 분수대에 던져 버리는 장면이 나온다. 그 장면에서 비서의 마음에 공감하였으리라 생각한다. 하지만 스마트폰 없는 비서는 이제는 상상하기도 힘들 정도이다. 따라서 스마트폰의 긍정적인 부분을 더 많이 활용할 수 있는 능력이 요구된다.

16 비서들이 스마트폰을 사용하여 상사나 업무 관계자들에게 문자를 보낼 때 주의할 점이 무엇인지, 그리고 통화와 문자 중 어느 것이 적절한지를 어떻게 판단하는지에 대해 현직 비서들을 인터뷰 한 후 토론해 보자.

17 국제전화 응대가 많아짐에 따라 영어를 사용해야 하는 통화의 양이 급증하였다. 전문비서로서 국제전화 응대를 할 수 있는 역량을 길러야 한다. 다음을 영어로 표현해 보자.

1) 전화에서 자신을 밝히는 경우(기린물산 비서실 ○○○입니다)
 :
2) Brown 씨를 부탁합니다(Brown 씨를 바꾸어 주세요).
 :
3) 상대방의 이름을 묻는 경우(누구신지요?)
 :
4) 전화를 연결할 경우(브라운 씨께 연결해 드리겠습니다)
 :
5) 상사가 전화를 받을 수 없는 여러 상황
 회의 중입니다.
 :
 통화 중입니다.
 :
 출장 중입니다.
 :
 자리에 안 계십니다.
 :
 방금 나가셨습니다.
 :
 손님과 함께 계십니다.
 :
 점심 드시러 가셨습니다.
 :
 퇴근하셨습니다.
 :
6) 상사 부재 시 간단한 메시지 받기
 전하실 말씀 있으십니까?
 :
 아니요, 나중에 걸겠습니다.
 :

저한테 전화 왔다고 전해 주세요.
:
저에게 전화해 달라고 해주세요.
:

18 다음은 내용을 기초로 하여 영어 전화 대화문을 완성해 보았다. 실습 후 영어전화 응대를 잘하기 위해 어떤 능력을 길러야 할지 논의해 보자.

상황

김진희 비서는 Kimberly Clark의 James Covin의 비서이다. Citibank의 Donald Fred라는 사람이 전화를 하여 사장님과 통화를 하고 싶다고 한다. 김 비서는 상사에게 인터폰으로 Fred 씨의 전화를 받을 것인지 여쭈어 보니 전화를 받겠다고 하여 Fred 씨의 전화를 상사에게 연결하였다.

비서 : Good morning, Mr. Covin's Office. Miss Kim speaking.
상대방 : Good morning. This is Donald Fred of Citibank.
May I speak to Mr. Covin?
비서 : Mr. Fred, would you please hold on while I see if he's available?
상대방 : Yes. Thank you.
(사장님께)
비서 : Mr. Covin, Mr. Donald Fred of Citibank is on the line. Will you take his call?
상사 : Yes, put him through.

19 다음의 사례는 비서와 전화응대업무의 전반적인 내용을 담고 있다. 사례를 읽고 비서의 전화응대업무가 비서업무에서 어느 정도 중요한 업무로 판단되는지 토론해 보자. 또한 자신이 비서가 된다면 어떻게 전화응대를 할지에 대해서도 의견을 나눠 보자.

사례

많은 사람들이 전화업무를 단순하고 쉬운 업무라고 생각하지만 비서의 전화업무는 고도의 능력을 필요로 하는 주요업무입니다.

상사가 불필요한 전화로 인해 시간을 낭비하지 않도록 전화를 스크린하는 것이 비서의 업무이므로 비서는 걸려온 전화가 중요한 전화인지, 상사가 통화를 꺼리는 전화인지, 광고전화인지 등을 구분하여 각 상황에 맞게 응대할 수 있어야 합니다. 비록 상사가 원하지 않는 전화일지라도 상대방의 기분을 상하게 하지 않고 전화응대를 할 수 있어야 합니다.

또한 상사의 의사를 전달해야 하는 경우 비서는 상사의 지시내용을 명확하게 상대방에게 요점을 정리하여 전달해야 합니다. 즉 예의바른 전화응대 자세는 기업과 상사의 이미지를 높일 뿐 아니라 기업의 홍보에도 긍정적인 영향을 미칩니다.

필자가 비서로 근무할 때 거래 기업 대표이사 비서와 자주 전화통화를 하였습니다. 그 비서와 통화를 하고 나면 통화내용이 명확하게 이해될 뿐 아니라 기분까지 좋아지곤 했습니다. 목소리는 힘이 있으면서도 부드러웠고 용건을 전달할 때 간단하면서도 요점을 명확히 전달하여 전화용건이 명확하게 이해되었죠. 그래서 그 비서를 보기 위해 방문까지 한 경험이 있습니다. 실제 만나고 보니 40대 후반의 다소 통통한, 편안한 느낌이었습니다. 그 이후로 저는 비서들과 통화를 하면 그 비서의 경력이 파악이 되더라고요. 이 비서는 초보이구나, 이 비서는 10년 이상의 베테랑 비서구나 등등. 즉 전화응대를 잘하기 위해서는 수년간의 경험과 노력이 필요하답니다.

비서가 전화응대를 잘하기 위해서는 상사의 기호를 파악하는 것이 우선이죠. 상사에게 걸려오는 전화를 모두 받는 상사는 없습니다. 그렇다면 상사의 전화응대 기호를 전임비서에게 인계받아 상사와 자주 전화통화하는 사람들이 누구인지, 상사가 받기 싫어하는 전화는 비서가 어떻게 처리해 주기를 원하는지 등등 상사의 기호를 파악해야 합니다. 그러나 전임비서로부터 상사의 전화응대 기호와 관련하여 아무 내용도 못 들은 경우에는 상사의 반응을 보고 파악하도록 합니다. "사장님 OOO 분이 전화하셨는데요…"라고 할 때 바로 연결해야 하는 경우도 있고 "왜 전화했대…" 하면서 굳이 받고 싶지 않은 느낌을 주기도 하는 등 상사의 반응을 보면서 중요 전화와 그렇지 않은 전화를 구별하도록 합니다.

처음 입사하여 전임자로부터 충분히 업무인계를 받지 못한 경우 상사가 선호하는 전화응대 방식을 익히기는 쉽지 않을 뿐 아니라 많은 시간이 필요합니다. 하지만 본인의 노력으로 시간을 충분히 단축시킬 수 있으므로 작은 부분도 놓치지 않고 파악하기 위해 노력해야 합니다. 또한 비서는 상사와 자주 전화통화를 하는 사람들의 음성을 기억하도록 합니다. 물론 모든 사람의 목소리를 구별하기는 힘들지만 자주 전화하는 사람이나 직위가 높은 사람의 목소리를 기억하고 상대방에게 먼저 인사를 한다면 좋은 인상을 줄 수 있습니다. 여러분도 여러분을 기억해 주는 사람에게 호감을 느끼시죠? 다른 사람들도 똑같습니다.

실습평가서

실습을 하면서 느낀 점을 적어 보자.

1. 인상적인 부분

2. 어려운 부분

3. 개선된 부분

✣ 스스로의 평가

평가점수	실습내용
매우 잘함	
잘함	
보통	
노력 요망	
많은 노력이 요망됨	

Chapter 3 내방객응대업무

Chapter

3 내방객응대업무

Secretarial Practice

제1절 내방객응대업무 1

학습내용

1. 면담준비
2. 선약 유무에 따른 내방객응대
3. 내방객 조정 및 상사 면담 중의 비서의 업무

학습목표

1. 비서의 바른 내방객응대가 상사와 기업의 이미지 제고에 매우 중요함을 인식하고 면담준비를 철저히 함으로써 상사의 비즈니스에 도움이 되는 내방객응대를 할 수 있다.
2. 내방객응대 자세 및 절차를 확인하고 면담 선약 여부에 따라 상황에 맞는 내방객응대를 할 수 있다.
3. 내방객 조정업무와 상사 면담 중의 비서의 업무를 수행할 수 있다.

1 면담준비

기업에는 다양한 사람들이 다양한 용건을 가지고 방문하므로 비서는 회사와 상사를 대표하여 내방객을 응대해야 한다. 회사와 상사의 이미지는 비서의 방문객응대 태도에 영향을 많이 받는다. 따라서 비서는 어떤 방문객이 오더라도 항상 친절하고 호의적인 태도로 응대함으로써 상사와 회사의 대외적인 이미지를 높일 수 있다.

내방객응대에서 가장 중요한 것은 업무에 임하는 비서의 마음가짐과 태도이다. 격식에 맞고 정중한 언어를 사용해야 함은 당연한 일이지만 마음속에서 우러나지 않는 형식적인 응대는 아무리 표면적으로 예의바르다 할지라도 상대방을 감동시키지 못한다.

1) 상사의 기호 파악

비서는 상사에 따라 선호하는 내방객응대 방식이 다르므로 상사가 선호하는 내방객응대 방식을 빨리 파악하도록 노력해야 한다.

참고 ○ 내방객응대 관련 상사의 기호 파악

내 상사는 방문하는 손님은 누구든지 만나는가?

그렇지 않다면

상사와 자주 만나는 사람들은 누구인가?
선약 없이 방문한 내방객응대를 비서가 어떻게 하기를 상사가 원하는가?
선약 없이도 꼭 만나는 내방객은 누구인가?
개인적인 친분관계가 있는 내방객은 누구인가?
업무와 관련 없는 내방객을 만나는가?
비서가 어떻게 내방객을 안내하기를 상사가 원하는가?
상사가 선호하는 내방객 응대 방식은 무엇인가?
면담이 예정 시간보다 길어질 경우 상사는 비서가 어떻게 대응하기를 원하는가?

2) 면담예약

선약 없이 불시에 방문하는 내방객은 상사의 시간을 낭비하게 하는 주요 원인 중의 하나이다. 따라서 비서가 상사의 시간을 효율적으로 관리하기 위해서는 상사와 면담을 요청하는 내방객에게 선약을 할 것을 요청하도록 한다. 면담예약을 받음으로써 면담준비를 철저하고 세심하게 할 수 있고 일정이 이중으로 잡히는 것을 피할 수 있다. 면담약속은 반드시 기록으로 남겨야 한다. 손님이 많은 상사를 위해서는 별도로 면담일정표를 작성하는 것이 편리하다.

상사와 면담을 요청하는 내방객에게 다음의 사항을 확인하도록 한다.

- 면담을 신청하는 상대방의 소속, 성명, 직함, 연락처를 정확하게 확인한다.
- 면접 목적과 희망하는 면담 일시와 장소를 확인한다.

면담성사 여부는 상사가 결정하는 것이므로 상사와의 면담을 요청하는 상대방에게 상사 일정 확인 후 연락드린다는 것을 밝히도록 한다. 상사가 면담을 수락하면 상대방에게 연락하여 면담일시를 정한다. 이때 상대방에게 상사 면담이 가능한 시간을 2~3개 제시한 후 상대방의 일정에 맞는 일시를 정한다.

손님이 찾아올 때는 출발지로부터 차편에 따른 소요 시간을 알려준다. 또한 자세한 약도(승용차용, 버스용, 지하철용)를 항상 비치해 필요한 경우 팩스로 보내거나 회사 홈페이지 '찾아오는 길'에 올려둔다.

3) 면담일시 결정 시 피해야 할 시간

면담일시를 정할 때는 상사의 일정을 최우선으로 고려하고 다음 시간에는 가능한 면담을 잡지 않도록 하여 상사의 업무 효율성을 높이도록 한다.

- 월요일 오전 중의 약속은 피하는 것이 좋다. 주말 동안 발생한 업무처리뿐 아니라 상사가 새로운 한 주를 계획할 수 있는 시간을 갖는 것이 더 중요하다. 특히 월요일 오전은 회사 내부의 일에 집중할 수 있도록 가능한 한 외부 일정은 피하도록 한다.
- 회의 직전이나 직후는 피하도록 한다. 상사가 회의준비를 해야 할 수도 있고 회의가 예정보다 길어져 면담을 늦추어야 할 수도 있기 때문이다.
- 출장이나 휴가 직전이나 직후의 시간은 피하도록 한다. 출장 전과 출장 후는 업무량이 평소보다 많기 마련이다.
- 오후 1시에서 1시 30분 사이의 약속은 피한다. 점심 외출이 예상보다 길어질 수 있기 때문이다.
- 오후 늦은 시간(5시 이후)의 약속도 부득이한 경우를 제외하고는 피한다.

비서는 상사가 시간을 효과적으로 활용할 수 있도록 면담시간을 배정하여 상사의 시간 손실을 최소화하도록 하며 일정 수립 시 다른 일정과의 중복 여부를 꼭 확인한다.

4) 상사 부재 시의 면담예약

상사가 출장 등의 이유로 장기간 자리를 비운 사이 상사와의 면담신청을 받았을 때 비서는 상사의 승낙을 받을 수 없으므로 면담일시를 임시로 정한다. 이때 상대방에게 추후 일정이 변경될 수 있다는 점과 일정이 확정되면 연락할 것을 미리 양해를 얻어 놓아야 한다.

5) 면담약속의 변경 및 취소

상사의 예기치 못한 출장이나 회의 등으로 약속을 지키지 못하게 될 경우 가능한 빨리 상대방에게 연락해 약속을 취소하거나 일정을 조정해야 한다.

(1) 약속을 변경하는 방법

- 신속하게 상대방에게 변동사항을 알린다.
- 상대방이 납득할 수 있도록 변경 이유를 공손하고 예의바르게 설명한다.
- 상대방의 일정에 차질이 없도록 추후 면담 일정을 조정한다.

(2) 약속을 취소하는 방법

- 상대방의 일정에 차질이 없도록 신속하게 통보해야 한다.
- 취소 사유를 정확히 전하고 죄송하다고 사과하되 잘못된 변명을 하여 상대방을 불쾌하게 하지 않는다.

6) 내방객 기록부와 내방객 카드 활용

상사와 개인적으로 가까운 내방객, 업무상 중요한 내방객 등등 내방객에 대한 정보를 관리하기 위해 내방객 기록부와 내방객 카드를 준비한다. 내방객 기록부나 내방객 카드에 방문내용을 적어 두면 내방객업무에 도움이 된다. 예를 들어 내방객의 첫 방문 시 인상이나 특징을 적어 두어 다음번 방문 시 먼저 알아보고 인사를 하거나 선호하는 차를 알아서 응대하는 등등 사소하지만 비서의 이런 태도는 회사와 상사의 이미지를 높일 뿐 아니라 비서도 높은 평가를 받게 된다. 대부분의 사람들은 자신을 기억하는 사람들에게 호의적이다.

- 내방객 기록부에는 내방객의 소속과 성명, 방문 일시, 용건, 면담자 등을 기록한다.
- 내방객 카드에는 내방객의 인적사항 외에 인상착의나 특징, 기호 등을 적어 둔다.

내방객 카드가 없는 경우에는 명함 뒷면에 필요한 내용을 간단히 메모할 수도 있다. 명함 없이 방문한 손님이 자신의 인적사항을 적을 수 있도록 명함양식을 미리 만들어 놓고 활용하는 것도 좋다.

2 선약 유무에 따른 내방객응대

1) 방문객응대 자세

비서로서 바람직한 내방객응대 태도는 다음과 같다.

- 성심성의껏 상대방의 입장에서 응대한다.
- 상대방의 말을 집중해서 듣고 명확하지 않은 점은 다시 확인한다. 응대 시 내방객의 소속이나 성명, 용건을 잘못 듣는 일이 없도록 주의하고 복창을 함으로써 정확을 기한다. 가능하면 메모를 하면서 경청하면 더욱 좋다.
- 신속하게 내방객응대에 임한다. 자신의 일이 바쁘다고 내방객을 기다리게 해서는 안 된다. 부득이 기다리게 할 경우에는 이유와 얼마나 기다려야 하는지 등을 내방객에서 설명하도록 한다.
- 내방객은 선착순, 접수순으로 공평하게 안내한다. 안면이 있는 내방객이라고 해서 안면이 없는 손님보다 더 친절한 태도를 보이는 것은 두 손님 모두에게 예의가 아니다. 어느 손님이든지 공평하게 대하는 자세를 잊지 말자.
- 태도와 자세를 올바르게 갖추고 친절하게 대한다. 내방객을 존중하고 있다는 마

음을 표현함으로써 좋은 인상을 주도록 한다.

2) 방문객 맞이 순서

내방객응대 시 비서가 내방객에게 좋은 인상을 주면 회사와 상사의 이미지가 높아질 뿐 아니라 상사의 비즈니스에도 긍정적인 영향을 미친다. 따라서 내방객을 겉모습으로 판단해서는 안 되며 누구에게나 예의바르고 친절한 태도로 내방객을 맞도록 한다. 또한 섣부른 말대답이나 모르는 내용을 추측해서 답하지 않도록 한다.

① 인사를 한다

- 내방객이 들어오면 곧바로 의자에서 일어나서 인사를 한다. 중요한 손님인 경우는 방문 시간에 맞추어 현관, 엘리베이터, 안내 데스크 등 적절한 곳에서 대기하여 손님을 맞도록 한다.
- 비서가 통화하는 도중에 손님이 오면 목례를 한 후 빨리 통화를 마친다.

② 상대를 확인한다

- 내방객이 명함을 줄 때는 두 손으로 받아 소속과 이름을 구두로 확인한다.
- 명함도 주지 않고 예약도 없이 방문한 내방객에게는 회사명, 성명, 용건을 정중하게 묻는다.
- 자주 방문하는 내방객은 비서가 먼저 알아보고 인사한다. 특히 승진 등으로 내방객의 직급에 변화가 있는지를 미리 확인하고 직함이 변경된 경우 호칭 시 주의한다.

③ 용건을 확인한다

- 선약이 되어 있는 방문객에게는 용건을 묻지 않는다.
- 선약이 없이 방문한 내방객에게는 어떤 용건으로 방문했는지를 확인한다.

3) 선약 유무에 따른 내방객응대

(1) 선약된 내방객

- 몇 시에 누가 방문하는지를 안내 데스크에 연락해 둔다. 내방객이 도착했다는 연락을 받으면 안내 데스크로 나가서 손님을 맞는다.
- 중요한 내방객은 현관, 엘리베이터 앞 등에서 미리 대기한 후 맞이한다.
- 접견실을 사용해야 하는 경우는 미리 예약한다.
- 면담에 필요한 자료가 있으면 준비해 두고 자주 방문하는 손님이나 중요한 손님인 경우에는 선호하는 다과 등을 확인하고 미리 준비해 둔다.
- 선약이 된 방문객과 관련하여 신변의 변화가 있는 경우(예를 들어, 승진, 이동, 집안의 경조사 등) 내용을 상사에게 면담 전에 다시 상기시킴으로써 상사가 내방객을 맞이하면서 상황에 맞는 인사를 할 수 있도록 한다.

(2) 선약되지 않은 내방객

갑작스러운 내방객의 방문 시에도 민첩하게 행동할 수 있도록 항상 상사의 소재, 접견실의 상황 등을 파악해 둔다. 선약 없이 방문한 내방객도 정중하고 반갑게 맞이한다. 절대 "무슨 일로 오셨습니까?"라는 태도는 취하지 않는다.

(3) 상사와 개인적으로 예약된 내방객

상사가 비서에게 알리지 않고 내방객과 면담일정을 정하는 경우가 있다. 이런 경우 비서는 침착하게 상사와의 면담 여부를 확인한다. 이런 경우를 방지하기 위해서는 상사와 일정을 자주 확인하여야 한다.

상사와 개인적으로 약속된 내방객의 경우 방문객을 잠시 기다리게 한 후 상사에게 확인을 한다. 이때 손님에게는 본인의 부주의로 예약 사실을 확인하지 못해서 죄송하다고 말씀드린 후 안내하도록 한다. 즉, 상사가 일정을 알려 주지 않아서 몰랐음을 내방객에게 밝히지 않는다.

3 내방객 조정 및 상사 면담 중의 비서의 업무

1) 내방객 조정

(1) 약속시간이 지연될 경우

선약이 된 손님이 약속시간에 맞추어 방문하였으나 상사가 먼저 방문한 손님과 면담 중이거나 통화 중인 경우가 종종 있다. 이 경우 비서는 손님에게 상황을 설명하고 양해를 구한 후 상사에게 약속된 손님이 기다리고 있다는 내용을 메모로 전달하도록 한다.

이런 일을 방지하기 위해서 비서는 선약된 손님이 오기 전에 상사에게 면담 일정을 상기시켜 약속된 손님을 기다리게 하는 일이 없도록 사전에 조치를 취하는 것이 바람직하다.

(2) 내방객이 다수일 경우

동시에 두 사람 이상의 손님이 방문했을 경우에는 먼저 온 손님이나 약속된 손님을 우선 안내하고, 기다리게 된 손님에게는 이유를 설명하고 대기실로 안내한다. 기다리는 동안 신문이나 잡지 또는 차를 미리 권하도록 한다.

대기실에 여러 손님이 함께 기다리게 될 경우에는 그 손님들 간의 관계에도 주의를 기울여야 한다. 즉, 서로 알아도 될 경우에는 양측을 소개한 후 함께 대기실에서 기다리도록 안내하고 입찰이나 기타 업무내용상 내방객들이 상면하지 않아야 할 경우에는 각기 다른 장소에서 기다리도록 한다.

2) 내방객 면담 중의 비서의 업무자세

상사가 손님과 면담 중일 때 비서는 자리를 비우지 않도록 한다. 불가피하게 자리를 비워야 할 경우에는 소재지와 돌아오는 시각을 메모하여 상사가 잘 볼 수 있는 곳에 붙여 두거나 옆의 직원에게 부탁을 한다.

(1) 면담 중인 상사에게 전언이 있는 경우

면담 중인 상사를 찾는 전화가 왔을 때 비서는 상사가 면담 중임을 말하고 용건을 확인한다. 급한 용건이 아니면 면담을 마치는 대로 전화를 드린다고 하여 가능하면 면담 중인 상사를 방해하지 않는다. 그러나 급한 용건일 경우는 용건을 메모지에 적어 조용히 상사에게 메모를 전달한다. 면담 중인 상사에게 용건을 구두로 전달해서는 안 된다.

(2) 면담 중인 손님에게 전언이 있는 경우

면담 중인 손님에게 급한 용건을 전해야 하는 경우에는 손님에게 메모를 전한다. 손님이 외부와 전화통화를 해야 하는 경우에는 편안한 장소에서 전화를 이용할 수 있도록 안내한다.

(3) 면담시간을 조정해야 할 경우

면담이 예정된 시간보다 길어져서 다음 일정에 차질이 우려될 경우 비서는 상사가 적절한 시간에 면담을 마칠 수 있도록 한다. 예를 들어 상사에게 메모로 다음 일정을 환기시키거나 평소 비서와 상사 간에 합의된 신호를 사용하기도 한다.

3) 상사 대리자로서의 내방객응대

비서는 상사 부재 시 상사의 대리자로서 내방객을 응대해야 하는 경우가 있다. 비서는 상사 대리인으로 내방객을 응대해야 할 경우 언행을 각별히 조심해야 한다. 비서는 내방객에게 자신의 위치를 밝히고 상사가 면담이 불가능한 이유를 설명한다.

비서가 상사의 대리로 내방객을 응대할 경우에는 대리자임을 명심하고 상사가 전달하도록 지시한 내용만을 상대방에게 전달하도록 한다. 상사로부터 지시받지 못한 부분에 대해 질문을 받았을 때는 추측으로 답하지 말고 상사의 지시를 받은 후 연락하겠다고 한다. 대리자로 내방객 면담을 하였을 경우에는 면담 결과를 빠르고 정확하게 상사에게 보고한다.

제2절 내방객응대업무 2

학습내용

1 내방객 맞이
2 내방객 안내
3 내방객 접대

학습목표

1 비서의 바른 내방객 맞이 예절, 즉 인사예절, 소개를 하고 받을 때의 예절, 명함을 주고 받는 예절 및 명함을 활용하는 방법 등을 학습하여 내방객에게 좋은 인상을 줄 수 있다.
2 내방객을 복도, 계단, 문, 엘리베이터나 에스컬레이터, 응접실 등에서 바르게 안내할 수 있다.
3 내방객에게 따뜻한 마음을 담아 다과를 대접하고 잘 배웅함으로써 상사와 회사에 대해 좋은 인상을 심어 줄 수 있다.

1 내방객 맞이

1) 인사

인사는 상대방에게 첫인상을 결정하는 중요한 요소이다. 지나치게 형식적인 인사나 형식을 무시한 인사 태도는 상대방에게 불쾌감을 줄 수 있다. 비서는 마음을 담아서 하는 따뜻한 인사가 몸에 밸 수 있도록 해야 한다.

다음은 인사예절이다.

- 밝고 부드러운 표정으로 상대의 눈을 바라본다.
- 손의 위치는 옆구리에 자연스럽게 붙이고 흔들지 않도록 한다. 여자의 경우 오른손이 왼손 위로 올라가게 포갠 다음 아랫배에 가볍게 댄다.
- 머리만 숙이지 말고 목과 허리가 일직선이 되도록 상체를 숙인다.

- 다리를 가지런히 하고 무릎 사이는 붙인다.
- “안녕하십니까?”, “반갑습니다” 등의 인사말을 주고받는다.
- 인사말은 바르고 정확한 발음으로 끝까지 해야 한다. 얼버무리는 인사는 성의가 없어 보인다.

2) 소개예절

비서는 상사를 찾아오는 내·외국인 내방객을 맞이하고 상사에게 소개할 수 있어야 한다. 바른 소개예절을 알아둠으로써 소개를 하거나 받을 때 예의에 어긋나지 않도록 한다.

- 소개를 하거나 받을 때는 일어서서 한다. 소개할 때는 소개하는 사람의 성명, 직책, 소속 등을 모두 밝힌다.
- 직위가 낮은 사람을 먼저 윗사람에게 소개하고, 그 다음에 윗사람을 아랫사람에게 소개한다.
- 나이가 적은 사람을 먼저 나이가 많은 사람에게 소개한다. 그러나 젊더라도 직위가 더 높은 사람을 소개할 경우에는 직위 순으로 소개하는 것이 일반적이다.
- 남자와 여자를 서로 소개할 때는 남자를 여자에게 먼저 소개하는 것이 서구식 예절이다. 그러나 남녀 간의 연령이나 사회적 지위의 차이가 많이 날 때는 그렇지 않다.
- 사내 사람을 사외 사람에게 먼저 소개한다. 사내의 직급이 높은 사람부터 낮은 사람 순으로 외부 손님에게 소개한 후 외부 손님을 직급이 높은 순으로 소개한다.
- 한 사람을 여러 사람에게 소개할 때는 한 사람을 먼저 소개하고 그 후에 각각을 소개한다.
- 여러 사람들을 그룹별로 소개할 때는 일관된 방향으로 어느 한 편의 사람들을 다른 편에 소개한 후 다른 편을 소개한다.
- 동행인과 타사를 방문한 경우에는 동행인을 먼저 소개한 후 자신을 소개한다.
- 중간에 소개해 주는 사람이 없을 때는 상대방에게 먼저 인사를 건네며 자신을 소개한다.

- 연령, 직급이 같을 때는 소개자로부터 가까운 위치에 있는 사람부터 소개한다.

3) 명함

한국이나 일본에서는 처음 만나 인사를 할 때 명함을 교환하는 것이 일반적이다. 다음은 명함과 관련된 매너이다.

(1) 명함을 건넬 경우

- 자신의 이름을 상대방 쪽에서 보이게 돌려서 두 손으로 건넨다.
- 윗사람에게 명함을 건넬 때는 일어서서 드린다.
- 자신의 소속과 이름을 밝히며 명함을 건넨다.

(2) 명함을 받을 경우

- 상대가 명함을 줄 때는 가볍게 인사를 하면서 두 손으로 받아 손가락이 글자를 가리지 않도록 한다.
- 명함을 가슴 부근까지의 높이로 들고 본다.
- 명함을 보면서 방문객의 회사명, 성명, 직책명 순으로 읽은 후 상대방의 표정을 보면서 확인을 구한다(예를 들면 "기린산업의 이영후 이사님이시군요").
- 어려운 한자 이름인 경우는 명함 뒷면의 영문 성명을 참고하거나 상대방에게 확인을 하여 얼버무리지 않도록 한다.

(3) 명함을 교환할 경우

- 명함을 교환할 경우에는 손아랫사람이 먼저 건넨다. 두 사람 이상에게 명함을 건네야 할 경우에는 직급이나 나이 순으로 건넨다.
- 명함을 마주 교환하는 경우에는 오른손으로 자신의 명함을 건네고 왼손으로 상대방의 명함을 받는다.

(4) 명함 취급 시 유의사항

- 맞교환이 아닌 경우 명함을 한 손으로 받지 않는다.
- 대화 도중 명함을 만지작거리거나 손장난을 하지 않는다.
- 상대방이 보는 앞에서 명함에 메모를 하지 않는다. 메모가 필요한 경우에는 상대방이 돌아간 후에 한다.
- 대화 도중 상대방의 이름이 기억나지 않을 경우 받은 명함을 보며 확인해도 된다.
- 받은 명함은 꼭 가지고 간다.

2 내방객 안내

1) 안내예절

비서는 처음 사무실을 방문하는 손님이 안내가 없어 불안한 느낌이 들지 않도록 배려해야 한다. 특히 개방식의 사무실은 통로가 복잡하고 외부인의 출입을 통제하는 장치가 된 곳이 많으므로 손님의 입장에서 안내하도록 한다.

손님을 안내할 때 유의할 점은 다음과 같다.

- 손님보다 대각선 방향으로 두서너 걸음 앞에 서서 보조를 맞추어 가며 걷는다. 손님이 오른쪽에 설 수 있도록 한다.
- 안내를 할 때는 눈과 입, 어깨, 손을 동시에 사용한다. 손가락은 가지런히 펴고 엄지손가락은 붙이고 손바닥을 위로 하여 허리 위치에서 가고자 하는 방향을 가리키며 안내한다. 손가락으로 가리키지 않는다.
- 복잡한 곳에서는 미리 안내를 하여 방문객이 당황하지 않도록 한다.
- 복도의 구부러진 곳이나 계단에 이르렀을 때는 걸음을 멈추고 돌아보며 걷는다.
- 비서 자신이 익숙한 지역이라고 해서 뒤도 돌아보지 않고 혼자서 목적지를 향해 가지 않는다.
- 찾기 힘든 부서에 내방객이 혼자 가야 할 경우에는 간단한 안내도를 그려 준다.

2) 복도와 계단에서의 안내

(1) 복도

- 복도의 넓이를 고려해 손님의 대각선 방향으로 비켜선 자세로 두세 걸음 앞서서 걷는다.
- 모퉁이를 돌 때는 가야 할 방향을 손으로 가리킨다.

(2) 계단

- 계단에서 안내할 때는 손님과 1~2계단 떨어져서 안내한다.
- 여성 비서의 경우 계단을 오를 때는 손님의 뒤에서, 내려갈 때는 손님 앞에서 안내한다.
- 계단에 난간이 있을 때는 손님이 난간의 손잡이를 잡을 수 있도록 배려한다.

3) 엘리베이터와 에스컬레이터에서의 안내

(1) 엘리베이터

- 엘리베이터를 타기 전에 미리 가는 층을 알려 준다.
- 승무원이 있는 경우는 손님이 먼저 타고 먼저 내린다.
- 승무원이 없을 때는 양해를 얻은 뒤 비서가 먼저 타서 문이 닫히지 않도록 열림 버튼을 누른 후 손님이 타도록 한다.
- 내릴 때는 손님이 먼저 내린다. 이때 비서는 열림 버튼을 누르고 있어야 한다.
- 엘리베이터를 타고 내릴 때는 문이 닫히지 않도록 문을 손으로 잡는다.

(2) 에스컬레이터

에스컬레이터에서는 올라갈 때와 내려갈 때 모두 손님을 먼저 타게 한 뒤 안내자가 뒤따른다.

4) 문에서의 안내

(1) 미는 문

- 접견실의 문이 안으로 밀어서 열리는 경우는 왼손으로 문을 밀어서 연다.
- 비서가 먼저 들어가 문을 활짝 연 뒤 문 옆에 서서 내방객을 공손히 안으로 안내한다.
- 오른손으로 문을 닫는다.

(2) 당기는 문

- "잠시만 기다려 주십시오" 하며 내방객을 잠시 멈추게 한 후 왼손으로 문을 당겨서 연다.
- 손님이 먼저 들어가도록 문 뒤쪽으로 빠진다.
- 나중에 들어가서 문 쪽으로 돌아 오른손으로 닫는다.

(3) 회전문

- 움직이는 회전문에서는 손님을 먼저 들어가게 하고 비서가 뒤에 들어간다.
- 정지되어 있는 회전문에서는 비서가 양해를 구하고 먼저 들어가 문을 민다.

5) 응접실에서의 안내

(1) 안내방법

- 손님이 응접실에 도착하면 문 앞에서 "이곳입니다"라고 말하고 들어간다.
- 의자를 권할 때는 손님에게 상석을 권한다.
- 상석의 위치를 정확히 파악하여 손님의 직위와 중요도를 고려해 안내한다.

(2) 상석의 구분

손님이 가장 편안하고 쾌적하게 느낄 수 있는 곳이 상석으로, 접견실의 구조에 따라 달라질 수 있다. 일반적으로 상석은 사람의 출입이 적은 곳, 소음이 적은 곳, 비좁지 않고 넉넉한 곳, 심리적으로 안정을 줄 수 있는 곳, 또는 전망이 좋은 곳을 말한다.

- 상사의 자리가 따로 마련되어 있는 경우에는 상사와 가까운 곳, 특히 상사의 오른편이 상석이다.
- 창문이나 액자가 있는 경우 전망이나 그림이 보이는 곳이 상석이다.

6) 교통수단에서의 자리 배치

(1) 자동차

운전자 이외에 탑승인원이 몇 명인지 또는 운전자가 누구인지에 따라 상석이 달라진다.

- 기사와 상사가 탈 경우에는 뒤쪽 오른편이 상석이다.
- 비서가 상사와 함께 상사의 차를 타고 업무차 나갈 때는 상사는 뒤편 오른쪽에, 비서는 기사의 옆 좌석에 앉는다.
- 세 사람 탑승 시에도 상석은 마찬가지이며 상사의 옆좌석이 차석이 된다.
- 네 사람 탑승 시에는 뒷자리에서 가장 불편한 자리인 가운데가 가장 낮은 자리이며, 이때 비서가 동승할 경우 역시 운전기사 옆에 앉는다.
- 상사가 운전을 하고 비서가 혼자 동승하는 경우 비서는 상사의 옆 좌석에 앉는다.

(2) 기차

기차에서 네 사람이 일행일 경우 기차 진행 방향의 창가 좌석이 상석이다.

(3) 비행기

비행기에서는 창문가가 상석이나 개인에 따라 통로 쪽을 선호하기도 한다. 기내의 3인용 좌석일 경우에는 가장 불편한 중간 자리가 하석이다.

3 내방객 접대

1) 응대 장소의 환경 정비

- 접견실 등 응대 장소의 실내 환경을 항상 깨끗하게 정돈해 두도록 한다.
- 테이블과 의자를 정리정돈하고 먼지나 때가 없도록 한다.
- 융단이 깔려 있는 경우 항상 깨끗하고 찢어진 곳이 없도록 관리한다.
- 냉난방과 통풍이 잘 되도록 관리한다.
- 시계, 달력의 일시를 정확히 맞추도록 한다.
- 책, 신문, 잡지 등이 최근의 것으로 구비되어 있도록 한다.
- 손님 응대 시 필요한 차와 찻잔을 여유 있게 갖추어 둔다.

2) 음료 대접

언제 음료를 대접할지를 미리 상사와 상의를 하도록 한다. 일반적으로 회의가 시작되기 전에 차를 내지만 회의 도중에 차를 낼 경우는 가능한 이야기가 끊어진 때를 맞추도록 한다. 음료의 종류는 계절이나 형편을 고려하고 상사 및 손님의 기호에 맞추어 미리 준비한다. 방문객의 수가 많아 각 손님의 취향에 맞는 차를 내기 어려운 경우는 계절에 맞는 일반적인 차를 내는 것이 좋다. 자주 방문하는 손님은 기호를 기억해 두어 재차 묻는 일이 없도록 한다. 또한 중요한 손님의 경우는 미리 상대방의 비서에게 기호를 확인한 후 필요한 차를 구비해 놓도록 한다.

차를 다 낸 후에 늦게 온 손님이 있는 경우는 늦은 사람에게만 차를 낸다. 또한 차를 낸 후 1시간이 지나도록 면담이 지속될 경우 다시 차를 내야 할지를 상사에게 여쭈어 본다. 음료를 다시 내야 할 경우는 먼저 찻잔을 거둔 후 새로운 차를 내도록 한다.

(1) 음료준비

- 찻잔과 손의 청결 상태를 확인한다. 찻잔과 받침의 무늬는 동일한 것으로 준비한다.
- 차의 온도는 70℃가 적당하며 차는 찻잔의 70% 정도를 채운다.

- 커피나 홍차를 낼 때는 손님의 취향을 물어보아 취향에 맞게 설탕이나 크림을 넣어 내도록 한다. 잎차는 차를 충분히 우려낸 후 내도록 하고 티백을 이용할 경우에도 충분히 차가 우려난 후 티백을 빼고 대접한다.
- 쟁반과 찻잔 사이에 물기가 없도록 하며, 찻잔의 가장자리에 손을 대지 않는다.
- 흘리면 닦을 수 있도록 청결한 행주나 종이 타월을 준비한다.

(2) 다과를 내는 순서

- 차를 가지고 들어갈 때는 노크를 한다. 단, 이 경우의 노크는 의례적인 것이므로 살짝 노크한 뒤 2~3초 후에 들어가도 무방하다. 회의가 시작된 후 차를 내는 경우는 노크를 하지 않는다.
- 가볍게 목례를 한 후 쟁반을 보조탁자 위에 놓는다. 보조탁자가 없는 경우에는 하급자 좌측 끝에 쟁반을 놓는다.
- 차는 내방객의 상급자 순으로 낸 후 자회사 상급자 순으로 낸다.
- 찻잔은 손님의 오른쪽 무릎 앞, 테이블 끝에서 5~10cm 안쪽에 낸다.
- 과일이나 과자를 함께 낼 때는 과일이나 과자를 먼저 내방객의 좌측에 내고 다음에 차를 우측에 낸다.
- 탁자 위에 서류가 있을 때는 먼저 서류를 한쪽 옆으로 치운 다음 차를 내도록 한다.
- 차를 낸 다음 가볍게 목례를 하고 서너 걸음 뒤로 물러선 후 돌아서 나온다.
- 면담이 두 시간 이상 길어지면 음료나 시원한 생수를 다시 대접하는 것이 좋다.
- 손님이 돌아간 후 곧 찻잔을 빼고 테이블을 정리한다.

3) 방문객 전송

마지막 인상도 첫인상만큼 중요하므로 내방객응대 시 끝까지 성심성의껏 손님을 대한다.

- 손님이 업무를 마치고 돌아갈 때는 비서는 하던 일을 멈추고 손님을 배웅한다. 이때 손님의 물품을 보관하고 있으면 잊지 말고 미리 준비하였다가 손님에게 전한다.
- 손님에 따라 자리에서 배웅할 것인지, 엘리베이터 앞에서 배웅할 것인지, 또는 승

용차까지 함께 가서 배웅할 것인지 결정한다. 어디서 배웅을 하든지 손님이 보이지 않을 때까지 다른 행동으로 옮기지 않는다.

- 필요한 경우 주차요원이나 운전기사에게 연락해 손님의 승용차를 대기시키도록 한다. 승용차번호, 운전사 연락처 등을 상대편 비서에게 사전에 확인하여 내방객 카드에 적어 둔다.
- 손님이 돌아가면 신속히 접견실을 정리하여 다음 방문객이 사용하는 데 불편함이 없도록 한다.

도입 사례

다음 주에 개최하는 주주총회를 준비하느라 박서연 비서는 눈코 뜰 새 없이 바쁘다. 2시에 약속된 현대상선의 민태수 사장님이 약속시간보다 조금 일찍 방문을 하셨다. 상사는 지금 일본 지사와 중요한 내용으로 통화 중이어서 정 비서는 방문객을 접견실로 안내하고 사장님 통화 마치는 대로 말씀드리겠다고 했다. 자리에 돌아와 보니 사장님은 아직도 문을 닫고 통화 중이어서 다시 주주총회 준비업무를 하였다. 시간이 얼마쯤 흘렀을까? 시계를 보니 2시 25분… 민태수 사장님은 홀로 접견실에 계시고… 상사는 전화통화를 끝내고 서류를 검토하고 계셨다.

일이 너무 바쁘다 보면 이런 경우가 발생할 수도 있다. 물론 안 되지만…

30분 이상 손님이 기다린 상황이다. 물론 비서가 손님에게 가서 자신의 잘못을 말씀드리고 사과한다. 상사에게도 자신의 잘못으로 손님이 많이 기다렸음을 알려 드리고 상사도 손님을 만나 결례를 한 부분에 대해 사과를 할 수 있도록 한다.

비서로 일하면서 기억해야 할 금언 중의 하나가 '정직이 최선의 해결책'이다. 이 경우 비서가 말하지 않으면 상사는 손님이 오래 기다렸음을 몰라 사과를 하지 않음으로써 경우에 따라 상사가 큰 오해를 받을 수 있다. 즉 상대방이 상사를 매우 예의 없는 사람으로 평가하여 뒤에 있을 비즈니스에 악영향을 미칠 수 있다. 비서는 자신이 잘못한 일에 대해서는 상사의 꾸짖음을 달게 받을 수 있는 마음을 갖도록 한다.

1 다음은 선약된 내방객을 응대하는 경우이다. 다음 내방객응대 대화문을 바탕으로 각자 역할을 정하여 내방객응대를 실습해 보자.

1) 선약된 내방객이 방문한 경우 1

상황

오전 10시 30분, 기린물산 대표이사 비서인 김서연 비서는 사장님과 약속된 손님인 삼신전자 김철수 이사님이 도착했다는 연락을 안내 데스크로부터 받았다. 김 비서는 하던 일을 마치고 얼른 안내 데스크로 가서 손님을 맞이한다. 김철수 이사님은 우리 회사를 처음 방문하는 분이다.

업무순서

① 선약된 내방객 맞이 준비를 한다.

- 약속이 되어 있는 내방객일 경우, 약속시간 약 20여 분 전부터 내방객의 성명, 소속 등을 확인해 둔다.
- 접견실을 사용해야 하는 경우 접견실을 예약하고 정리 상태를 점검한다.
- 면담에 필요한 자료가 있으면 폴더에 넣어 보기 편하게 준비해 두고 자주 방문하는 손님이나 중요한 손님의 경우 선호하는 차나 응대방식 등을 미리 확인한 후 준비한다. 처음 방문하는 중요한 손님의 경우는 상대방 비서에게 미리 확인해 둔다.
- 선약된 방문객과 관련된 사건(승진, 경조사 등)이 있는 경우 방문 전에 상사가 알 수 있도록 하여 상사가 내방객을 맞이할 때 상황에 맞는 인사를 할 수 있도록 보좌한다.
- 중요한 손님인 경우는 방문시간에 맞추어 현관이나 엘리베이터 앞에서 대기하여 맞는다.

② 선약된 손님이 오면 비서는 하던 일을 멈추고 밝은 미소를 띠면서 45° 각도로 "안녕하십니까?"의 인사말을 한다. 두 번째 방문부터는 내방객을 기억하여 신분을 밝히기 전에 반갑게 인사한다.

③ 내방객의 코트, 모자, 우산 등을 보관해야 할 경우 잘 보관하였다가 방문을 마치고 돌아갈 때 잊지 말고 돌려 드린다.

④ 상사가 통화 중이거나 먼저 방문한 손님과 면담이 끝나지 않은 경우에는 방문객에게 기다리는 이유를 설명하고 양해를 부탁한 후 응접실로 안내한다. 기다리는 시간이 길어질 경우 내방객에게 신문, 잡지를 권하고 인사를 한 후 자리에 돌아온다. 비서는 선약된 내방객이 방문하기 전에 상사가 면담이나 통화를 마칠 수 있도록 조정해야 한다.

비서 : 안녕하세요? 삼신전자 김철수 이사님이시죠?
내방객 : 네, 안녕하세요.
비서 : 사장님께서 기다리고 계십니다. 이쪽에 앉아서 잠시만 기다려 주십시오.
내방객 : 네.
(비서 – 상사)

비서 : 사장님, 10시에 약속되어 있는 삼신전자 김철수 이사님 오셨습니다.
상사 : 안으로 모시세요.
비서 : 네, 알겠습니다.
(비서 – 내방객)
비서 : 이사님, 기다려 주셔서 감사합니다. 이쪽으로 오십시오.
(접견실)
비서 : 차는 녹차와 커피가 준비되어 있습니다. 어떤 걸로 올릴까요?
내방객 : 녹차로 주세요
비서 : 네, 알겠습니다.

역할을 정하여 실습을 한 후 소감을 적어 보자.

2) 선약된 내방객이 방문한 경우 2

상황

오후 2시 30분, 사장님과 친분이 두터운 미래산업의 박영석 이사님이 방문하셨다. 김서연 비서도 여러 번 방문한 박영석 이사님을 잘 알고 있다. 박영석 이사님이 선호하는 차는 홍차이다.

비서 : 박영석 이사님, 안녕하세요?
내방객 : 네, 안녕하세요.
비서 : 사장님께서 기다리고 계십니다. 이쪽에 앉아서 잠시만 기다려 주세요.
내방객 : 네. 감사합니다.
(비서 – 상사)
비서 : 사장님, 박영석 이사님 오셨습니다.
상사 : 안으로 모시세요.
비서 : 네, 알겠습니다.

(비서 – 내방객)

비서 : 이사님, 기다려 주셔서 감사합니다. 이쪽으로 오십시오.

(접견실)

비서 : 이사님, 차는 평소처럼 홍차로 준비할까요?

내방객 : 좋습니다.

비서 : 네, 알겠습니다. 잠시만 기다려 주십시오.

실습 후 소감을 적어 보자.

3) 면담 약속이 지연될 경우

상황

약속시간에 맞춰 가나무역 이영철 전무님이 방문하였지만 사장님은 아직 회의 중이다. 회의 전에 이영철 전무님과의 면담 약속을 상사에게 상기시켰지만 중요한 회의라 상사가 회의를 마치지 못하고 있는 상황이다.

비서 : 전무님, 안녕하세요? 죄송합니다만, 회의가 아직 끝나지 않았습니다. 잠시만 기다려 주세요.

상대방 : 예. 그러죠.

비서 : 전무님 방문하셨다는 메모 넣도록 하겠습니다. 제가 접견실로 안내해 드리겠습니다.

(접견실)

비서 : 기다리시는 동안 차를 준비해 드릴까요?

상대방 : 괜찮습니다. 사장님 오시면 그때 부탁드립니다.

비서 : 죄송합니다. 잠시만 기다려 주십시오.

(비서는 다시 한 번 상사에게 이영철 전문님이 오셨다는 메모를 넣는다.)

비서 : 전무님, 너무 많이 기다리셔서 대단히 죄송합니다. 사장님께서 5분만

더 기다려 주십사 하는 말씀과 더불어 대단히 죄송하다는 말씀도 전해 달라고 부탁하셨습니다.

(잠시 후)

비서 : 전무님, 너무 오랫동안 기다리셨죠. 죄송합니다. 사장님께서 지금 막 회의를 마치셨습니다.

(상사 접견실로 들어와 죄송하다는 말씀과 함께 손님을 응대한다.)

실습 후 소감을 적어 보자.

2 다음은 선약 없이 방문한 내방객을 응대하는 경우이다. 역할을 정하여 실습해 보자.

1) 선약 없는 내방객이 방문한 경우(면담 가능)

상황

오전 11시 20분, 김 비서는 사장실을 찾는 내방객 앞으로 다가가 친절하게 인사한다. 내방객은 명함을 주면서 사장님의 대학 동창인데 이 빌딩에 있는 타 회사의 방문을 끝내고 가는 길에 잠깐 들렀다고 한다.

업무순서

① 비서는 상사의 성격이나 취향을 먼저 파악하여 내방객 선별 원칙을 정해 놓고 실수를 줄여야 한다. 상사가 선약이 되어 있지 않아도 만나는 사람, 아니면 만나지 않는 사람 등을 미리 파악해둔다.

② 내방객이 입구에서 서성거리고 있을 때, 비서는 내방객 쪽으로 걸어가서 친절하게 응대한다.

③ 안내해도 좋을지 판단이 서지 않는 내방객의 경우, 상사의 재실 여부를 알려서는 안 된다. 이때에는 되도록 상사의 집무실에서 멀리 떨어진 장소에서 내방객을 응대하도록 한다.

④ 상사와 약속이 되어 있지 않은 내방객이면, 비서는 용건을 공손하게 묻는다.

⑤ 내방객이 명함을 주는 경우, 가볍게 인사하며 두 손으로 받는다. 이때 성명이나 회사명 등에 모르는 한자가 있으면, 명함 뒷면의 영자를 보고 확인하거나 여쭈어 본다.
⑥ 비서는 선약 없이 방문한 내방객에게 면담이 가능한지에 대한 확신을 주지 말아야 한다.
⑦ 상사에게 내방객의 명함 혹은 성함과 회사명이 적힌 메모지를 건네며 내방객의 방문을 알린다. 상사에게 명함을 전할 때까지 명함을 소중하게 취급하며 만지작거리거나 구기지 않도록 조심한다.

비서 : 실례지만 어느 분을 찾아 오셨습니까?
상대방 : 사장님을 잠깐 뵐까 합니다.
비서 : 죄송하지만, 성함을 여쭈어 보아도 될까요?
상대방 : (명함을 주며) 제 명함입니다. 사장님과 사업상 의논을 드릴 일이 있어 이렇게 찾아 왔습니다.
비서 : 대영전자 김상경 부장님이시군요.
상대방 : 네, 그렇습니다.
비서 : 부장님, 저희 사장님께서 지금 업무 중이시라 면담이 가능하신지 여쭈어 보겠습니다. 이쪽에 앉아서 잠시만 기다려 주세요.
상대방 : 네, 고맙습니다.
(상사에게 여쭈어 본다.)
비서 : 부장님, 사장님께서 면담이 가능하다고 하십니다. 제가 접견실로 안내해 드리겠습니다. 이쪽으로 오세요.
상대방 : 고맙습니다.

실습 후 선약되지 않는 내방객응대의 어려운 점이 무엇인지 토론해 보자.

2) 선약 없는 내방객이 방문한 경우 2(면담 불가능)

상황

Epson 컴퓨터사의 김민석 차장이라는 분이 안부차 사장님을 뵙고 싶어 한다. 사장님과 면담 약속을 하지 않은 상황이다.

비서 : 죄송합니다만, 어느 분을 찾아오셨습니까?
상대방 : 사장님 좀 뵈려구요.
비서 : 죄송합니다만, 성함이 어떻게 되시는지요?
상대방 : 저는 Epson 컴퓨터사의 김민석 차장입니다. 잠시 지나는 길에 사장님께 안부차 들렀습니다.
비서 : 알겠습니다. 사장님께서 잠시 외출하셨습니다. 곧 돌아오실 수 있는지 여쭤 보겠습니다. 잠시 앉아서 기다려 주십시오.
비서 : (명함을 드리며) 사장님, Epson 컴퓨터사의 김인석 차장이란 분이 안부인사차 방문하셨습니다. 선약은 하시지 않았습니다.
상사 : 다음에 오시라고 하세요.
비서 : 기다려 주셔서 감사합니다. 죄송합니다만, 사장님께서는 지금 바로 돌아오시기가 어렵다고 하십니다. 다음에 미리 연락주시고 방문해 주시길 부탁하셨습니다.
상대방 : 알겠습니다. 다시 연락드리죠. 안부 전해 주십시오.
비서 : 예, 알겠습니다. 죄송합니다. 안녕히 가십시오.

실습 후 소감을 적어 보자.

3) 선약 없는 내방객이 방문한 경우 3(면담 가능)

상황

인영건설 김수철 이사라는 분이 선약 없이 방문하여 사장님을 뵙고 싶어 한다. 사장님은 현재 집무실에서 업무를 보고 있는 중이지만 김 비서는 사장님께 손님을 안내해야 할지 판단이 서지 않았다.

참고

선약 없이 방문한 손님의 면담 요청을 거절하기가 쉽지 않은 경우가 많다. 따라서 현직의 비서들은 상사가 사무실에 있는 경우도 상사가 잠시 외출 중인데 곧 돌아오실 수 있는지 확인하겠다고 한 후 상사의 의사를 확인한다. 만약 상사가 면담을 거절할 경우라도 상사가 불가피하게 사무실에 돌아올 수 없어서 면담을 할 수 없는 것이므로 상대방의 기분이 덜 상할 수 있어 유용하게 이용될 수 있다.

비서 : 어느 분을 찾아 오셨습니까?
상대방 : 김영철 사장님을 잠깐 뵐까 합니다.
비서 : 어느 분이 방문하셨다고 말씀 드릴까요?
상대방 : (명함을 주며) 인영건설 김수철 이사입니다. 사장님과 사업상 의논 드릴 일이 있어 이렇게 찾아 왔습니다.
비서 : 인영건설 김수철 이사님이시군요.
상대방 : 네, 그렇습니다.
비서 : 부장님, 저희 사장님께서 지금 잠시 자리를 비우셨는데 곧 돌아오실 수 있는지 확인해 보겠습니다. 이쪽에 앉아서 잠시만 기다려 주세요.
내방객 : 네, 고맙습니다.
(비서, 상사에게 다녀와서)
비서 : 부장님, 사장님께서 곧 돌아오신다고 하십니다. 제가 접견실로 안내해 드리겠습니다. 이쪽으로 오세요.
상대방 : 고맙습니다.
비서 : 기다리시는 동안 차를 준비해 드릴까요?
상대방 : 괜찮습니다. 사장님 오시면 그때 부탁드립니다.
비서 : 알겠습니다. 잠시만 더 기다려 주십시오.

실습 후 소감을 적어 보자.

4) 선약 없는 내방객이 방문한 경우 4(면담 거절)

상황

처음으로 방문한 내방객이 사장님과의 면담을 원한다. 내방객은 이름이나 방문 목적을 이야기하지 않고 사장님을 직접 만나서 이야기하겠다고 한다. 김 비서는 정중하게 선약이 되어 있지 않은 경우 사장님과 면담하기가 어렵다는 것을 분명하게 밝힌다. 내방객에게 이름과 연락처를 알려 주면 사장님께 보고한 후 연락드리겠다고 말하면서 면담을 정중히 거절한다.

참고

내방객이 이름이나 방문 목적을 이야기하지 않고 상사를 직접 만나서 이야기하겠다고 하면 면담이 어렵다는 것을 분명하게 밝힌다.

비서 : 어느 분을 찾아 오셨습니까?
상대방 : 김영철 사장님을 잠깐 뵐까 합니다.
비서 : 어느 분이 방문하셨다고 말씀드릴까요?
상대방 : 사장님을 직접 뵙고 말씀드리겠습니다. 사업상 의논 드려야 할 일입니다.
비서 : 죄송합니다. 존함이나 방문 목적을 말씀해 주시지 않으시면 사장님과의 면담은 어렵습니다.
상대방 : 제가 꼭 뵈야 되는데…
비서 : 죄송합니다만, 선약을 하시고 다시 방문해 주시기 바랍니다.
내방객 : 네, 알겠습니다.
(이후 상사에게 보고한다)
비서 : 사장님, 외출 중이실 때 키가 180cm 정도 되신 40대 중반의 남자분이 오셔서 사장님과의 면담을 요청하셨습니다. 성함과 연락처를 여

쭈어보았지만 말씀하시지 않고 그냥 가셨습니다. 다음에는 전화로 약속을 하신 후 방문하시도록 부탁드렸습니다.

실습 후 소감을 적어 보자.

3 상사와의 면담을 요청하는 전화가 왔다. 이 경우 비서가 상사에게 면담 가능 여부를 여쭈어 보기 전에 상대방에게 확인해야 하는 사항이 무엇인지 앞의 상황들을 보면서 정리해 보자.

4 선약된 내방객과 선약되지 않은 내방객의 응대 시 주의할 점을 5개 이상 적어 보자.

- 선약된 내방객

- 선약되지 않은 내방객

5 상사는 오늘 오후 5시에 대영산업의 김영수 부장과 면담 약속이 되어 있다. 그런데 갑자기 잡힌 외부 회의 참석으로 김영수 부장과의 약속을 지킬 수 없게 되었다. 전화를 해보니 김영수 부장은 이미 사무실을 나간 상태였으며 휴대전화도 연결이 되지 않았다.

1) 이런 경우 선약된 내방객이 방문했을 때 어떻게 응대해야 방문객의 기분을 덜 상하게 할 수 있을지 생각해 보자.

2) 상사의 대리자로서 비서가 방문객을 응대할 때 유의할 점은 무엇인가?

6 다음의 잘못된 표현을 내방객 응대에 맞게 수정해 보자.

잘못된 표현	바른 표현
우리 회사	
나	
○○○ 선생님입니까?	
나는 ○○○입니다.	
데리고 온 분	
누구세요?	
누구를 찾으세요?	
늘 고마워요.	
무슨 일인가요?	
잠깐 기다리세요.	
부탁해요	
몰라요.	

못해요.	
미안해요.	
외출했어요.	
말하고 오겠습니다.	
전화주세요.	
돌아오면 말해 줄게요.	
곧 올 거예요.	
드세요.	

7 상사는 상사의 집무실에서 지금 손님과 면담 중이다. 상사가 내일 일본으로 출장을 갈 예정이라 환전을 하러 은행에 다녀와야 한다. 사장님께 말씀을 드리고 다녀오자니 면담을 방해하는 것 같고 면담이 끝난 다음에 가자니 은행 마감시간이 임박할 것 같다. 게다가 비서실에는 나 혼자뿐이다. 어떤 조치를 취하고 은행에 다녀와야 비서의 부재로 인한 문제 발생을 최소화할 수 있는지 생각해 보자.

8 회의 중 외부 손님을 찾는 전화가 왔을 때 외부 손님에게 전할 메모를 전달해 보자.

상황

상사는 지금 선일건설의 박경일 사장, 최종수 영업상무와 면담 중이다. 면담이 시작된 지 약 20분 정도 지나서 박경일 사장의 비서가 전화하여 지금 상사와 전화통화를 하고 싶다고 한다. 김 비서는 지금 면담 중이므로 면담이 끝나는 대로 말씀을 드리겠다고 하였다. 그러나 상대편 비서는 지금 사장님과 통화를 해야 하는 상황이므로 전화를 연결해 달라고 한다.

업무순서

① 상사가 내방객과 면담이나 회의 중이라고 해서 비서가 자리를 비우거나 방심해서는 안 된다. 상사의 지시나 긴급 상황에 대처하기 위하여 꼭 필요한 업무가 아니면 자리를 지켜야 한다.

② 업무로 자리를 비울 경우 비서는 장소, 연락처, 돌아올 시간 등을 기재하여 책상 위에 둔다. 즉 비서의 소재를 상사가 알 수 있도록 한다.

③ 회의나 면담 중에 전화연결이 필요할 경우, 전화의 내용을 메모로 적어 방해가 되지 않게 전한다.

④ 내방객이 전화를 걸거나 받아야 할 경우 편안한 장소에서 전화를 받을 수 있도록 안내한다.

9 다음 사례를 읽고 질문에 답해 보자.

사례

비서 홍여진 씨는 삼진그룹 대표이사 비서로 근무하고 있다. 바쁜 오전 업무를 어느 정도 마치고 천천히 책상 위의 서류를 정리하고 있는데 전화가 왔다. 사장님을 뵙고 싶어 하는 손님이 지금 안내 데스크에서 기다리고 있다는 내용이었다.

홍 비서는 천천히 안내 데스크로 걸어가 찾아온 내방객을 보았더니 왠지 좀 초라해 보이는 50대 후반의 남자가 앉아 있었다. 홍 비서는 간단히 목인사만 하고 죄송하지만, 회장님은 지금 회의 중이고 선약되지 않는 손님은 만나지 않는다고 분명하게 말했다. 내방객은 다른 일로 이 건물에 왔다가 회장님께 잠시 안부라도 전하려 했다면서 명함을 주었다. 명함을 받아 본 홍 비서는 놀라지 않을 수 없었다. 진도물산의 이상박 사장이었다. 하지만 이미 엎질러진 물… 내방객이 돌아간 후 사장님께 말씀드렸더니 매우 언짢아하시며 죄송하다는 전화를 하셨다.

홍 비서는 진도물산의 사장이 어떻게 수행비서도 없이 방문을 하는지를 이해할 수가 없어 주변의 사람들에게 물어 보니 이상박 회장이 원래 형식에 얽매이지 않는 편안한 분이라고 하였다.

1) 홍 비서의 내방객응대 태도의 문제점은 무엇인가?

2) 여러분이 위 상황이라면 어떻게 이 상황을 해결하는 것이 좋을지 생각해 보자.

10 다음과 같은 경우에 비서로서의 알맞은 응대 자세와 표현을 적어 보자.

1) 내방객이 신분을 밝히지 않으면서 계속 상사와 면담하기를 원하는 경우

2) 비서가 방문객에게 명함을 요청할 경우

3) 상사가 아직 먼저 온 내방객과 면담을 마치지 않아 약속된 내방객이 기다려야 할 경우

4) 내방객의 우산, 코트, 짐 등을 비서가 보관하고자 할 경우

5) 내방객에게 선호하는 차를 물어보는 경우

6) 내방객이 교통체증 등의 이유로 약속 시간보다 늦는다고 연락할 경우

7) 내방객을 배웅하는 경우

11 다음의 내용을 소개 순서에 맞게 다음 표에 알맞게 넣어 보자.
① 연소자, 연장자 ② 여성, 남성 ③ 선배, 후배 ④ 하위자, 상위자 ⑤ 지명도 낮은 사람, 지명도 높은 사람 ⑥ 집안사람, 손님

~를	~에게

12 상사를 효율적으로 보좌하기 위해 내방객 카드를 만들어서 활용하려고 한다. 내방객 카드에 들어가야 할 내용을 적어 보자. 가상의 인물을 설정하여 적어 보자.

내방객응대 카드

방문자	성명 및 직책	
	회사명	
	연락처	
	최초 방문일자	
방문 목적		
기타	상사와의 관계	
	동반 방문자	
	특징 및 기호	

13 다음은 내방객 안내와 관련된 상황이다. 각 상황에 맞게 실습해 보자.

상황

오전 11시 20분, 회의를 끝마친 사장님께서는 김 비서에게 가나무역 이영철 전무님을 영업부장에게 안내하도록 지시한다. 영업부는 14층에 있어 엘리베이터를 이용해야 한다.

업무순서

① 비서는 처음 사무실을 방문하는 내방객이 불안한 느낌을 갖지 않도록 편안하게 안내하기 위해 안내예절을 숙지할 뿐 아니라 안내자세가 몸에 배어 있어야 한다.

② 내방객을 안내할 때는 내방객의 대각선 방향으로 두서너 걸음 앞서서 걸으면서 잠시 뒤를 돌아보며 내방객과 보조를 맞추며 걸어간다.

③ 비서 자신이 익숙한 지역이라고 해서 뒤도 돌아보지 않고 혼자서만 목적지를 향해 가는 일이 없도록 한다. 또한 복도의 구부러진 곳이나 계단에 이르렀을 때에는 발걸음을 멈추며, 내방객과 시선을 맞추면서 미소와 함께 안내한다.

④ 엘리베이터를 탈 때 비서는 "먼저 실례하겠습니다"라고 말한 후 먼저 타서 문이 갑자기 닫히지 않도록 버튼은 누르면서 내방객을 태우고, 내릴 때는 손님이 먼저 내리도록 응대한다.

⑤ 문을 열고 안내할 때에는 문의 밀고 여는 방향에 따라서 안내방법이 다르다. 미는 문에서는 비서가 먼저 들어가고 당기는 문에서는 내방객이 먼저 들어갈 수 있도록 한다.

⑥ 내방객에게 우리 회사 사람을 먼저 소개하고 그 후 내방객을 우리 회사 사람에게 소개한다.

⑦ 소개를 끝낸 후 두 분께 목례를 한 뒤 자리로 돌아온다.

복도, 엘리베이터, 문에서의 안내를 직접 해본 후 안내한 방법을 적어 보자.

....

....

....

14 사장님은 면담을 마친 내방객을 14층의 이민영 영업상무 집무실로 안내해 드리라고 한다. 영업상무실은 우리보다 한 층 위에 있으며 긴 복도를 따라 죽 가다가 왼쪽 모퉁이에 있다. 계단과 복도에서의 내방객 안내를 실습한 후 계단에서의 안내를 구체적으로 설명해 보자.

15 다음은 엘리베이터에서 손님을 안내할 때 흔히 경험하는 일이다. 내용을 읽고 생각해 보자.

상황

상사가 면담을 마친 손님을 연구개발부 상무님께 안내해 드리라고 하신다. 연구개발부서는 18층으로 엘리베이터를 타고 올라가야 한다. 김 비서는 내방객 앞에 서서 내방객을 안내하였다. 엘리베이터가 와서 김 비서는 엘리베이터에 먼저 타서 18층을 누른 후 내방객이 들어올 수 있도록 '열림' 단추를 눌렀다. 그런데 손님의 표정이 별로 좋지 않았다. 즉, 예의 없는 비서라고 생각하는 것 같았다. 김 비서는 학교에서 배운 대로 먼저 엘리베이터를 탔는데…

이런 경우 비서가 좀 더 센스 있게 엘리베이터에서 안내를 하는 방법이 있는지 토론해 보자. 혹 자신도 이런 경험이 있었는지도 함께 토론해 보자.

16 상사와 11시에 약속되어 있는 Apple Computer사의 Catharine Mathew 양이 리셉션에 와 있다는 연락을 받았다. Mathew 양을 상사 집무실까지 안내하는 대화내용을 영어로 작성해 보자.

17 다음 상황에서 알맞은 응대 자세를 생각해 보고 실습 후 소감을 적어 보자.

상황

회의실에서는 세진컨설팅사의 임원 2명과 사장님을 포함한 본사 임원 3명이 회의를 진행하려고 한다. 손 비서는 손님들에게 차를 대접한다.

업무순서

① 사무실에서는 내방객에게 차를 대접하는 것이 일반적인 관례이다. 내방객의 기호에 따라 커피나 전통차를 대접한다. 자주 방문하는 내방객의 경우 좋아하는 취향을 메모하였다가 재차 묻는 일이 없도록 대접한다.

② 면담시간의 길고 짧음과 방문시각, 회의의 종류, 내방객의 취향 등 경우에 따라 다과를 대접한다. 상사의 취향에 따라 다과 대접을 번거롭게 생각하는 상사도 있으니, 이를 사전에 여쭈어 보고 나서 대접한다.

③ 회의나 면담이 본론으로 진행되기 전, 되도록 빠른 시간에 차와 다과를 준비하여 회의실 문을 살짝 노크한 뒤 2~3초 후에 들어간다.

④ 회의나 면담이 방해되지 않도록 조용히 탁자 위에 쟁반을 안전하게 올려 놓은 후 두 손으로 공손히 대접한다.

⑤ 내방객이 두 명 이상일 경우, 내방객에게 먼저 차를 내며 다음에 자사의 윗분부터 차례로 차를 낸다. 차와 다과를 함께 낼 때에는 다과를 먼저 왼쪽에 내고 차를 다음에 낸다.

⑥ 차를 대접할 때는 사람의 오른편에서 두 손으로 공손히 내며, 이때 사람의 몸을 거쳐서 차를 내거나 비서의 뒷모습을 보이면서 차를 대접하는 태도는 피한다.

⑦ 테이블 위에 서류가 있을 때에는 먼저 서류를 한쪽 옆으로 치운 다음 차를 내도록 한다.

⑧ 차를 낸 다음 가볍게 목례를 하고 두서 걸음 뒤로 물러선 후 문을 열고 조용히 자리로 돌아온다.

1) 자주 방문하는 내방객의 차 응대 시 비서가 유의해야 할 점이 있다면 무엇인가?

2) 위의 상황에서 차를 내는 순서와 실습소감을 적어 보자.

18 다음 상황에서 본인이라면 어떻게 했을지 생각해 보자.

상황

비서 김미려 씨는 삼진그룹 대표이사 비서로 근무하고 있다. 무더운 어느 날 대표이사님이 자리를 잠시 비운 사이에 상사와 선약된 손님이 조금 일찍 방문을 하셨다. 김 비서는 사장님께서 잠시 자리를 비우셨으니 잠시만 기다려 달라고 말하고 손님을 접견실로 안내하였다.

잠시 후 사장님께서 돌아오시고 두 분은 말씀을 나누었다. 김 비서는 평소처럼 "차는 커피, 녹차, 주스가 있는데 어느 걸로 할까요"라고 손님께 여쭈어 보았다. 손님께서는 "그냥 냉수 한 잔 주세요"라고 말하였다. 김 비서는 그래도 어떻게 손님께 냉수를 대접하나 싶어 차가운 주스를 손님께 가져다 드렸다. 조금 뒤 사장님이 면담 도중에 나와서 "김 비서, 손님이 냉수를 달라고 했으면 냉수를 드려야지. 얼른 냉수 가져오세요" 하면서 들어가시는 게 아닌가?

김 비서는 입사한 지 얼마 되지 않았고, '상사를 찾아온 손님을 잘 대접하려는 마음으로 그렇게 한 것이었는데' 하는 생각에 그만 고개를 떨구었다.

19 다음을 실습해 보고 소감을 적어 보자.

상황

회의를 마친 세진컨설팅사의 임원 2명을 배웅하라는 사장님의 지시가 있다.

업무순서

① 내방객이 방문을 마치고 돌아가면서 받는 마지막 인상도 첫인상에 못지않게

중요하다. 내방객이 돌아갈 때는 잊은 서류나 물건에 대하여 다시 한번 확인한다.

② 비서는 하던 일을 멈추고 혹은 통화 중일 때라도 통화를 잠시 미루고 자리에서 일어난다.

③ 내방객에 따라 비서의 자리에서 배웅할 것인지, 엘리베이터까지 배웅할 것인지, 또는 승용차까지 배웅할 것인지를 결정한다. 어디에서 배웅하든 내방객이 보이지 않을 때까지 다른 행동을 해서는 안 된다.

④ 필요할 경우 주차장에 연락하여 내방객의 승용차를 대기시키도록 한다.

⑤ 내방객이 돌아가면 신속히 회의실을 정리한다.

20 비서가 상사와 함께 외출을 하게 되었다. 이때 운전기사가 운전하는 자동차를 탔을 경우의 비서의 좌석 위치, 상사가 직접 운전을 할 경우 비서의 좌석 위치를 다음의 그림에 표시해 보자.

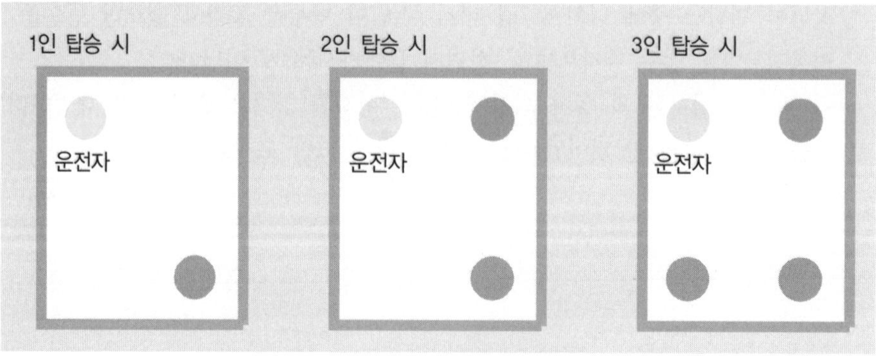

21 명함을 줄 때와 받을 때의 올바른 태도를 다음의 명함을 참고하여 구체적으로 설명해 보자.

22 다음 테이블 배치를 보고 상석의 순위를 적어 보자.

전망이 좋은 경우

상사 자리가 따로 있는 경우

실습평가서

실습을 하면서 느낀 점을 적어 보자.

1. 인상적인 부분

2. 어려운 부분

3. 개선된 부분

✣ 스스로의 평가

평가점수	실습내용
매우 잘함	
잘함	
보통	
노력 요망	
많은 노력이 요망됨	

Chapter 4
일정관리업무

Chapter

4 일정관리업무 1

Secretarial Practice

제1절 일정관리업무 1

학습내용

1. 효율적 일정 수립
2. 일정표의 종류 및 다이어리 운용
3. 일정확인 및 변경

학습목표

1. 비서가 상사의 일정을 효율적으로 관리하는 것이 매우 중요함을 인식하고 나아가 상사의 일정관리업무를 효율적으로 수행할 수 있다.
2. 다양한 일정표의 종류를 이해하고 효율적으로 일정표를 작성하고 다이어리를 관리할 수 있다.
3. 상사의 일정을 항상 확인하고 다음 일정을 상사에게 상기시킬 뿐 아니라 일정이 변경되었을 때 변경업무를 처리할 수 있다.

1 효율적 일정 수립

일정관리의 목적은 한정된 시간을 효율적으로 활용하는 것이다. 회의, 출장 등으로 바쁜 상사가 한정된 시간을 효율적으로 사용할 수 있도록 일정을 관리하는 것은 비서의 중요한 업무 중의 하나이다. 효율적인 일정관리를 위해서는 사전에 충분한 시간과 정보를 가지고 계획을 잘 세우는 것이 중요하다. 업무의 중요도, 업무수행에 걸리는 시간, 수행방법 및 수행시기 등에 관해 사전에 잘 계획한 경우는 그렇지 않은 경우에

비해 업무의 효율성과 성과에서 큰 차이가 난다.

비서는 일정계획을 잘 수립하여 상사의 시간을 효율적으로 관리할 수 있을 뿐 아니라 상사의 시간 낭비 요소를 최소화함으로써도 상사가 한정된 시간을 낭비하지 않도록 보좌할 수 있다. 기업가의 시간 낭비 요소는 다음과 같다.

- 불시의 방문객
- 불필요한 전화통화
- 잦은 회의
- 잡동사니 우편물
- 집중할 수 없는 물리적 환경
- 동료와의 교제
- 불분명한 의사전달
- 정보와 경영도구의 부족
- 유능한 직원의 부족 등

1) 비서의 일정관리 재량권

비서가 상사의 일정관리에 참여하는 재량권의 정도는 조직 유형, 상사의 업무처리 방식, 비서의 능력, 상사의 비서에 대한 신뢰도 등 여러 변수에 의하여 결정된다. 상사의 신뢰를 받는 전문비서의 경우 상사의 일정업무를 대부분 위임받아 약속부터 사후관리까지 담당한다. 그러나 초보비서인 경우는 상사가 일정을 수립하고 비서는 일정표 작성, 확인 및 조정 등의 보조적 역할을 수행하는 경우가 많다.

2) 상사의 일정관리 원칙

① 일정은 상사의 승낙을 받아 결정한다

- 비서가 상사의 일정관리 재량권이 없는 경우 약속은 항상 상사의 승낙을 받고 결정한다.
- 비서가 상사의 일정관리 재량권이 있는 경우는 상사의 업무 상황과 업무 스타일을 고려하여 일정을 수립한 후 상사의 최종 확인을 받는다.

② 면밀히 계획을 세운다

- 일정을 수립하기 전에 관련된 정보를 충분히 얻어 시간의 손실을 최소화할 수 있도록 일정을 계획한다. 이를 위해서는 평소 업무일지를 작성하고 정기적인 업무는 체계화시키는 등의 노력이 필요하다.

③ 계획된 일정이 이행될 수 있도록 한다

- 일정이 결정되면 상사와 비서의 일정표에 동일하게 기입한다.
- 일정이 예정대로 진행될 수 있도록 일정을 재확인한다.
- 일정과 관련된 업무, 즉 회의실 예약, 기자재 예약 등을 한다.

④ 이중 일정의 수립을 예방한다

- 상사의 일정을 자주 확인한다.
- 회의록 등에 기재된 다음 회의일정을 일정표에 기입하여 일정이 이중으로 잡히지 않도록 한다.
- 불가피하게 일정이 겹칠 경우 우선순위는 상사가 정하도록 한다.
- 일정이 변경된 경우 관계되는 모든 곳에 신속하게 연락을 한다.

⑤ 상사의 업무를 방해하는 요소들을 줄인다

- 너무 욕심을 내서 과다한 일정을 수립하지 말고 상사가 업무에 집중할 수 있는 시간을 확보한다.
- 유사한 업무는 같이 처리할 수 있도록 업무를 조정한다.
- 상사를 찾는 전화나 내방객을 선별하여 불필요한 통화나 면담을 줄인다.
- 불필요한 상사 집무실 출입을 자제한다. 급한 경우를 제외하고는 보고나 결재 등은 가급적 오전에 1번, 오후에 2번 정도로 정해 놓고 한다.

2 일정표의 종류 및 다이어리 운용

1) 일정표의 종류

(1) 장기 일정표

일반 회사나 조직에서 수년에 걸친 장기적인 사업을 진행할 때에 이용하는 일정표 형식이다.

(2) 연간 일정표

매년의 정기행사나 임시행사, 예를 들면 창립기념일, 주주총회, 정기임원회의 등의 일정을 기록한다. 비서는 연간 일정표를 전년도 말까지 작성하여 상사에게 보고한 후 수정할 사항이 있으면 정정한다.

(3) 월간 일정표

월간 일정표는 연간 일정표에 비해 좀 더 상세한 내용을 기록하도록 하고 전월 말까지 작성하여 상사에게 보고한 후 결재를 받도록 한다.

월간 일정표는 매월 작성하는 일정표로, 정기적으로 발생하는 보고, 회의, 방문객 내방, 출장 등을 열거한 다음, 상사와 의논하여 일시를 확정하고 월간 일정표에 기입한다.

(4) 주간 일정표

주간 일정표는 일주일간의 일정을 기록하는 것으로 전주의 금요일 오후나 토요일 오전에 작성하여 상사에게 보고한 후 수정할 사항이 있으면 정정한다. 주간 일정표에는 내방객 방문, 회의, 출장 및 행사 계획 등을 요일별·시간별로 구분하여 작성하고 일일 일정표 작성 시에 참고한다.

(5) 일일 일정표

일일 일정표는 하루 단위로 작성되는 일정표로 방문객, 행사, 회의 등을 시간대별로 적어 두도록 한다. 가장 상세한 부분까지 기록되는 것이기 때문에 그냥 단순히 시간적인 예정뿐만 아니라 필요한 자료나 정보에 관해서도 기록하도록 한다. 즉, 외부 회의 참석인 경우에는 회의명, 시간, 장소, 이동하는 데 걸리는 시간, 연락처, 준비자료, 이동에 필요한 차량 준비 여부, 동행인의 이름 등 상세한 내용이 기록된다.

(6) 방문 일정표

거래처 방문이 많은 상사인 경우에는 방문 일정표를 별도로 만들어 상사가 거래처 방문 시 지참할 수 있도록 한다.

(7) 휴대용 일정표

일일 일정표의 일종으로 상사가 항상 소지할 수 있도록 중요한 약속이나 행사가 있을 때 필수적인 사항 등을 명함 크기로 만들어서 외출 시 또는 퇴근 전에 상사가 휴대할 수 있는 일정표이다. 휴대용 전자수첩, 스마트폰 등이 이를 대신할 수 있다.

2) 일정표 운용

비서는 다이어리를 효율적으로 사용함으로써 일정관리에 큰 도움을 받을 수 있으므로 본인에게 적합한 양질의 다이어리를 구입해서 잘 활용하도록 한다. 최근에는 컴퓨터나 스마트폰을 이용하여 일정을 관리하는 비서가 많다. 그러나 전자 일정표의 사용이 보편화되었다 할지라도 대부분의 비서는 아직도 손으로 쓰는 다이어리를 동시에 이용하고 있다. 다이어리는 보통 1년 기준으로 되어 있으며 사용 후 버리지 말고 일정기간 보관하여 참고자료로 활용한다. 또한 일정은 한곳에 정해 놓고 기입하는 것이 혼란을 방지하는 방법이다.

다이어리 관리 시 유의할 사항은 다음과 같다.

① 다이어리는 늘 비서의 책상 위에 두어 자주 확인하는 습관을 들이도록 한다.

② 일정이 결정되면 즉시 비서의 다이어리에 기입하도록 하고 상사의 일정표에도

동일한 내용을 기입한다.

③ 비서는 하루에 2~3번 정도는 상사의 일정표를 확인하여 상사가 개인적으로 정한 약속이 있으면 비서의 일정표에 옮겨 적는다. 즉, 비서와 상사의 다이어리의 내용이 동일한지를 자주 확인하도록 한다.

④ 다이어리에는 필요한 내용을 가능한 상세하게 기입하도록 한다.

- 잠정적인 예약은 연필로 기록하고 확정되면 펜으로 고쳐 쓰도록 한다.
- 수정은 붉은색 펜으로 하여 후에도 변경 여부를 알 수 있도록 한다.

⑤ 다이어리에 기밀을 기록해야 하는 경우에는 다른 사람이 보지 않도록 잘 관리한다.

3 일정확인 및 변경

1) 일정확인

일단 정해진 일정은 예정대로 이행될 수 있도록 사전에 확인하는 등 세심한 주의를 기울인다. 이를 위해서 비서는 상사와 함께 일정을 확인하는 시간을 정하여 매일 그날의 약속을 재확인하도록 한다.

바쁜 일정이 계속될 때에도 틈을 내어 그날의 일정을 다시 한 번 상사에게 환기(remind)시켜 주며 면담이나 회의 약속이 있는 경우는 하루나 이틀 전에 주최자와 방문처에 연락하여 변경사항 여부 등을 확인하도록 한다.

2) 일정변경

불가피하게 일정을 변경해야 하는 경우도 있다. 즉, 갑작스러운 회의나 중요한 손님의 방문 등으로 일정을 변경해야 할 경우는 신속히 상대방에게 알려서 조정해야 한다. 약속 일정을 변경할 때는 상대방에게 그 이유를 정중하게 설명하고 양해를 얻어야 하며, 상대방과 상사의 일정을 감안하여 새 일정을 잡도록 한다.

상대방으로부터 일정변경의 연락을 받은 경우에는 상사에게 즉시 보고하고 일정표를 정정하도록 한다. 때로는 외출 중인 상사에게 변경된 일정을 알려야 하므로 비서는 항상 상사의 소재를 파악하고 있어야 한다.

제2절 일정관리업무 2

학습내용

1. 비서의 업무관리
2. 비서의 시간관리

학습목표

1. 비서가 효율적으로 업무를 관리할 수 있는 다양한 방안(To Do List, 업무일지 작성, Bring Forward File System, 조직도 파악, 업무매뉴얼 작성, 상사의 개인정보관리, 메모의 습관화)을 활용하여 업무의 효율성을 높일 수 있다.
2. 시간관리를 잘 하여 효율적으로 업무를 처리할 수 있다.

1 비서의 업무관리

비서의 업무는 정형화되지 않은 업무가 많을 뿐 아니라 업무량도 매우 유동적이다. 따라서 다음의 방법을 이용하여 업무를 수행하면 업무의 효율성을 높이는 데 도움이 된다.

1) To Do List

매일 아침 출근 시 오늘 해야 할 일 'To Do List'를 만들어 해야 할 업무를 중요한 순서대로 적은 후 업무를 마치면 마침 표시를 하여 중요한 일을 빠뜨리지 않는 것을 습관화하도록 한다. 일을 열심히 많이 하는 것도 중요하지만 일을 똑똑하게 하는 것도 중요하다.

2) 업무일지 작성

업무일지는 최소 2~3개월에서 1년 동안, 작게는 15분, 30분에서 크게는 1시간 혹은 오전, 오후의 간격으로 매일의 업무 진행상황을 모두 기록한 것으로 다음과 같은 점에서 유용하다.

- 업무의 유형을 분류할 수 있고 유형별 소요시간을 파악할 수 있다.
- 개선해야 할 점이 부각된다.
- 시기별 업무량을 예측할 수 있어 바쁜 시기를 미리 대비할 수 있다.

업무일지 작성은 더 나은 업무계획을 세울 수 있으므로 꾸준히 작성하는 것이 중요하다.

3) 티클러 파일과 Bring Forward Filing System 활용

비서는 특히 업무의 마감일시를 지킴으로써 상사와 동료 등으로부터 신뢰를 얻도록 한다. 마감일시를 잘 지키기 위해서는 먼저 마감일시를 다이어리와 티클러 파일(tickler file)에 기록해 둔다. 티클러 파일이란 기간 내에 처리해야 할 일, 정기적 또는 주기적으로 일어나는 일 등을 카드 형식의 파일에 적어 둠으로써 비서가 실수로 업무를 빠뜨리는 것을 막아 주는 장치이다.

비서가 아무리 잘 기억한다 할지라도 기억의 용량에는 한계가 있으므로 비서들은 일정표 등을 잘 활용하여 상사에게 중요한 내용을 잊지 않고 상기시키기 위해 노력한다. 다이어리에는 필요한 내용을 기재하여 둘 수는 있으나 초청장, 팩스나 편지 등의 문서나 자료를 보관하기에는 어려움이 있다. 따라서 다음과 같이 Bring Forward File을 활용하면 업무처리와 관련된 자료를 쉽게 보관할 뿐 아니라 마감일을 잊지 않도록 해준다.

Bring Forward File의 예

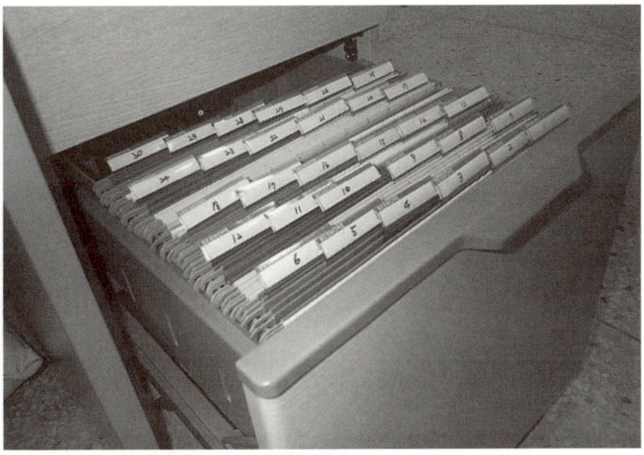

- A4 크기의 문서를 보관할 수 있는 폴더를 32개 준비한다.
- 1에서 31의 폴더와 기타 폴더를 만들어 행거에 걸어둔다.
- 예를 들어 보고서 마감일이 5월 2일이고 보고서 작성에 소요되는 시간은 이틀이라고 하자. 그러면 '30' 폴더에 보고서 작성에 필요한 서류를 넣어둔다.
- 4월 30일 아침에 30 폴더에 들어 있는 관련자료를 상사에게 제출하여 상사가 업무를 처리할 수 있도록 보좌한다.
- '30' 폴더에는 매달 30일에 필요한 내용을 넣어 두었다가 각 달에 필요한 내용만을 확인하고 나머지는 그대로 남겨 두었다가 해당하는 달에 확인하도록 한다.
- 다음 날이 일요일이거나 공휴일인 경우는 다음 날 폴더 내용도 확인한다.

4) 조직도 파악

입사 후 조직도를 늘 가까이에 두고 조직의 구조와 책임자의 이름을 익히도록 한다.

조직도의 예

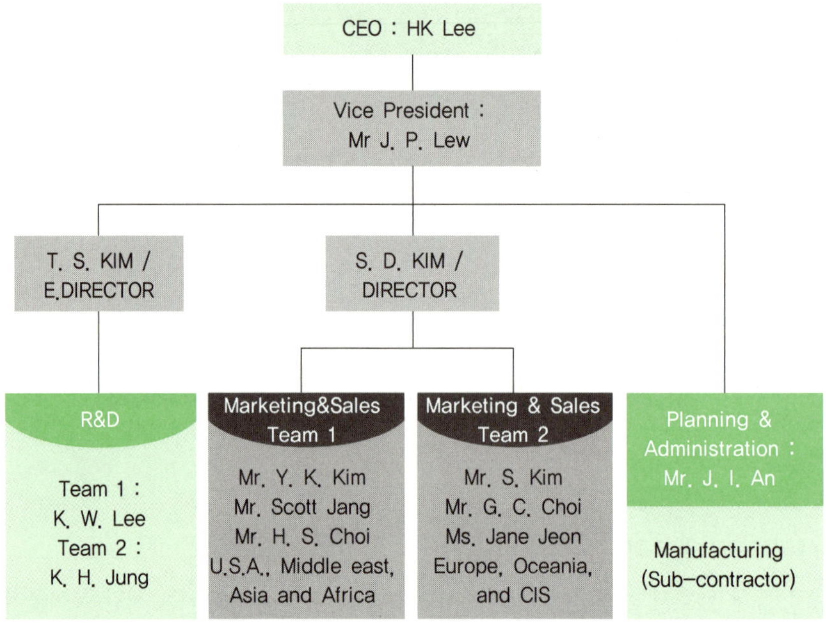

자료: www.naver.com

5) 업무매뉴얼

비서는 사고나 질병 등 예기치 못한 일로 자리를 비우거나 휴가 등을 대비해서 자신의 직무를 대리로 수행할 사람을 위해 업무매뉴얼을 작성해 둔다.

업무매뉴얼에 포함되는 사항은 다음과 같다.

- 매일매일 일정하게 하는 일
- 상사가 선호하는 업무처리 방식
- 각종 참고자료 및 서류의 위치(File index를 만들어 두도록 한다).
- 자주 사용하는 비품이나 양식의 위치
- 자주 연락하는 전화번호
- 기타 상사의 기호 등

6) 상사의 개인정보

비서는 상사의 인적사항에 대한 내용을 상사의 개인파일에 정리해 두도록 한다. 상사의 개인파일은 보안이 잘 되는 곳에 보관하거나 컴퓨터에 암호화하여 보관하여 외부로 유출되지 않도록 주의한다.

- 상사의 이력(학력, 경력, 수상내역 등)
- 상사의 사번, 주민등록번호, 자동차면허번호 및 발급기관, 신용카드번호와 만기일, 병원 진료카드번호 등
- 여권번호와 만기일, 비자의 종류와 유효기간, 항공사 마일리지 적립상황, 사내보증보험 가입상황
- 가족의 주민등록번호, 생년월일, 여권번호와 만기일
- 상사의 전자메일 아이디와 패스워드(필요시 주기적으로 변경)
- 사비용 혹은 업무용 통장번호 및 비밀번호
- 긴급연락용 전화번호(주요 임직원의 자택주소, 휴대전화번호 포함)
- 상사의 주요 기념일, 신체 사이즈(신장, 체중, 와이셔츠 사이즈, 허리둘레, 신발크기, 골프 장갑 크기 등등)
- 동창회, 각종 단체 등의 회원가입 여부 및 회비 납부현황, 회원번호 등

7) 속기 공책을 활용한 메모

비서는 언제 어디서나 메모할 준비가 되어 있어야 할 뿐 아니라 메모하기를 즐기는 것이 중요하다. 또한 시간 날 때마다 자신이 적은 메모를 보면서 업무처리 경과를 확인하는 자세도 필요하다.

속기 공책을 이용하여 메모를 하면 메모지를 이용하였을 경우 발생할 수 있는 분실의 위험이 적고 차후 참고하기가 쉽다.

속기 공책의 사용방법은 다음과 같다.

- 매일 날짜를 적고 필요한 내용을 메모한다.
- 이미 사용한 부분은 고무밴드로 고정시켜 둔다. 그러면 메모를 하기 위해 공책을 펼치면 바로 메모할 수 있는 빈 공간이 나온다.

- 공책의 한 면만을 계속 사용한다. 공책의 한 면을 모두 사용한 뒤 뒷면을 사용한다.
- 펜을 연결해 둔다.

최근에는 스마트기기를 활용하여 메모하는 비서들이 많아지고 있다.

참고 ○ 현직비서들의 메모 Tip

- 스마트기기 내의 메모 기능을 사용해서 외부에서 업무를 처리하는 경우, 동시에 여러 일들이 발생해서 처리해야 할 때, 회사 내부에서 PC를 이용해서 체크하던 것을 스마트기기를 이용해서 메모로 따로 작성해 두고 체크해 가며 일을 처리하고 있어요.
- 어떻게 보면 사소한 기능으로 여길 수 있는데요. 스마트기기를 항상 휴대하기 때문에 예전에 휴대해야 했던 펜이나 종이를 휴대하는 대신 그때그때 메모할 수 있어서 업무상 놓치는 부분을 줄일 수 있는 거 같아요.

8) 기타 업무 효율화 방안

업무수행 방법	실례
업무를 정형화시킨다.	잡지회람, 서류정리 등 매일 규칙적으로 하는 업무는 매뉴얼에 따라 정형화한다.
업무분석을 통해서 정기적으로 업무량이 많은 시기를 파악하여 업무량이 적을 때 미리 대비한다.	• 연말을 대비하여 연하장 봉투에 주소를 미리 프린트해 놓는다. • 필요한 비품의 구매, 문서의 이관, 주소록 정리, 복사 등을 미리 해놓는다.
체크리스트를 사용하여 반복적인 업무에 정확을 기하고, 장기간 계속되는 업무는 추진상황을 기록할 수 있도록 한다.	• 회의 체크리스트, 비품 체크리스트 등을 만들어 사용한다. • Time Schedule을 이용하여 장기적인 업무의 진행상황을 점검한다.
같은 종류의 일을 묶어서 처리한다.	초대장 작성, 회의보고서 작성 등 컴퓨터 입력 작업을 함께 처리한다.
규모가 큰 업무는 여러 개의 작은 부분으로 나누어 하나씩 체계적으로 한다.	상사의 출장업무를 수행할 때 예약업무, 회의 준비업무, 자료 및 비품 준비업무 등으로 나누어 처리한다.

업무를 구분한다.	책상 위에 여러 종류의 서류나 자료가 섞이지 않도록 한다. 예를 들면 노란 폴더에는 회의업무 자료를, 빨간 폴더에는 급히 처리할 업무를, 초록 폴더에는 경비처리 자료 등을 넣어 쉽게 찾을 수 있도록 한다.

2 비서의 시간관리

우리는 속도가 매우 중요한 시기에 살고 있으므로 시간관리를 잘하느냐 여부에 따라 업무의 효율성 및 성과의 차이가 크다. 시간을 관리한다는 것은 시간 자체만을 관리하는 것이 아니라 시간과 관련하여 업무 및 비서 자신을 관리하는 것을 의미한다. 문제는 얼마만큼의 시간을 가지고 있느냐가 아니라 가지고 있는 시간 안에 무엇을 하는가, 어떻게 시간을 활용하는가, 적정시간 안에 적정업무를 처리하는가 하는 것이다. 시간을 효율적으로 관리할 수 있는 방안을 살펴보면 다음과 같다.

1) 즉시처리의 원칙

즉시처리란 해야 할 일을 미루지 않고 즉석에서 처리하고 결정하는 것을 의미한다. 예를 들면 e-mail의 답장을 쓸 필요가 있으면 메일을 읽은 순간 즉석에서 쓴다. 만일 나중에 다시 쓰려고 하면 다시 메일을 찾고 읽어 보아야 하므로 이중의 시간과 노력이 든다.

2) 계획에 의한 업무추진

업무계획을 세워서 일을 수행하면 다음과 같은 장점이 있다.

- 업무의 우선순위를 정확히 알게 된다.
- 제한된 시간을 업무의 우선순위에 따라 배분할 수 있다.
- 목표를 달성하는 데 필요한 시간이나 노동의 양을 예측할 수 있다.
- 불필요한 노력이나 시행착오를 거치지 않고 일을 끝낼 수 있다.

그렇다면 비서가 효율적으로 업무계획을 수립하는 방안을 살펴보면 다음과 같다.

- 상사의 업무계획에 따라 비서의 업무계획을 조정한다.
- 가장 능률적인 시간에 가장 복잡하고 어려운 업무를 처리한다. 능률적인 시간대는 사람마다 다르다.
- 하나의 업무가 완전히 끝날 때까지 그 업무를 계속할 수 있도록 시간을 할애한다.
- 즉시 마쳐야 할 업무, 오늘 중으로 마쳐야 하는 업무, 여유 있게 처리할 수 있는 업무 등으로 우선순위를 매긴다.
- 업무의 우선순위는 업무의 중요도와 긴급도에 따라 매겨진다. 물론 우선순위 결정은 비서가 아니라 상사의 입장에서 판단해야 한다. 중요하고 급한 일에 더 많은 시간과 에너지를 쓰도록 한다.
- 자신이 싫어하는 일을 미루어 놓는다거나 선호하는 업무에만 열중하지 않도록 주의한다.

3) 상사와의 업무 및 시간 조정

비서의 업무는 상사의 업무와 밀접하게 관련되어 있다. 따라서 비서는 상사와 의사소통이 원활하게 이루어져야 일을 제대로 수행할 수 있다. 비서가 상사와 의논하여 업무일정을 잡고, 상사의 일정에 맞추어 자신의 시간을 조정하면, 업무를 좀 더 효율적·능률적으로 할 수 있다.

4) 스스로의 통제

일이 한꺼번에 몰리는 상황에서도 당황하거나 여러 업무를 한꺼번에 하려 하지 말고 침착성을 유지하며 한 번에 하나씩 차분히 처리하도록 한다.

도입 사례

처음 회사에 들어와 가장 난감했던 부분이 상사의 일정관리였습니다.

제 상사는 개인적인 일정은 물론 공식적인 일정까지도 본인이 모두 관리하고 조정하는 분이셨습니다. 그래서인지 시간이 지날수록 상사와의 거리감이 느껴져 하루는 자신감을 가지고 제가 상사의 일정을 일정표에 등록을 하기 시작했습니다. 우선 정기적으로 있는 주간, 월간 회의, 내·외부 회의 등을 전주, 전월의 일정표를 보고 등록하였습니다. 또한 상사의 외출 시 어느 곳에 어떤 일과 관련해서 가시는지 슬쩍 묻기도 하고요. 처음부터 제가 상사의 방식을 바꾸려고 하기보다는 시간을 조금 두고 믿음을 드리기 시작했습니다.

회의시간이 이른 아침으로 변경된 경우 전날 오후에 보고를 드리지 못했다면 스마트폰을 이용하여 알려 드리는 등 자칫 잊을 수 있는 일정들을 관리하여 상사의 일정에 차질이 생기지 않도록 많은 노력을 했습니다.

제 마음이 통해서였는지 이제는 상사의 모든 업무일정을 관리할 수 있게 되었습니다. 상사의 일정을 관리하면서 좋은 점은 우선 비서인 저의 시간까지도 효율적으로 관리하게 되었다는 점입니다. 또 몇 번의 반복을 통해서 알게 되었지만 시간이 지나면서 상사가 선호하는 면담이나 회의시간, 방식 등을 파악하게 되어 상사 외출 시 확인의 절차를 굳이 거치지 않아도 제가 알아서 일정을 계획할 수 있어 업무의 효율을 높일 수 있게 되었습니다.

☞ 유의점 : 전문비서의 기본은 상사의 일정을 관리하는 것으로부터 시작된다. 따라서 비서는 상사로부터 신뢰를 얻어 상사의 일정관리 재량권을 갖기 위해 노력해야 한다.

1 다음의 일정을 참조하여 상사의 일정을 수립해 보자.

상황

기린물산 김서연 비서는 다음 주 화요일 상사의 일정을 계획 중이다. 상사는 오전에는 업무에 집중할 수 있는 시간을 갖길 원하시지만, 일정 수립에 있어 특별히 꺼리는 사항은 없는 편이다. 상사의 다음 주 화요일 일정은 다음과 같다.

- 1달에 1번 개최되는 상공회의소 조찬모임에 참석하기로 되어 있다. 오전 7시 30분에 시작하여 9시에 마칠 예정이다(대한상공회의소 위치와 연락처를 확인한다).

- GE Korea의 이명석 본부장과 1시간 정도 면담이 진행될 예정이다. 장소는 우리 회사 회의실이고 경리부의 김동성 부장과 구매부 남상일 부장이 함께 참석한다. 안건은 컴퓨터 시스템 설비 구매 건이다.
- 새로 채용된 신규직원 12명과 회사 앞의 한식당 '석란'에서 오찬(12시 30분~13시 30분)이 있다. 이 오찬에는 인사부의 채상일 상무가 함께 참석한다.
- LG EDS의 이상철 본부장과의 면담이 예정되어 있다. 장소는 여의도 LG빌딩이고 회의시간은 1시간 30분 내외이다.
- 6시에 조선호텔에서 개최하는 리셉션에 참석할 예정이다. 리셉션의 초청장 내용은 다음과 같다.

(참고 : 기린물산은 서울특별시 영등포구 여의도동에 위치하고 있다)

The Honorable Tony Knowles, Governor, the State of Alaska
and
Mrs. Susan Knowles
request the pleasure of your company
at a reception to honor
the growing ties. between the Republic of Korea and State
of Alaska on Monday,
the twenty third day of September, 2015,
from six until eight O'clock p.m.

The Grand Ballroom
R.S.V.P.* 739-8058/9(Ms. Kim) Westin Chosun Hotel

년 월 일

시간		일정	비고
am	7:00		
	7:30		
	8:00		
	8:30		
	9:00		
	9:30		
	10:00		
	10:30		
	11:00		
	11:30		
pm	12:00		
	12:30		
	1:00		
	1:30		
	2:00		
	2:30		
	3:00		
	3:30		
	4:00		
	4:30		
	5:00		
	5:30		
	6:00		
	6:30		
	7:00		
	7:30		
	8:00		
메모			

2 상사가 다음 주 금요일에 중요한 손님들과의 저녁식사를 위해 식사장소를 찾아 달라고 하신다. 가능하면 여의도가 좋고 안 되면 여의도에서 자동차로 10분 내외의 거리는 괜찮다고 하신다. 메뉴는 일식이나 중식이 좋고 식사 후 논의할 내용도 있어 가능하면 조용하고 방이 있는 식당을 원하신다. 식사 장소로 적당한 장소를 3곳 이상 찾아 정리해서 상사에게 보고해 보자.

3 다음은 현직 비서들이 스마트폰을 이용하여 상사의 일정을 관리하고 있음을 보여주는 사례이다.

사례 [현직비서 인터뷰] 스마트폰을 이용한 상사 일정관리

- 비서에게는 상사의 일정관리가 핵심업무잖아요. 제가 모시는 상사가 세 분이어서 일정이 너무 많고, 세 분 모두 외부로 나가셔서 각자 다른 프로젝트를 담당하시고 클라이언트들을 만나는 일이 잦다 보니 일정을 개인 스마트기기로 연동시켜서 관리하고 있어요.
- 지금 재직 중인 회사에 입사한 지 1년이 되었는데요, 입사해서 가장 처음 했던 업무가 스마트폰에 상사의 일정을 연동시키는 일이었어요. 구글 캘린더를 통해 임원분의 일정을 제 스마트폰에서 확인 및 추가를 할 수 있도록 설정을 하니 제가 스마트폰으로 일정을 기입해 두면 상사의 스마트폰에서 일정 시작 15분 전에 얼럿(alert)이 뜨게 되더라고요. 지금까지도 매우 편리하게 사용하고 있어요.

자료 : 송가은·최애경, 스마트기기 이용에 따른 비서 업무 변화에 관한 연구, 비서학논총, 제21권 제2호.

이 이외에도 현직 비서들이 일정관리에 많이 활용하고 있는 스마트폰의 앱(3개 이상)은 무엇인지, 어떻게 활용하고 있는지를 조사하여 보자. 또한 각각의 앱의 장·단점을 분석해 보자.

4 많은 비서들이 MS사의 Outlook이나, Google 및 Naver의 일정관리 프로그램을 스마트기기와 연동하여 일정을 손쉽게 저장, 편집, 확인하고 있다. 다음 그림은 Naver의 일정관리 프로그램을 스마트기기와 연동해 둔 것이다. 본인의 1주일 일정을 컴퓨터 일정관리 프로그램과 스마트기기를 이용하여 관리해 보고 어떤 점이 도움이 되었는지 함께 토론해 보자.

Naver 일정 프로그램 사용의 예

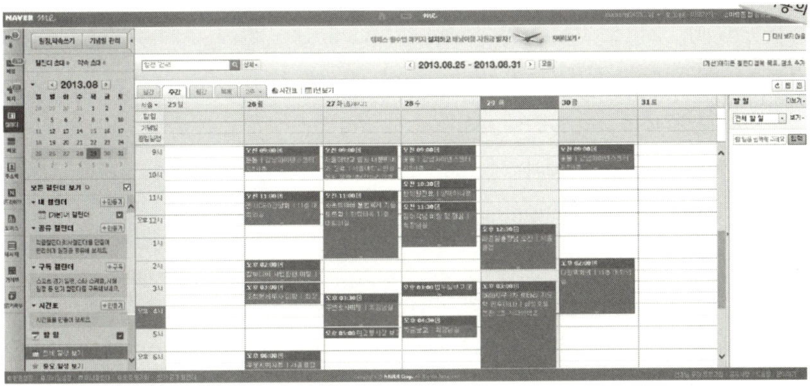

휴대폰으로 연동된 표시의 예

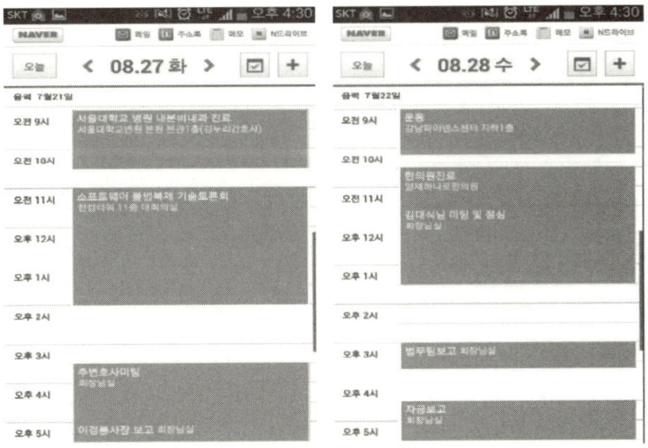

컴퓨터와 스마트폰을 이용한 일정관리 양식

5 다음은 Bring Forward Filing System을 활용하고 있는 비서로부터 받은 메일이다. 이 메일의 내용을 요약해 보라. 또한 현직 비서들이 B/F Filing System을 어떻게 활용하고 있는지 알아보자.

An e-mail from a Personal Assistant working in New York

▲ B/F Filing System

I keep a 'hard copy' Bring Forward (or BF) system at work.

I work as a PA and I keep meeting papers, agendas and invitations in a filing system ie. files marked 1 to 31 representing each day of the month.

So if my boss is attending a meeting on the 25th of the month, I would mark any papers relevant to that meeting (that I had received previously) in the "24th" file – so on the 24th I dig them out and put in his papers along with his diary sheet for the next day.

Basically you must look at your BF system every day to be effective and keep track of things!

Hope this helps!

6 다음은 미대사관에서 받은 초청장이다. 초청장 없이는 대사관 입장이 불가능하므로 비서는 상사가 이 초청장을 잊지 않고 가져갈 수 있도록 보좌해야 한다.

1) Bring Forward Filing System을 어떻게 활용할지 앞의 메일을 참고하여 설명해 보자.

....

....

....

....

In Celebration of the
238th Anniversary of the Independence of
The United States of America

The Ambassador of the United States of America
Christopher D. Johnson
requests the pleasure of your company
at a Reception
on Thursday, July 3, 2014
from 6:30 p.m. to 8:30 p.m.

Civilian : Business Suit — Grand Ballroom, Grand Hyatt Seoul
Military : Dress Blue or Equivalent — RSVP Form Enclosed
Please present this invitation card upon entry.

B/F Filing System

2) 주요 관공서, 특히 대사관의 경우 일반인의 출입이 엄격히 제한된다. 상사가 주요 관공서를 방문할 때 출입이 용이할 수 있도록 비서가 사전에 처리해야 하는 업무가 있는지 알아보자.

3) RSVP의 의미를 적어 보자.

7 다음의 일정 및 업무내용을 고려하여 손정미 비서의 2014년 4월 7일의 'To Do List'를 작성해 보자.

상황

우리 회사는 프랑스 파리에 본사를 두고 있는 화장품 제조회사인 'C Diane'이며, 나는 C Diane 서울지사 김두영 대표이사의 비서 손정미이다. 상사는 쉴 새 없이 열심히 일하는 분으로 자신의 일정을 비서가 책임지고 철저히 관리해 주길 바란다. 다음은 2014년 4월 7일 김두영 사장의 일정이다.

9:00~10:30 am	임원회의
	의제 1/4분기 영업실적 보고 및 2/4 분기 영업 및 홍보전략
11:00	'온세상여행사' 김영석 영업부장 방문
	다음 주 프랑스 파리 출장건
12:00	점심약속
	Tom Robinson, Managing Director, Bank One, Seoul Branch
	장소 : Grand Hyatt Hotel 지하 1층 한식당 '산수'
3:00~4:00 pm	TV 광고 시연, 사내 소회의실
	김영석 LG Ad. 이사 외 LG Ad. 광고제작진 3명,
	이혜미 마케팅 이사, 박준성 부장, 이영희 제품담당 과장 참석

이 일정 외에 오늘 중으로 처리되어야 할 업무는 다음과 같다.

① 사장님은 다음 주에 개최될 'Vision 2015' 회의에서 발표할 '2014 한국화장품 시장의 경향'에 관한 자료를 오늘 퇴근 전까지 파리 본사로 송부해야 한다.

② 세일무역(주) 이전을 축하하는 화환을 상사 명의로 오늘 오전 중으로 보내야 한다.

③ 한영골프장 예약(4월 18일(토) 오전 시간 선호함, 총 4명, 상사는 한영골프장 회원임)

1) To Do List 작성 시 업무의 우선순위를 정하는 기준은 무엇인가?

....

....

....

2) To do list를 작성해 보자.

일시:　　　년　월　일

번호	시간	할 일	확인
1			
2			
3			
4			
5			
6			
7			
8			
9			
10			
11			
12			
13			
14			
15			

8 앞의 일정을 모두 마쳤다는 전제하에 손정미 비서의 업무일지를 다음의 양식에 따라 작성해 보자.

업무일지

일시: 년 월 일 요일

시간	할 일	확인	시간	할 일	확인

상사 출근시간		비서 출근시간		회사 행사사항
상사 퇴근시간		비서 퇴근시간		

시간		업무내용	집무결과	확인
오전	7:00			
	8:00			
	9:00			
	10:00			
	11:00			
오후	12:00			
	1:00			
	2:00			
	3:00			
	4:00			
	5:00			
	6:00			
	7:00			

전화			방문자	준비물(기기 및 비품)

개선할 점		잘된 점	
기타사항			

9 상사는 Mr. Jeffrey Jones의 서울 방문을 맞이하여 Mr. Jones와 함께 우리의 주요 거래처를 방문하고자 한다. Mr. Jones는 5월 10일, 11일 이틀간 서울에 머무를 예정이다. 상사는 우리의 주요 거래처 10곳의 명단을 주며 방문 일정을 잡아보라고 한다.

① 다음은 상사가 건네준 거래처 명단이다. 꼭 방문해야 하는 주요 거래처에는 * 표시가 되어 있다.

거래처	주소	대표자
* 신세계백화점	서울시 중구 충무로 1가	김성안 대표이사
대명자동차	서울 송파구 올림픽로 289	하기영 회장
금성종합건설	서울 중구 다산로 101-3	고세연 회장
백암메디칼	서울 송파구 오금로 81	유영석 대표이사
* 웰커뮤니케이션	서울 중구 장충단로 180	박경자 대표이사
이마그룹 서울	서울 서초구 사평대로 84	김상범 회장
* (주)오리온	서울 서초구 헌릉로 12	이경훈 대표이사
(주)성영상사	서울 강남구 테헤란로 87길	정노진 대표이사
* 코리아화장품	서울 강남구 압구정로 2길 48	하진옥 대표이사
* 신도제지	서울 광진구 광나루로 56길 86	김용성 대표이사

② 기타 지시사항은 다음과 같다.

- 지리적으로 가까운 거래처를 묶을 것
- 중요하다고 표시된 거래처부터 면담 약속을 잡은 후에 시간 여유가 되면 다른 거래처와의 약속을 잡을 것
- 면담시간은 오전 10시에서 오후 4시로 하고 가능하면 하루에 3곳 정도는 방문할 수 있도록 일정을 잡을 것
- 점심식사도 거래처와 함께 하도록 일정을 수립하고 거래처 근처의 조용한 식당을 예약할 것
- 11일 저녁은 Mr. Jones와 우리 회사 영업상무, 마케팅이사와 함께 식사할 수 있도록 일정을 잡고 신라호텔 한식당을 예약할 것

③ 앞의 내용을 바탕으로 상사의 방문 일정표를 작성해 보자.

10 상사가 하루 종일 영업점 방문으로 사무실을 비웠다. 상사가 사무실을 비운 동안 온 전화와 내방객들은 다음과 같다. 상사 휴대전화로 부재중의 전화와 내방객 방문내용을 보고 드려야 한다. 어떻게 보고할지 보고할 내용을 정리해 보자.

① 기린물산 강무원 대표이사가 10시 15분경에 안부차 상사에게 전화를 했다.
② 11시 20분에 주식회사 배영광학의 박승용 전무가 전화하여 자사의 신제품 출시와 관련해서 논의를 하고 싶다고 하셨다.
③ 1시 25분에 Citibank의 James Skandin 상무가 안부차 전화하였다. 이번 주 토요일에 Mr. Robinson의 Garden party에서 만나고 싶다고 전해 달라고 하였다.
④ 2시경에 구매부의 이영수 부장이 원자재 구매와 관련하여 내일 오전 중으로 상사와 면담하고 싶다고 하였다.
⑤ 2시 20분에 (주)천호의 손영기 상무님이 근처에 볼일이 있어 왔다가 잠시 뵙고 싶어 방문을 하였다. 안부 전해 달라고 하셨으며 조만간 한 번 점심 식사라도 했으면 하셨다.

⑥ 3시에 본사의 회장님이 내일 오전 중에 사장님을 만나고 싶어 한다고 회장 비서실에서 연락이 왔다.

⑦ 오후 5시에 Y대학 동문회에서 이번 금요일 저녁 7시 미도호텔 튤립룸에서 18기 동문 모임이 있다고 연락이 왔다. 참석 여부를 가능한 빨리 김영수 총무(016-244-1287)에게 알려 달라고 하였다.

11 김 비서는 갑작스러운 사고로 1주일간 출근하지 못했다. 김 비서의 일을 도와주는 다른 직원도 없는 상황이어서 1주일 만에 사무실에 출근해 보니 밀린 일들이 산더미처럼 쌓여 있었다. 상사는 "김 비서가 없어서 아무 일도 못했어" 하시며 껄껄 웃으신다. "서류가 어디 있는지라도 알았더라면 좋았을 텐데…" 하신다. '갑작스러운 사고나 질병 및 퇴사 등의 이유로 자리를 비우게 되는 경우에 대비해서 조직구성원은 자신의 업무매뉴얼을 작성해 두어야 한다'라는 것이 퍼뜩 생각이 났다. 김 비서는 자신의 업무매뉴얼을 지금 당장 만들기로 결심했다. 그런데 어디서부터 어떻게 시작해야 할지 난감했다.

1) 비서의 업무매뉴얼에 포함되어야 하는 내용으로는 무엇이 있는가?

2) 상사가 매월 1회 주최하는 임원회의 준비 업무매뉴얼을 만들어 보자.

참고

매뉴얼이 무엇인가? 기계나 컴퓨터 등의 사용방법이나 기능을 알기 쉽게 설명한 책이 매뉴얼이다. 그렇다면 비서의 업무매뉴얼은 비서의 업무내용과 수행방법을 정리한 책으로 보면 된다. 업무매뉴얼을 만드는 것을 어려워하지 말자. 경력이 어느 정도 쌓이면 누구나 만들 수 있다. 업무매뉴얼을 만들 때는 목차와 세부사항을 작성한다. 즉 비서의 업무를 나열하고 어떻게 각 업무를 처리하는지, 그 순서와 내용을 정리하는 것이다. 내용은 간단명료하게 쓰고 업무프로세스에 따라 주요업무와 지원업무를 구분하면 좋다. 주관적인 의견은 주관적인 의견임을 명시하고 예시나 사례를 보태면 이해가 빠르다.

12 상사는 항상 빡빡한 일정으로 바쁘고 정신이 없어 비서에게 자신의 일정관리를 모두 맡기고 있다. 김서연 비서는 상사의 일정을 효율적으로 계획할 뿐 아니라 계획된 일정이 예정대로 이행될 수 있도록 세심한 주의를 기울인다. 매일 아침 구두로 일정을 보고하고 업무 중에도 틈나는 대로 상사에게 다음 일정을 상기시키기 위해 노력을 한다. 그러나 늘 바쁜 상사는 비서와 대면할 틈을 내기도 너무 어렵다. 또한 상사가 외부 회의에 참석 중인 경우는 다음 일정을 어떻게 상기시켜야 할지 난감했다.

1) 비서가 상사의 일정이 예정대로 이행되도록 상기(remind)시키기 위한 방안에 대해 토론해 보자.

2) 상사가 외부회의에 참석 중인 경우 다음 일정을 상기시킬 수 있는 방안으로 무엇이 있는지 알아보자.

실습평가서

실습을 하면서 느낀 점을 적어 보자.

1. 인상적인 부분

2. 어려운 부분

3. 개선된 부분

✣ 스스로의 평가

평가점수	실습내용
매우 잘함	
잘함	
보통	
노력 요망	
많은 노력이 요망됨	

Chapter 5

회의업무

Chapter

5 회의업무

Secretarial Practice

제1절 회의업무 1

학습내용

1. 회의의 개요
2. 상사의 회의 참석 시 보좌업무
3. 성공적인 회의 개최를 위한 준비업무

학습목표

1. 회의의 기능과 다양한 회의 방식을 학습함으로써 회의 개최 시 회의의 목적에 맞는 회의 방식을 기획할 수 있다.
2. 상사가 내·외부 회의 참석 시 준비사항을 철저히 확인하고 점검하여 차질 없이 상사가 예정된 회의에 참석할 수 있도록 보좌할 수 있다.
3. 회의를 성공적으로 개최하기 위한 기본 준비업무를 익힘으로써 회의 개최 준비업무를 잘 수행할 수 있다.

1 회의의 개요

기업을 효율적으로 경영·관리하기 위해서는 다양한 사람들의 다양한 의견이 존중되어야 하며 이들을 바탕으로 기업의 의사결정이 이루어져야 한다. 따라서 회의는 경영관리의 합리화와 능률화를 도모하면서 질서와 협력체제를 확립하기 위한 훌륭한 의사소통 방법으로 많은 기업에서 활용하고 있다.

일반적으로 조직의 관리자들은 하루 일과의 1/3 이상을 회의에 보낸다. 회의를 주재할 뿐 아니라 조직 내·외부의 회의에 참석한다. 비서의 회의 보좌업무는 상사가 회의를 주재하느냐 혹은 참석하느냐에 따라 다소 차이가 있지만 어떤 경우든 상사가 회의에서 자신의 역할을 다할 수 있도록 보좌하여야 한다.

1) 회의의 기능

(1) 문제해결(problem solving)의 기능

조직 내·외의 해결해야 하는 사안에 대하여 참가자들이 자신들의 전문적 지식, 기술 등을 바탕으로 토론을 하여 의사결정을 하는 것이다. 이러한 회의는 참가자들을 의사결정에 참여시킴으로써 참여의식을 고취시킬 수 있을 뿐 아니라 추후 업무 진행에서도 지속적인 협조를 얻을 수 있다. 예로는 임원 회의, 부서장 회의, 신제품개발 회의 등이 있다.

(2) 자문(consulting)의 기능

전문적인 지식이 요구될 경우 관련 전문가들로부터 조언을 얻는 방식으로, 자문은 조직 내·외로부터 모두 얻을 수 있다. 공청회나 협의회 등이 이에 속한다.

(3) 의사소통(communication)의 기능

기업의 각 층의, 또는 다른 부서에서 일하고 있는 다양한 사람들이 자신의 입장을 피력하고 타인의 의견을 들음으로써 서로 간의 의사를 확인하고 조정하는 기능으로 부서회의, 조회 등이 이에 해당된다.

(4) 교육훈련(education & training)의 기능

다른 사람의 경험을 상대방에게 효과적으로 전달·설득함으로써 교육효과를 주고자 하는 것으로 기업에서 실시하는 다양한 교육훈련 프로그램 및 연수 등이 있다.

2) 회의의 형식

(1) 프리토킹(free-talking : 원탁 회의)

형식에 구애받지 않고 문제를 제출하여 자유롭게 토론하는 방식의 회의로 반드시 어떠한 결론에 도달해야 하는 것은 아니다. 상하 구분이 명확하지 않은 원탁에 둘러 앉아 회의를 한다고 해서 원탁 회의라고 한다.

(2) 브레인스토밍(brain storming : 아이디어 회의)

토의 참가자가 자유롭게 정보나 의견을 제공하고 사회자는 화이트보드 등에 제기된 아이디어를 전원이 볼 수 있도록 적어 가면서 진행하는 회의 형식이다. 브레인스토밍은 변화가 빠른 오늘날 기존의 방식으로는 해결할 수 없는 문제를 풀어야 할 때나 새로운 아이디어를 얻고자 할 때 주로 사용된다.

(3) 세미나(seminar)

세미나는 대학교육방법의 하나로 교수의 지도 아래 학생들이 모여 연구발표나 토론을 하는 공동 연구 또는 학회에서 회원의 연구발표를 토대로 학회 회원들이 토론하는 연구활동을 지칭한다. 요즘에는 특정 과제에 대하여 전문가가 자신의 생각을 개진하고 청중의 질문과 답변을 통해 지식과 경험을 공유하는 연수회나 강습회를 세미나라고 하기도 한다.

(4) 패널(panel discussion : 공개토론)

토의 주제를 놓고 토의 참가자들이 준비된 단상 위에서 사회자의 진행으로 주제에 대하여 자유 토의를 하고, 토의가 끝난 후에는 청중으로부터 질문을 받아 답을 제시하는 형식의 회의로 배심 토의라고도 한다. 토의 참가자들은 토의 주제에 대해 사전에 조사해 와야 한다. 패널 토의는 현안에 관련된 분야의 전문가를 초빙하여 문제해결을 위한 의견을 경청하고 이견을 좁혀서 최적의 대안을 도출하고자 할 때 적합하다.

(5) 심포지움(symposium)

특정 의제에 대하여 해당 분야 전문가가 자신의 의견을 발표하고 청중 혹은 사회자로부터 질문을 받아 답변하는 형식의 회의이다. 심포지움은 정보전달의 목적이 강하다.

심포지움과 패널 모두 전문가가 참여하지만 심포지움은 일방적인 정보전달의 성격이 강하여 일종의 발표회라고 할 수 있는 반면 패널은 참여한 전문가들 간의 토의를 통하여 이견을 좁혀 나가는 것이 차이점이다.

(6) 포럼(forum)

공공의 문제에 관해 다수의 이해 관계자들이 참여하는 공개 토의 방식의 회의를 말한다. 사회자의 진행하에 서로 다른 입장을 조율하여 실천적인 대안을 모색하기에 적합하다. 토의를 위한 간략한 주제발표는 있으나 강연이나 연설은 이루어지지 않는다. 다양한 의견을 이끌어 내야 하므로 사회자의 역할이 중요하다.

패널, 심포지움, 포럼에는 사회자, 전문가, 청중이 존재한다.

(7) 워크숍

워크숍은 '일터', '작업장'을 뜻하는 말이었으나 오늘날은 참가자들의 자유로운 토론이나 단체활동을 통해 기업 또는 단체의 단합과 성장을 꾀하고 조직력을 개발하기 위한 모임 방식을 말한다.

(8) 버즈세션(buzz session : 집단토론)

다수의 인원을 소그룹으로 나누어 정해진 시간에 자유스럽게 발언하여 나온 의견을 그룹 대표자가 전체 앞에서 발표함으로써 전체의 의견을 통합해 나가는 형식이다.

(9) 컨퍼런스(conference)

20~50명 정도의 중소규모의 회의에서 수백 명이 모이는 대규모 회의까지 다양한 규모의 회의 형식으로 전문적인 주제를 주로 다룬다. 기술과 과학 분야에 많은 비중을 두는 회의이다.

(10) 컨벤션(convention)

회의 산업의 대표로서 대회의장에서 개최되는 단체 회의 형식이다. 정치, 무역, 산업, 과학, 기술과 같은 특정한 사안에 대한 실행을 위해 대표들이 모이는 회의로 총회와 부수적인 소규모의 회의가 포함된다. 일반적으로 전시를 포함하는 형태가 많고, 1년 주기로 개최되는 것이 보통이다.

(11) 의회형 회의(parliament assembly)

의사록(agenda)에 상정된 안건에 대하여 회의가 열리기 전 사전 조사 및 자료 배부를 통하여 충분히 연구한 후 찬·반의 결정을 하기 위해 열리는 회의 형식으로 토론보다는 채결을 중시한다.

3) 컴퓨터 및 통신을 활용한 회의

(1) 전화회의(teleconference)

전화회의는 각기 다른 지역에 있는 여러 명의 사람이 전화선을 통하여 의견을 교환하는 회의 방식으로 회의에 참석하기 위해 정해진 장소로 이동하지 않아도 되며 전화만 있으면 가능하므로 최근에 매우 많이 이용되고 있다. 시간 차이가 있는 지역의 사람과 전화회의를 할 경우는 사전에 전화회의 참석자 간에 일치된 시간을 정해 놓고 전화를 연결하도록 한다.

(2) 컴퓨터 전자회의

컴퓨터 및 통신기술을 활용하여 컴퓨터를 통하여 가까운 혹은 먼 곳에 있는 회의 참석자들과 서로의 의사를 컴퓨터 키보드에 입력한 후 통신망을 통하여 상대방에게 전달하면 다시 상대방은 그 내용을 모니터상에서 읽고 그에 대한 의견을 다시 상대방에게 보내는 것이다.

(3) 영상회의

영상회의(video conference)란 오디오 · 비디오 · 컴퓨터 · 통신 기술의 통합으로 가능해진 회의 형태이다. 경영자들이 출장으로 인한 시간과 비용을 줄일 수 있어 영상회의의 이용이 증가하고 있다. 영상회의를 실시하기 위해서는 지리적으로 떨어져 있는 회의 참석자 간의 시간 약속이 미리 이루어져야 하며 음성을 들을 수 있을 뿐 아니라 상대방을 화면을 통해 볼 수 있어 기존의 면대면 회의와 거의 유사하다. 그래픽이나 자료 등은 팩스, e-mail, MSN 등을 통해 전송할 수 있다.

2 상사의 회의 참석 시 보좌업무

상사는 조직 내부와 외부에서 주최하는 많은 회의에 참석을 하게 된다. 이처럼 상사가 회의에 참석할 것을 요청받았을 때 비서는 다음의 보좌업무를 수행한다.

1) 상사 회의 참석 시 확인사항

① 회의 일시, 안건, 회의 장소 등을 상사에게 보고한다

- 상사의 일정을 확인하여 중복되는 일정이 있는지 먼저 확인한 후 상사에게 보고한다. 일정이 중복될 경우 상사에게 중복되는 일정을 보고하고 상사의 지시를 따르도록 한다.
- 회의 프로그램에 대한 세부 정보나 초청자나 참석자 명단을 미리 알 수 있으면 상사가 참석 여부를 결정하는 데 도움이 되므로 상사에게 보고한다.

② 회의 주최측에 상사의 참석 여부를 알려 준다

- 상사의 참석 여부를 주최측에 통보한다. 불참일 경우도 반드시 회의 주최측에 연락을 하도록 한다.
- 상사가 참석할 경우 회의 일시를 일정표에 등록하고 회의 통지서를 보관한다. 회의 자료를 준비해야 할 경우 참고 자료를 준비하여 상사에게 드린다.

2) 상사 회의 참석 시 준비사항

① 회의 장소를 사전에 확인한다. 외부 회의인 경우는 건물명, 몇 층, 몇 호인지까지 정확히 알아둔다. 또한 시간에 맞추어 회의장에 도착할 수 있도록 자동차 배차 등 만반의 준비를 하도록 한다. 운전기사가 동행할 경우 사전에 일시, 장소 등을 알려 주어 이동에 문제가 없도록 조치하고 출발 10분 전에 차량을 대기시킨다. 상사가 직접 운전을 할 경우에는 주차시설에 대한 자료도 준비한다.
출입제한 장소(대사관, 국회의사당, 관공서 등)에서 회의가 개최되는 경우 사전에 상사의 차량번호와 수행기사 연락처를 주최측에 통보하여 확인절차를 거치지 않고 출입할 수 있도록 한다. 초대장도 잊지 않고 챙겨 드린다.

② 정확한 시간에 착오 없이 지정된 회의에 참석할 수 있도록 회의 참석 준비를 돕는다. 외부 회의인 경우에는 출발지에서 도착지인 회의 장소까지 가는 데 걸리는 시간을 사전에 확인해 둔다.

③ 회의에 필요한 자료가 있으면 미리 준비하여 상사가 검토한 후 회의에 참석할 수 있도록 한다. 상사가 회의 도중에 자료 등을 추가로 준비하는 일이 없도록 한다.

④ 외부 회의의 경우 회의 장소와 전화번호, 주최측의 회의 담당자 등을 사전에 알아 두어 상사에게 급한 용무가 생겼을 경우 신속히 연락할 수 있도록 한다.

⑤ 상사가 요청할 경우 비서가 동행해서 상사의 지시에 따라 행동한다. 비서는 회의장에 들어가지 않고 대기실에서 기다리고 있을 때도 있고 상사의 곁에서 메모를 한다든지 자료 정리나 연락업무에 임하는 경우도 있다. 상사의 지시에 따라 주최측의 업무를 도와야 하는 경우도 있는데, 이때는 모든 사항을 주최측의 지시에 따라야 한다.

3 성공적 회의 개최를 위한 준비업무

1) 회의 목적 확인

회의의 목적을 파악해서 회의 방식을 정한다.

2) 회의 장소 선정

회의 목적, 회의 방식, 참석자 수 등을 고려하여 회의의 성격에 맞는 장소를 택한다. 외부에서 회의를 개최하는 경우에는 비서가 직접 방문하여 회의장의 크기, 조명, 기자재 설치 여부, 방음, 교통편과 주차시설 등을 알아본 후 상사에게 보고한다.

회의 장소 선정 시 고려할 요소는 다음과 같다.

- 위치(location) : 교통이 편리하고 주차시설이 잘 갖추어져 있는가?
- 경비(cost) : 회의 예산 범위 내에 있는가? 사내 시설과 외부 시설 중 어느 곳이 더 적합한가? 경제적인가?
- 규모(size) : 회의장의 크기가 참석 인원을 모두 수용하기에 적당한가?
- 시설(facility) : 회의에 필요한 기자재 등이 잘 갖추어져 있는가? 조용하며 조명, 냉난방, 환기시설이 잘 갖추어져 있는가? 외부에서 개최되는 회의의 경우 서비스의 수준은 어떤가?

3) 회의 시기 결정

회의 시기를 상사와 상의하여 결정한다. 상사가 회의 일시를 결정하기 전에 다음의 내용이 보고되어야 한다.

- 반드시 참석해야 하는 인사의 일정을 고려하였는가?
- 외부 강사, 발표자 등이 있는 경우 이들의 일정을 고려하였는가?
- 회의 주제와 회의 시기가 적합한가?
- 요일 선정이 적합한가?

- 회의 시설을 예약·이용하는 데 어려움은 없는가?
- 회의 참석자들에게 충분한 시간을 두고 회의를 통지할 수 있는가?

4) 회의장 준비

(1) 좌석 배치

회의의 목적과 회의 방식, 참석자 수, 회의장의 크기 등을 고려하여 가장 적합한 회의장의 좌석 배치를 결정한다.

① 원탁형 및 네모형

둥근 탁자나 사각 탁자의 둘레에 둘러앉는 형태로 회의 참석인원이 15명에서 20명 내외일 경우에 적당하다. 의장은 회의 진행이 편한 위치에 앉으며 참석자들은 서로 얼굴을 보면서 자유롭게 토론할 수 있다. 프리토킹이나 브레인스토밍 회의 등 자유로운 의사 발언을 유도하는 회의 형식에 적합하다.

② ㄷ자형, V자형, U자형

ㄷ자나 V자의 벌어진 곳에 회의 주재자가 자리를 마련하고, 그 뒤에 흑판이나 스크린 같은 것을 놓는 방식이다. 연수, 발표와 같이 흑판이나 슬라이드를 쓰는 회의에 적합하며 참가인원 수는 15명에서 30명 정도가 적당하다.

③ ㅁ자형, 타원형

원탁형의 장점을 살리면서 원탁형보다 참가인원 수가 많을 때 사용하는 배열 방식이다. 탁자를 ㅁ자형으로 배치하고 필요한 경우에는 안쪽에 의자를 놓기도 하는 등 회의실의 크기에 따라 융통성을 발휘할 수 있다.

④ 교실형

발표회나 설명회와 같이 정보 전달을 목적으로 하는 회의나 주주 총회 등 참가자가 많을 때 좌석이 탁자를 향하게 하여 마치 교실과 같이 배치하는 방식이다.

⑤ 극장형

강연, 공연과 같이 참가자가 많은 행사를 할 때 적합한 배열 방식으로 극장식과 원탁테이블식이 있다. 극장식은 연사 또는 주빈석 쪽을 정면으로 향하여 좌석을 배열하며 원탁테이블 배치 방식은 회의 후 그 자리에서 그룹 토의를 할 수 있을 뿐 아니라 오찬, 만찬 등의 행사용으로 쓸 수 있는 좌석 배열로 보통 식사를 겸하는 대회의에 주로 이용한다.

(2) 좌석 지정

좌석을 정할 때는 모든 구성원에 알맞도록 자리를 배치한다.

- 회의 진행자 자리는 칠판을 쓰기 쉬운 곳이나 진행하기 좋은 중앙에 배치한다.
- 내빈과 임원은 가능한 상석에 좌석을 배치한다.
- 주최자석은 입구에 가까운 위치로 한다.

참가자의 좌석 지정은 하지 않는 것이 상례이지만 좌석 지정을 해야 할 경우에는 상사와 상의하여 탁자 위에 명패를 비치하면 된다. 또한 회의 참석자가 서로 이름을 모르는 경우에도 명패를 놓아두거나 탁자가 없는 회의실의 경우나 참석 인원이 많은 회의일 때는 명찰(name tag)을 만들어 회의장 입구에서 출석자에게 배부한다.

참석자의 수가 많은 경우 회의장 입구에서 명찰을 만드는 데 많은 시간이 소요되어 복잡할 수 있으므로 참석 확인을 해준 참석 예정자들의 이름을 컴퓨터로 미리 작성해

명패와 명찰의 예

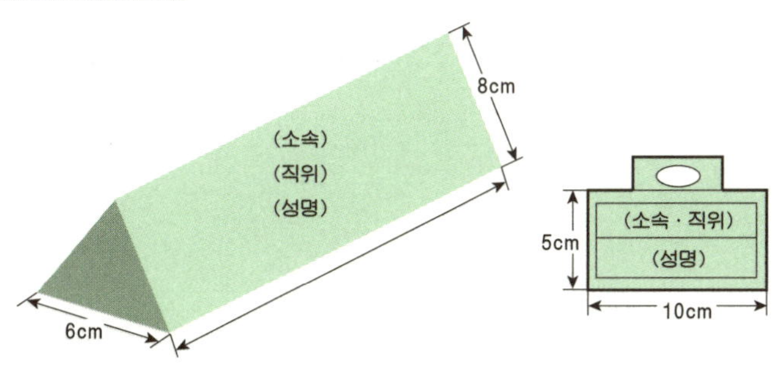

서 이름을 가나다 순으로(외국인의 경우는 Last name의 알파벳 순으로) 배열해 두도록 한다. 회의를 외부 호텔 등에서 개최할 경우 호텔에 부탁하면 명패와 명찰을 만들어 준다.

5) 설비 및 비품 준비

최근의 회의는 다양한 기자재를 활용하여 회의의 효과를 높이는 경우가 많다. 비서는 회의에 필요한 기자재와 비품을 사전에 확인하여 철저히 준비하도록 한다. 비품 확인 목록표 및 체크리스트를 작성하여 모든 준비사항을 점검해 나가면 업무를 훨씬 효율적으로 처리할 수 있다.

제2절 회의업무 2

학습내용

1. 상사의 회의 주최 시 보좌업무
2. 회의 당일업무와 회의 사후업무
3. 국제회의

학습목표

1. 회의 개최 준비업무를 철저히 함으로써 상사가 성공적으로 회의를 개최할 수 있도록 보좌할 수 있다.
2. 회의 당일, 회의 중, 회의 사후 업무로 구분하여 각각의 업무를 수행할 수 있다.
3. 국제회의를 성공적으로 개최할 수 있도록 통역, 교통, 국기 게양법에 대해 학습한다.

1 상사의 회의 주최 시 보좌업무

상사가 회의를 주최하는 경우 특히 규모가 큰 외부 회의를 주최해야 하는 경우 비서는 철저히 계획하고 꼼꼼히 업무를 수행해야 성공적인 회의 개최가 가능하다.

상사로부터 회의 계획을 들었을 때는 회의 준비에 들어가기 위해 다음 순서에 맞추어 준비해 나가도록 한다.

1) 상사 회의 주최 시 업무순서

① 회의의 목적이 무엇인지 확인하도록 한다

어떤 안건에 대해 토의하려고 하는 것인가, 문제 해결을 위한 것인가, 정보 교환을 위한 것인가, 아이디어를 교환하기 위해서인가 등 회의의 목적을 확실하게 파악하는 것은 자료를 준비하고 회의 방식을 정하는 데 중요하다.

② 회의 참석 대상자를 확인한다

- 회의 참석 대상자들이 누구인지 확인한다.
- 누가 의장 또는 사회를 맡을 것인지를 확인한다.
- 강사, 발표자가 있는지 확인한다.

③ 회의 날짜와 시간을 정한다

회의에 참석하여야 하는 참석자들의 일정을 확인하여 가능한 날짜와 시간을 정한다. 특히 반드시 참석해야 하는 인사, 발표자 또는 강사 등의 일정을 먼저 확인하도록 한다.

④ 회의 장소를 결정하고 예약한다

- 회의의 종류와 참석자 수 등을 고려하여 회의의 성격에 적합한 장소를 택하도록 한다.
- 외부에서 회의를 개최하는 경우는 직접 방문하여 회의장의 크기, 조명, 기자재 설치 여부, 방음시설, 주차 등 교통편 등을 알아보고 상사에게 보고한 후 상사의 지시에 따르도록 한다.
- 회의 장소가 결정되면 예약을 한다.

⑤ 강사 및 발표자에게 초청공문을 발송한다

강사, 발표자 등이 있는 경우 강의 여부를 구두로 확답을 받았을지라도 가능하면 공문을 작성하여 강사에게 정식으로 강연을 부탁하도록 한다.

⑥ 참석 대상자에게 보낼 회의 통지서를 작성하여 상사의 승인이 나면 인쇄한다

- 회의 소집 통지서는 적에도 회의일 10일 전에 상대방에게 도착하여야 한다.
- 임시회의라도 최소 2~3일 전에 연락을 취해야 한다.

⑦ 회의 통지서를 보낼 발송처 명단을 작성한 후 회의 통지서를 발송한다

⑧ 회의 참석 여부의 회신을 참고로 하여 최종 참석자 명단을 작성한다

- 참석 여부를 확인하여 최종 참석자 명단을 작성한다.
- 경우에 따라 대리자를 참석시키는 경우도 있는 데 이 경우는 대리로 오는 참석자의 이름과 직위, 연락처를 알아두도록 한다.

⑨ 참석자에게 가능하면 문서로 된 의제를 보내도록 한다

회의 참석자들이 회의 안건에 대해 미리 준비를 해오면 신속하고 효율적인 회의가 될 수 있으므로 문서로 된 의제를 회의 전에 발송한다. 특히 의제가 많은 경우나 또는 사전에 조사가 필요한 경우는 참석자들에게 미리 준비해 오도록 요청한다.

2) 외부강사 초청 시 체크사항

- 회의 참석자에게 연사를 소개할 때 필요한 약력사항 등을 미리 받아 둔다. 약력이 길 경우는 중요한 약력에 표시를 하여 상사가 중요한 약력만 소개할 수 있도록 준비한다. 어느 경력을 소개해야 할지 애매한 경우에는 직접 강사에게 연락하여 중요한 약력을 확인하는 것도 좋은 방법이다.
- 강사가 강의안을 회의 참석자들에게 배포하길 원할 경우는 회의 2~3일 전에 강의안을 받아 참석자 수에 맞게 복사를 해둔다.
- 회의 날짜, 시각 및 장소, 회의 목적, 참석자 수, 참석자 수준, 회의실 배치상태 등 연사에게 필요한 정보를 제공한다.
- 연사가 강연 시 필요한 물품 및 기자재를 사전에 확인하여 강연의 효율성을 높이도록 하며 외부 연사에게 차편이나 그 밖의 편의 제공 여부에 대해 의논한다.
- 회의 날짜가 다가오면 다시 한 번 회의 일시를 재확인한다.
- 강사료는 될 수 있는 대로 깨끗한 지폐로, 액수는 예의에 맞게 준비하였다가 강연이 시작되기 전 또는 마친 후 적절한 시간을 보아 전달한다. 또는 은행 계좌로 입금해야 하는 경우에는 사전에 은행 계좌를 확인하도록 한다.
- 세금보고서에 필요한 양식을 외부 연사가 작성해야 할 경우에는 필기도구와 함께 건넨다.
- 강사에게 선물을 주어야 할 경우에는 선물을 준비하여 돌아가기 전에 상사가 선물을 건넬 수 있도록 한다.

3) 회의 통지

회의 소집 통지서는 적어도 회의 10일 전에 상대방이 받아볼 수 있도록 해야 하며, 급하게 회의를 개최할 지라도 최소 2~3일 전에 연락을 취하지 않으면 상대방의 일정에 맞추기가 쉽지 않다. 회의 참석 여부를 사전에 알아야 하는 경우에는 반드시 참석 여부를 회신해 줄 것을 통지서에 기입하도록 한다. 참석 여부를 확인한 후에 회의 참석자 명단을 작성한다.

회의 통지서에 기입되어야 하는 사항은 다음과 같다.

- 회의의 명칭
- 회의의 의제(안건)
- 회의 일시로 날짜, 요일, 회의 개시시간, 종료시간을 명시하도록 한다.
- 회의 장소로 장소의 이름, 소재지, 전화번호, 약도, 주차장 안내 등을 표시하도록 한다.
- 회의 참석 여부를 상대방이 주최측에 알려 줄 수 있도록 주최측 주소, 전화번호 또는 e-mail 주소, 담당자 이름을 기재한다. 또한 회신 마감일도 알려 주어 마감일 이전에 상대방이 참석 여부를 알려 줄 수 있도록 한다.
- 기타 사항, 즉 식사의 준비 여부, 복장 등 필요한 내용을 기재하도록 한다.

4) 회의 자료 준비

회의 자료는 회의 전에 충분히 시간적 여유를 가지고 상사의 지시에 따라 준비하도록 한다. 또한 의제에 따라 미리 출석 예정자로부터 자료를 받아야 하는 경우 회의 전에 받아볼 수 있도록 여유를 두고 통지한다.

자료의 종류로는 본자료, 부속자료, 그 외 기타자료로 나눌 수가 있다.

- 본자료는 회의 심의 내용과 관련된 자료로서 읽어 보고 올 수 있도록 한다.
- 부수자료는 본자료와 분리, 별도로 작성하거나 별첨 형식으로 하는 것이 좋다.
- 이 외에 다음 회의에 대한 안내, 회의 일정표, 사무적인 연락사항 등을 프린트하여 준비하도록 한다.

회의 자료는 교정과 인쇄에 필요한 시간을 감안하여 원고를 받아 인쇄를 의뢰해야 한다. 완성된 인쇄물은 상사의 지시에 따라 사전에 배부하든지, 당일 회의장에 가지고 가든지 한다. 당일 가지고 갈 때에는 물론 사전에 배부하였더라도 예정 외의 참석자나 자료를 가지고 오지 않은 참석자를 위하여 여분을 준비하는 것이 좋다.

5) 회의 진행

시간의 배분을 잘한다. 회의시간을 너무 길게 잡는 것은 도리어 피로가 커지고 성과가 적다. 회의시간이 2시간 이상 계속될 때에는 휴식시간을 마련하도록 하고 오전에서 오후까지 이어지는 회의일 경우는 오전과 오후에 1번씩 휴식시간을 넣도록 한다.

회의 순서를 배열할 때는 간단한 의제에서부터 복잡한 순서로 배열하고, 관련이 있는 의제는 모아서 배열하도록 한다. 또한 점심시간 이후에는 집중하기가 어려우므로 편안한 안건부터 시작하는 것이 좋으며 발표보다는 토론 위주가 되도록 한다.

2 회의 당일업무와 회의의 사후업무

1) 회의 개시 전의 업무

회의실의 상황을 확인한다.

- 조명, 환기, 냉난방, 책상과 의자의 수, 메모지와 필기도구 등 준비해 두어야 할 물건들이 잘 정돈되어 있는가를 재확인하여야 한다.
- 필요한 기자재가 모두 갖추어져 있는지, 잘 작동하는지 확인한다.
- 의사 진행 순서를 잘 보이는 곳에 붙여야 한다.
- 회의용 자료, 메모지, 펜 등은 책상 위에 가지런히 정리하고 정해진 자리 순서에 따라 명패가 놓여져 있는지 확인한다. 참석자가 많은 경우에는 회의자료와 명찰을 접수대에서 배부한다.
- 다과와 접대용 비품이 갖추어져 있는지를 점검한다.
- 개시시간이 가까워 오면 출석 상황을 상사에게 보고한다. 도착하지 않은 참석 예

정자를 전화로 확인한다든지 하여 회의가 정시에 개최될 수 있도록 노력하여야 한다.

2) 회의 개최 중의 업무

- 회의장은 되도록 출입구 하나만 사용한다. 출입구에는 반드시 '회의 중'이라는 표시를 하여 회의와 관련 없는 사람들의 출입을 막는다.
- 회의가 원활하게 진행될 수 있도록 냉・난방, 조명 등을 살피고 음료수나 기타 준비물에 대해서도 수시로 점검해야 한다.
- 사내 회의인 경우 비서는 자기 자리에서 업무를 계속하면서 급한 연락이 있을 경우 메모를 전달하거나 회의 중간에 음료수 등을 접대하도록 한다.
- 비서가 회의장 안에서 대기할 때에는 상사와 연락이 쉽고 전체가 잘 보이는 입구 쪽에 자리를 만든다. 회의 진행에 따라 필요한 자료를 배부한다든가, 참석자의 동정에 주의하여 적극적으로 도울 수 있도록 신경을 쓰며 회의 진행 중 기록을 담당하기도 한다.
- 회의장 밖에서 대기할 때는 늦게 도착하는 참석자를 조용히 장내로 안내한다. 회의 도중에 밖으로 나오는 사람을 안내하거나 관계없는 사람이 장내에 들어가지 못하게 한다.
- 회의에 출석 중인 사람에게 전화가 왔을 때는 긴급상황이 아니면 전화한 사람의 성명, 내용, 시각, 연락처 등을 메모하여 두었다가 회의가 끝난 후 전한다. 만약 직접 통화를 요청하거나 긴급사항일 때는 메모를 해서 노크 없이 회의장에 들어가 해당자에게 전달하고 잠시 기다려 대답을 듣는다. 회의 참석자가 상대방과 바로 통화를 해야 하는 경우는 회의실 밖에 설치된 전화기에서 받도록 한다. 사내 회의인 경우는 접견실 등 손님이 편안한 곳에서 전화를 받을 수 있도록 안내한다.

3) 회의의 마무리 및 사후업무

- 회의가 끝나고 참석자들이 돌아갈 때에는 회의 종료시각에 맞추어 승용차를 준비하고 보관했던 물건들을 반환하며, 전언이 있으면 잊지 않고 전달한다. 또한 참석

자가 빠뜨리고 간 물건이 있나 점검하고 책상, 의자, 비품 등을 정돈한다.

- 회의 후 실시해야 업무내용을 적어 두고 처리하도록 한다. 예를 들어 회의 도중 업무를 부여받은 참석자가 있을 때는 회의 종료 후 당사자에게 해당 내용을 기록하여 서신을 발송하는 등 회의 후에도 마무리 업무(follow-up)를 수행한다.
- 회의록을 작성하여 상사와 참석자들에게 승인을 받고 필요시 배부한다.
- 강사를 초빙했을 경우 잊지 말고 감사 편지를 보낸다.
- 회의 관계 서류를 정리·보관하도록 하고 회의 경비 정산 및 보고를 한다.
- 회의업무에 대한 사후평가를 하도록 한다.

(1) 회의록 작성

회의록은 언제 어떤 문제가 어떻게 토의되어 어떻게 결정되었는지에 대한 기록을 적어 두는 것으로 매우 중요한 문서이다. 큰 회의일 경우 주최측에서 기록원을 따로 두기도 하지만 일반적으로 사내 회의의 기록은 비서가 하는 경우가 많다.

회의록을 작성하는 데 가장 유의할 점은 의제에 관계된 사항을 알기 쉽고 간결하게, 그리고 무엇보다도 정확하게 기록해야 한다는 것이다. 누가 어떤 내용의 발언을 했고, 그 발언이 어떻게 심의·의결되었는지 등 회의의 진행 결과를 자세히 알 수 있도록 기록해야 하며, 동의, 제청, 질문, 설명 등은 저마다 따로 구분해서 기록해야 한다. 또한 표결 결과도 반드시 별항으로 해서 구분짓는다.

회의록에 기재하는 사항은 다음과 같다.

- 회의의 명칭
- 회의의 의제
- 개최 일시(예정과 실제 폐회 시간)
- 개최 장소
- 사회자 및 특별 참석자(강의, 옵저버 등)
- 참석 인원(참석자 수 및 조퇴자, 지각자)
- 발언자 성명 및 발언내용(동의, 질문, 설명, 제안)
- 결론(의결, 표결, 심의사항 등)

대부분의 회사에서는 이러한 항목이 들어 있는 회의록 양식을 작성해서 사용하고 있으나, 만약 표준화된 양식이 없을 때에는 양식을 만들어 사용한다. 회의록은 될 수 있는 한 빨리 정리하여 상사에게 제출하여 승인을 받은 후 회의 참석자에게 서명을 받는다. 필요한 경우 회의 참석자나 관계자에게 배포한다.

비밀사항에 대한 회의록은 비밀문서로 처리하여 취급과 보관에 특히 주의해야 한다. 또 회의에서 일어난 사항을 타인에게 누설하는 것은 절대로 삼가야 한다.

전 회의의 회의록 내용을 검토하면 다음 회의 준비에 도움이 된다. 또한 회의 준비 및 진행 등에서 잘못된 점을 메모해 두면 다음 회의 준비에 도움이 된다.

(2) 회의 진행순서 및 용어

회의에 참석하여 회의록을 작성해야 할 경우에는 회의법과 회의 용어에 대해서도 알고 있어야 한다. 회사 내에서 이루어지는 대부분의 회의는 형식이나 절차에 구애받지 않고 안건 중심으로 진행되는 것이 일반적이나 주주총회 등 형식을 갖추어 진행되는 회의는 회의법에 의거하여 진행되므로 다음 사항을 숙지하도록 한다.

① 회의 진행순서

회의 진행순서	새로운 의사 진행순서
• 개회 : 정족수 확인, 개회 선언 • 전 회의록 통과 • 의장 인사 • 특별 일정 • 서기, 회계의 보고 • 임원회 및 위원회 보고 • 전 회의에서 심의 미결된 안건 • 새로운 의사 진행 • 광고 • 폐회	• 발언권을 얻는다 • 동의를 제안한다. • 동의를 지지한다. • 동의 채택을 선언한다(의제 상정). • 제안 이유를 설명한다. • 질의 및 토론을 한다. • 필요할 경우 수정 동의 및 재수정 동의를 한다. • 토론 종료 선언을 한다. • 표결을 한다. • 표결 결과를 선포한다.

② 회의 용어

- 의안 : 회의에서 심의하기 위하여 제출되는 안건
- 발의 : 회의에서 의견이나 의안을 내는 일
- 채결 : 의장이 회의 참석자에게 거수, 기립, 투표(기명, 무기명) 등의 방법으로 의

안에 대한 찬·반을 결정하는 것

- 의결 : 채결에 따라서 의안이 가결인지 부결인지를 결정하는 일
- 표결(表決) : 채결에 참가하여 의안에 대해 찬성인지 반대인지의 의사 표시를 하는 일
- 표결(票決) : 표결하는 과정에서 투표로써 채결을 하는 일
- 채택 : 몇 개의 제안 가운데서 합의에 의하여 뽑는 것
- 정족수 : 회의를 개최하기 위하여 필요한 구성원의 최소한 출석 인원 수
- 동의: 의결을 얻기 위해 의견을 내는 일 또는 예정된 안건 이외의 내용을 전체 회의에서 심의하도록 안을 내는 것
- 개의 : 동의와 관련하여 수정된 의안을 발의하는 것

3 국제회의

국제교류가 활발해짐에 따라 국제회의 개최횟수가 증가했다. 국제회의 개최 시 주요 준비업무는 다음과 같다.

1) 통역

대규모 국제회의에서는 동시통역을 하며 이때 동시통역 시설이 필요하다. 동시통역실과 동시통역 수신기를 통역이 필요한 외국어의 수와 참석자의 수에 맞게 미리 준비하도록 한다.

2) 교통안내

국제회의에서는 외국인의 교통안내가 매우 중요하다. 치밀한 계획을 세우고 인원수에 따라 버스나 자동차를 배차한다. 배차 시 교통수단에 회의 안내 표시를 하여 회의 참석자들이 쉽게 알아볼 수 있도록 한다.

3) 국기의 취급

국제회의뿐 아니라 외국 손님을 맞을 때도 상대국의 국기를 게양해서 손님을 맞는 것이 예의이며 좋은 친선 도모 방법이다. 국기는 한 국가의 상징이므로 국기를 잘못 달면 상대방에게 돌이킬 수 없는 모욕감을 주게 된다.

국기 게양 방법은 다음과 같다.

- 국기는 언제나 깃대의 왼쪽 깃봉 밑에 붙여 단다. 깃대의 깃봉과 국기 사이가 떨어져서는 안 된다.
- 여러 나라 국기를 한꺼번에 게양할 때는 국기의 크기나 깃대의 높이를 똑같이 한다.
- 국기로 외국에 대해 경조의 뜻을 나타낼 때에는 원칙상 우리나라 국기를 게양한다. 그러나 관공서나 외국 공관에 외국 원수 혹은 외국 국빈을 맞이할 때는 체류 기간 동안 그 나라의 국기와 우리 나라 국기를 동시에 게양하는 경우가 보통이다. 이때에는 단상을 바라보았을 때 우리 국기는 왼편에, 외국 국기는 오른편에 각각 세운다.
- 국기 하나만을 세울 때는 문 밖에서 보아서 왼편에 세운다.
- 3개국 이상의 국기를 게양하는 방법은 다음과 같다. 즉, 국기의 수가 홀수인 경우에는 우리 국기를 중앙으로 하고, 외국 국기는 단상으로 향해 국명의 알파벳 순으로 왼편으로 둘째, 오른편으로 셋째, 그 밖의 왼편에 넷째, 오른편에 다섯째 등의 순으로 게양한다. 국기의 수가 짝수일 경우에는 우리 국기는 단상을 바라보아 맨 왼쪽에 게양하고, 외국 국기는 국명의 알파벳 순으로 그 오른쪽에 차례대로 게양한다.
- 국기를 반기로 게양할 때는 조의를 표하는 경우이다. 반기를 다는 방법은 국기를 일단 깃대 끝까지 올린 다음 깃봉에서 기폭만큼 내려서 단다. 반기를 내릴 때에는 일단 깃대 위까지 국기를 올린 다음에 내린다.
- 우리나라 국기는 달지 않고 외국 국기만을 달아서는 안 된다.
- 국기와 단체기를 같이 게양할 때에는 국기가 단체기보다 커야 하고 높이 달아야 한다.

도입 사례

상사는 아시아·태평양지역의 20여 개국 지사의 마케팅 이사들과 마케팅전략 회의를 서울 하얏트호텔에서 개최하고자 하여 총 회의 준비 책임을 비서인 내게 맡겼다. 참석자들에게 비행일정과 숙박시설 요구사항을 받아 호텔객실을 예약하고 공항으로 차량을 보내 참석자들이 편안하게 호텔까지 도착하도록 준비하는 등 참석자들을 세심하게 배려하여 모든 일정을 준비하였다.

회의실은 호텔 2층에 있는 30여 명이 들어갈 수 있는 빙을 U자형으로 준비하였으며 조명, 환기, 기자재, 음료수 등을 잘 갖추어 놓았고 회의 후 식사할 레스토랑을 예약해 두었다. 메뉴를 선택하기 위해 회의 참석자들에게 그들의 식성을 일일이 체크하기도 하였다. 그래서 채식주의자를 위해서는 특별 음식을 주문하기도 하였다. 이 정도면 완벽하게 준비하였다고 스스로를 자랑스럽게 여기며 회의를 시작하였다.

오늘 회의의 시작은 미국 본사에서 보내온 영상자료를 보는 것이었다. 이 영상자료는 화질을 높이기 위해 베타 방식의 비디오 테이프에 녹화되어 있었다. 스크린과 비디오 카세트도 사전에 모두 점검해 두었다. 드디어 상사가 테이프를 비디오에 넣는 순간, 아차, 리허설 때 보고 나서 되감기를 하지 않은 것이 아닌가? 상사는 겸연쩍게 한국에서의 본인의 경험담 등을 이야기하면서 시간을 보냈는데 그 짧은 시간이 나에게는 너무나도 긴 터널 같았다.

☞ 유의점 : 상사의 외부 회의 개최 보좌에서는 작은 실수도 회의의 완성도에 부정적인 영향을 미친다. 따라서 비서는 상사의 회의 주최 시 주인의식을 가지고 작은 업무 하나에도 정성을 쏟아야 한다. 회의는 디테일이 매우 중요하다. 회의의 성공을 위해서는 찻잔 하나의 선택도 소홀히 할 수 없음을 기억하자.

1 다음 회의 형식의 특성을 간단히 설명해 보고, 적합한 회의장 좌석 배치를 설명해 보자.

회의 형식	특성
프리토킹 (free-talking)	
브레인스토밍 (brain storming)	
패널 (pannel)	

심포지움 (symposium)	
워크숍 (workshop)	
버즈세션 (buzz session)	
컨벤션 (convention)	
의회형 회의 (parliament assembly)	

2 다음은 비서 오미희 씨가 '금융기관의 마케팅전략' 회의를 준비하기 위한 내용이다. 다음의 내용을 바탕으로 회의 계획을 수립해 보자.

상황

- 동아은행 장동영 부행장 비서로 근무하는 비서 오미희는 상사로부터 서울에 있는 30개 외국계 금융기관의 국제금융 당당자와 본행 국제금융부 10명이 참여하는 회의 개최 준비를 지시받았다.
- 회의 주제는 최근의 급변하는 환경에서 금융기관들이 살아남기 위한 '다양한 외환 마케팅전략을 통한 영업이익의 확대'이다.
- 회의 일정은 오전에는 외환 전문가의 강연이, 오후에는 회의 참석자들을 6개의 팀으로 나누어 buzz session을 할 예정이다. 사회는 본행 국제금융부 부장이 맡는다.
- 회의 일정은 2014년 5월 15일 아침 9시에서 오후 5시까지이며 회의 이후에는 참석자 전원이 함께 저녁식사를 할 예정이다. 점심은 회의가 진행되는 호텔 식당을 이용할 예정이다. 그러나 저녁식사는 이동을 하여 편안한 분위기에서 할 수 있는 한정식을 상사가 예약하기를 원하셔서 저녁장소를 찾아야 한다.
- 30개 외국계 금융기관과 당행 국제금융 담당자에게 초청장을 보냈다.
- 금융기관이 밀집해 있는 시청 부근의 웨스틴호텔에 50여 명 정도가 회의할 수 있는 회의장을 예약한다.
- 강사에게 연락하여 회의 일정을 구두로 먼저 알려 주고 강의 의뢰 공문을 발송하였다.

1) 회의 기획서를 작성하기 전에 다음 질문에 답해 보자.

① 회의 개최일까지는 20일이 남아 있다. 회의가 잘 준비될 수 있도록 회의 개최일 전까지 준비할 업무를 준비 순서대로 정리해 보자.

② 회의 진행을 어떻게 할 것인지 일정을 수립해 보자. 회의 중간에 휴식시간을 어떻게 넣는 것이 회의의 효율성을 높이는 데 좋을지 고민해 보자.

③ 외부에서 회의를 할 경우 장소를 예약하기 전에 방문해서 필요한 사항들을 확인해야 한다. 회의장 선택 시 고려해야 할 점들을 정리해 보자.

④ 버즈세션 회의에서 다양한 의견이 나오고 활발한 토론이 이루어지기 위해서 팀구성을 어떻게 하는 것이 좋을지 생각해 보자.

2) 회의 기획서를 작성해 보자.

3) 회의 참석자에게 보내는 회의 개최 안내문을 작성해 보자.

4) 회의에 외환 전문가의 강의가 예정되어 있다. 외부강사 초청 시 비서가 강사에게 미리 받아야 할 것들은 무엇인가? 그리고 비서가 강사에게 알려 주어야 할 내용은 무엇인지 정리해 보자.

5) 회의 참석자들에게 명찰을 배부할 예정이다. 아래 사람들의 명찰을 만들어 보자.

- 동아은행 장동영 부행장
- 동아은행 김영진 본부장
- Citibank, Dong Joon Kim, Director
- Bank of New York, James Park, Vice President
- First Bank, Ms. Jenny Robinson, Manager

6) 위 회의에 적합한 회의장의 테이블 구성은 다음과 같다. 여기에서 가운데 테이블이 Head table이다. 출입문의 위치를 고려하여 테이블의 상석 순위를 적어 보자.

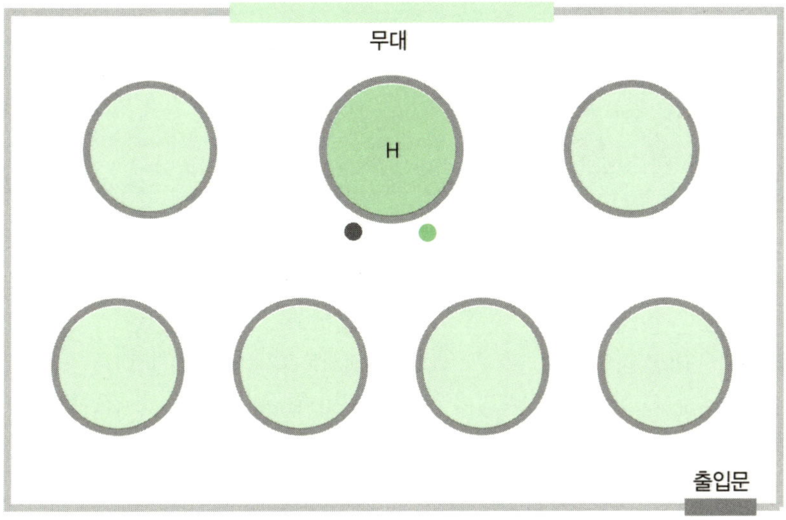

3 앞의 회의 내용을 바탕으로 회의 개시 직전, 회의 중, 회의 종료 후로 나누어서 비서의 업무를 정리해 보자.

1) 회의 개시 직전

....

....

....

2) 회의 중

....

....

....

3) 회의 종료 후

사례

관계사 200명 정도의 임직원을 위한 강의를 1주일 앞두고 급하게 진행하게 되었다.

그 당시에는 회사 내에 200명을 수용할 수 있는 강당이 없었기 때문에, 외부 세미나실을 급하게 알아보았지만 기간이 짧은 터라 마땅한 곳을 찾기는 힘들었다. 한참을 알아보던 중 수용가능한 곳을 가까스로 찾아 급하게 예약을 한 후 일시, 장소 등을 공지하였다. 강의 당일 날 준비를 위해 택시로 이동하던 중 네비게이션을 사용했음에도 불구하고 위치 찾기가 힘들었다. 불현듯 무언가 잘못될 것 같은 생각이 들었고, 강의실에 도착하여 필요한 물품 및 자료 준비를 세팅한 후 대기하던 중에 문의 전화가 오기 시작했다. 위치가 대로변이 아닌 좁은 골목에 있었기에 찾는 것 자체가 힘들었고, 건물 내에 주차장도 공간이 부족했던 것이다. 그러한 이유로 인해 강의는 20분 정도 늦어질 수밖에 없었다. 예약 시 쉽게 찾아올 수 있는 곳으로 선택을 했어야 했고, 아무리 급하고 바쁘더라도 정확하게 확인을 했어야 했는데 말이다.

☞ 유의점 : 원활한 장소 섭외를 위해서는 3개월 정도 전에 대관하는 것이 좋다. 그러나 위의 상황은 200명이 참석하는 대규모 회의를 1주일 후에 개최해야 해서 준비할 시간이 충분하지 않은 상황이었다. 급하게 가능한 장소를 예약할 수밖에 없는 상황일지라도 비서는 미리 확인차 다녀와서 상사에게 상황을 보고했어야 했다. 즉, 상사에게 회의장의 문제점을 알려 드렸어야 했다. 그래도 대안이 없다면 참석자들에게 상황을 충분히 설명하고 찾아올 수 있는 방법을 가능한 자세히 알렸어야 했다. 특히 주차시설도 부족한 곳에서 회의를 개최하는 상황이므로 가능하면 대중교통을 이용하도록 참석자들에게 안내했어야 했고 회의장에 연락하여 가까운 지하철역이나 버스역에 셔틀버스를 배차하여 대중교통을 이용하는 참석자들에게 편의를 제공했어야 했다. 특히 강사에게는 교통편을 제공하는 등의 편의를 제공해 강의장을 찾는 데 어려움이 없도록 해야 했다.

외부 행사를 준비할 때 가장 신경 써야 할 부분이 바로 장소 섭외와 식사다. 특히 외부 행사의 경우 교통과 주차가 편리한 곳인지가 매우 중요하다. 따라서 외부에서 회의를 개최하는 경우에는 비서가 직접 방문하여 교통편과 주차시설, 회의장의 크기, 조명, 기자재 설치 여부, 방음 등을 알아본 후 상사에게 보고한 후 상사의 결정에 따르도록 한다. 충분한 시간적 여유를 가지고 일을 준비하면 시행착오를 줄일 수 있지만 현실은 그렇지 않은 경우가 더 많다. 일정이 갑자기 잡혀 짧은 시간 내에 업무를 진행해야 하는 경우 시간에 쫓기다 보면 기본을 잊는 경우가 많다. 사실 200명이 참석하는 대규모 회의를 1주일 안에 준비하기는 어렵다. 이처럼 시간적 여유가 없는 경우일수록 업무의 우선순위를 잘 정리해 중요한 업무부터 처리하도록 해야 한다.

4 상사는 늘 바쁜 일정으로 하루하루를 보내는 분이다. 오늘 오후 4시에 남영제약 임원들과 남영제약 회의실에서 회의가 예정되어 있다. 그런데 오후 2시부터 시작된 사내 부서장 회의가 계속 길어져서 3시가 되어도 끝날 기미가 보이지 않았다.

남영제약은 삼신로에 위치하고 있어 우리 회사에서 자동차로 40분 정도의 시간이 소요되나 최근 그 부근의 지하철 공사로 교통체증이 심해 3시에는 출발을 해야 한다. 3시가 되어 회의 중인 사장님께 지금 남영제약으로 출발을 해야 한다는 메모를 넣었다. 사장님은 알았다고 하면서도 회의를 마무리할 기미가 보이지 않았다.

3시 10분이 되어 다시 한 번 메모를 넣자 사장님은 5분 내로 끝내겠다고 말씀하셨다. 3시 20분경 사장님은 헐레벌떡 나오셔서 내가 미리 준비해 놓은 회의 자료를 들고 서둘러 회사를 떠나셨다. 나는 남영제약 비서실에 전화를 하여 사장님이 지금 출발하셨으므로 조금 늦을 수도 있다고 알려 드렸다.

1) 상사가 외부 회의에 참석 시 비서가 미리 확인하고 준비해야 할 업무는 무엇인지 생각해 보자.

2) 상사가 회의시간에 맞추어 갈 수 있도록 미리 교통상황을 파악해 두어야 한다. 이 경우 실시간 이동시간을 예측하여 상사를 보좌할 수 있는지 방법을 찾아 정리해 보자(제7장의 문제 4번을 참고해 보자).

3) 다음 날 사장님은 출근을 하셔서 내게 다음부터는 외부 회의인 경우 회의 장소를 자세히 알려 달라고 하셨다. 지난번에도 한 번 다녀오셨고 어제는 운전기사가 운전을 하였는데 왜 위치를 자세히 적어 달라는 것인지 이해가 되지 않았다. 최근 빌딩들이 대형화되면서 내부가 복잡한 빌딩이 많다. 이런 빌딩을 방문하는 경우 비서가 상사에게 알려 주어야 하는 정보가 무엇인가? 그리고 직접 대형 빌딩을 방문해 보고 원하는 장소를 찾는 데 어떤 점이 어려웠는지 서로 의견을 교환해 보자.

사례

여러분 혹시 도심의 대형 건물에 가보신 적이 있나요? 주차를 회의 장소에서 떨어진 곳에 잘못 하여 회의장까지 약 30분을 걸어야 했던 경험이 있으신가요? 운전기사가 있어서 건물 1층 현관 앞에 내린다면 큰 문제가 없겠지만 상사가 직접 운전을 하고 간다면 상황은 달라지겠죠. 정확한 건물의 이름, 회의장에서 가까운 주차구역 등을 알면 훨씬 수월하게 상사가 회의장을 찾을 수 있답니다. 다 아시겠지만 상사들이 외부 회의에 갈 때 시간적 여유 없이 가는 경우가 대부분입니다. 상사가 많은 업무를 처리해야 하다 보니 제시간에 출발을 못해서 약속시간에 간신히 맞춰 가는 경우가 많습니다. 그래서 정확한 건물 이름, 예를 들어 A빌딩 서관뿐 아니라 회의장의 정확한 위치, 즉 18층 엘리베이터에서 내려 우측 1804호, 상사 자가 운전 시는 주차시설에 대한 정보도 모두 드립니다. 최근에는 고층 빌딩이 많아지면서 엘리베이터도 저층, 중간층, 고층용으로 구분되는 경우가 많아 어떤 엘리베이터를 타야 하는지도 말씀드립니다.

5 다음은 비서의 부주의로 발생한 상황이다.

상황 1

우리 회사의 협력업체 중의 하나인 기린물산에서 신제품 발표회 초청장을 상사 앞으로 보냈다. 발표회 일시는 다음 주 화요일 오후 2시였다. 김 비서는 상사의 책상 위에 초청장을 올려놓았다. 초청장을 본 상사는 다음 주 화요일 오후에는 선약이 있어 참석이 어렵다고 전화하라고 한다. 일정표를 살펴보니 다음 주 화요일 오후에는 부산공장 출장이 예정되어 있었다.

1) 위의 상황에서 무엇이 문제인가? 이런 비서의 업무태도를 어떻게 개선할 수 있는지 논의해 보자.

상황 2

월요일 오전 9시, 김영숙 비서는 지난 금요일에 통지하였던 오늘 아침 9시 30분 부서장급 회의 소집에 차질이 없도록 부서장들에게 확인 전화를 하고 있다. 그런데 김성형 마케팅 부장이 외부 회의에 참석하느라 오늘 11시경에 출근한다는 내용을 부서의 직원으로부터 들었다. 이미 지난주 금요일에 회의 소집을 통지하는 e-mail과 휴대전화로 문자메시지도 보냈는데… 그리고 이번 회의는 김 부장이 반드시 참석해야 하는 회의라 9시 30분까지 오실 수 있는지 다시 부서의 직원에게 물어 보았다. 그러나 외부 회의가 10시 30분에 마칠 예정이어서 어려울 것 같다는 답이 왔다. 우선은 알겠다고 한 후 전화를 끊고 회의 참석자들이 메일을 수신했는지 확인을 해보니 다른 부서장들은 모두 메일을 읽었는데 김 부장만이 '읽지 않음'으로 나왔다.

2) 김 비서의 업무처리방식의 문제점을 논의해 보고 이 경우 상사에게 어떻게 상황을 보고할지 생각해 보자.

3) 오후에 김성형 부장이 박 비서를 찾아와 그렇게 중요한 회의 일정을 제대로 연락하지 않았다며 매우 언짢아하신다. 어떻게 사과하는 것이 좋을지 생각해 보자.

4) 긴급 회의 통지 시 회의 초청자들에게 연락할 수 있는 방법이 무엇인지 논의해 보자.

6 최근 들어 많은 기업들이 사내에 화상회의(video conference) 시스템을 설치하고 있다. 기업들이 세계화됨에 따라 다른 국가, 또는 동일 국가일지라도 지리적으로 떨어진 지역과의 활발한 커뮤니케이션이 기업의 경쟁력에 매우 중요한 요소가 되었기 때문이다. 또한 과거에 비해 가격이 많이 저렴해진 점도 화상회의가 널리 보급된 요인 중 하나로 볼 수 있다. 화상회의 시스템을 갖춘 기업을 직접 방문하거나 인터넷 등으로 화상회의 이용 실태를 조사해 보자.

7 다음은 회의에서 자주 사용되는 정보화기기들이다. 기능과 용도를 설명해 보자.

	기기명	기능 및 용도

8 중요한 회의인 경우 기록을 남기는 것이 일반적이다. 회의록은 의제와 관련된 내용을 쉽고 간략하면서도 정확하게 기록되어야 한다. 직접 실습한 후 회의록을 작성해 보자.

조별(5~10명 내외)로 의제를 정하고 회의를 한 후 회의록을 직접 작성해 보자. 많은 기업들이 회의록 양식을 사용하나 최근에는 형식에 얽매이지 않고 자유롭게 회의록을 작성하는 경우도 많다. 회의록 양식을 이용하거나 또는 양식 없이 회의록을 작성한 후 강사의 점검을 받도록 한다.

9 다음은 미대사관에서 받은 초청장이다.

> *In Celebration of the*
> *238th Anniversary of the Independence of*
> *The United States of America*
>
> *The Ambassador of the United States of America*
> *Christopher D. Johnson*
> *requests the pleasure of your company*
> *at a Reception*
> *on Thursday, July 3, 2014*
> *from 6:30 p.m. to 8:30 p.m.*
>
> *Civilian : Business Suit* — *Grand Ballroom, Grand Hyatt Seoul*
> *Military : Dress Blue or Equivalent* — *RSVP Form Enclosed*
> *Please present this invitation card upon entry.*

1) 위 초청장의 Civilian : Business Suit, Military : Dress Blue or Equivalent가 어떤 옷차림인지 찾아보자.

2) Formal vs. Informal, Lounge Suit, Black-Tie, White-Tie, Business Casual, Smart Casual이 어떤 옷차림인지 검색하여 사진을 첨부해 보자.

3) 다음은 다양한 파티의 종류이다. 각각의 특징을 설명해 보자.

① 티파티(tea party)

② 칵테일 파티(cocktail party)

③ 만찬(dinner)

④ 리셉션(reception)

⑤ 연회(banquet)

⑥ 포트락파티(potluck party)

참고 의전의 기본 5R

- Respect(상대를 존중하고 배려하라)
- Reflecting Culture(의전은 문화의 반영이다)
- Reciprocity(상호주의를 지켜라)
- Rank(의전 기준 및 절차의 핵심은 서열이다)
- Right(오른쪽이 상석이다)

10 국제교류가 활발해짐에 따라 국제회의를 빈번하게 개최한다. 2010년 11월 11일과 12일에 우리나라에서 개최된 G20 정상회의에서 국기 게양이 어떻게 이루어졌는지 조사해 보자.

실습평가서

실습을 하면서 느낀 점을 적어 보자.

1. 인상적인 부분

2. 어려운 부분

3. 개선된 부분

✣ 스스로의 평가

평가점수	실습내용
매우 잘함	
잘함	
보통	
노력 요망	
많은 노력이 요망됨	

Chapter 6

출장업무

Chapter 6 출장업무

제1절 출장업무 1

학습내용

1. 출장준비
2. 예약업무

학습목표

1. 상사의 출장준비 전에 확인해야 할 내용을 학습한다. 조직의 규정 검토와 상사의 취향을 확인하여 효율적인 출장계획을 수립할 수 있도록 한다.
2. 다양한 예약업무, 즉 교통편 예약, 숙박업소 예약, 렌트카 예약을 학습함으로써 상사의 출장과 관련하여 예약업무를 원활하게 수행할 수 있다.

1 출장준비

전 세계를 대상으로 활동하는 조직과 기업의 증가는 업무 담당자들의 해외출장 횟수, 지역 등의 확대를 가져왔다. 과거 미국, 일본, 유럽 몇 개국으로 한정되던 것과는 달리 오늘날은 아시아, 아프리카 오지에 이르기까지 출장국도 다양해졌을 뿐 아니라 해외로 출장을 가는 사람들의 숫자도 급속히 증가하였다. 또한 인터넷의 급속한 발달로 출장업무를 수행하던 방식도 과거와 많이 달라졌다.

출장은 크게 국내출장과 해외출장으로 구분될 수 있으며 모든 출장업무는 사전에 잘 준비해야 한다. 특히 많은 비용과 시간이 드는 해외출장의 경우 더욱 철저한 준비가 필요하다.

효율적인 출장계획을 수립하기 위해서는 처음부터 출장준비 폴더를 마련하여 모든 서류를 한곳에 모으면서 일을 진행하는 것이 좋다. 출장준비 폴더를 이용하여 출장계획을 수립하면 미진하거나 개선해야 할 부분을 쉽게 확인할 수 있다.

1) 제반 규정 및 상사의 취향 확인

출장계획을 수립하기 위해서는 다음의 사항을 먼저 확인한다.

- 출장승인 절차를 사전에 확인한다.
  - 출장은 반드시 조직의 승인을 받아야 한다. 따라서 상사의 출장계획이 잡히면 승인절차를 확인하고 출장계획서를 작성한다.
  - 출장계획서에는 출장일정 및 예산이 첨부된다.
- 조직의 출장 및 여비 규정을 확인한다.
  - 대부분의 기업 및 조직들은 출장과 관련된 규정들을 규정집에 명시하고 있으며 기업마다 출장에 대한 정책이 다르다.
  - 비서는 출장에 관한 규정을 검토한 후 규정에 맞게 상사의 출장업무를 수행한다.
  - 기업들은 출장 관련 규정에 여비 규정을 따로 두어 직급별로 출장 일당비를 정해놓고 있다. 즉, 직급에 따라 숙박비, 교통비가 다르므로 상사에 적합한 출장계획을 세우도록 한다.
- 조직 내의 출장 전담 부서나 출장업무 전담 직원이 있는지 확인한다.
  - 출장이 많은 기업, 조직들 중에서 출장과 관련하여 예산이 큰 기업들은 여행사, 호텔, 항공사 등과 특별한 협약을 체결하여 할인, 등급 상향 조정, 포인트 혜택 등 다양한 혜택을 받는다.
  - 출장업무가 많은 조직은 출장 전담 직원이 있는 경우가 많다.
- 교통편, 숙박 장소, 서비스 수준 등 상사의 취향을 확인한다.
  - 상사가 선호하는 교통편이나 숙박시설, 상사가 요구하는 서비스 수준, 출장기간 중의 일정 수립방식 등을 확인하도록 한다.
  - 전임자로부터 정보를 얻지 못하였을 경우는 반드시 상사와 상의하여 결정하도록 한다. 물론 전임자로부터 정보를 얻었다 할지라도 결정은 상사가 하는 것이

므로 상사가 최선의 결정을 할 수 있도록 비서는 다양한 정보를 제공해야 함을 잊지 않도록 한다.

위와 같은 기업의 규정과 상사의 기호를 파악한 후 출장계획을 수립하도록 한다. 출장 계획 수립 시 출장준비 체크리스트에 준비된 내용을 하나하나 체크해 나가면 효율적으로 상사의 출장업무를 보좌할 수 있다.

2) 출장계획 수립

- 출장의 목적을 파악한다.
  - 회의 참석인지, 회의에서 상사가 발표를 해야 하는지, 산업체 방문인지, 해외지점 순회인지 등 출장의 목적을 먼저 파악하도록 한다.
- 목적지를 파악한다.
  - 출장지는 어디이며 한 곳인지 아니면 여러 곳인지, 목적지가 여러 곳일 경우는 어떻게 이동을 해야 하는지 등을 파악한다.
- 목적지에 언제 도착해야 하는지 알아둔다.
  - 목적지 도착시간은 현지시각 기준이다. 목적지에 제시간에 도착하기 위해서 출발을 언제 해야 하는지 알아둔다.
- 출장기간을 파악한다.
  - 장기간의 출장인지 단기간의 출장인지 확인하고 출장 기간에 따라 준비할 것에 차이가 있는지 확인한다.
- 출장기간 중 출장지의 국경일, 공휴일이 겹치는지 알아본다.
  - 가능하면 출장지의 공휴일이나 축제기간은 피하도록 한다. 인터넷을 통해 확인할 수 있고 또는 국내에 있는 영사관이나 대사관에 전화하면 정확한 정보를 얻을 수 있다.
  - 출장지가 정치적으로 안정적인지 아니면 소요사태가 있는지 여부도 반드시 확인하도록 하고 소요사태가 있을 경우는 충분히 알아보고 대처할 수 있는 방안도 마련하도록 한다.

- 가능한 교통편이 무엇인지 알아둔다.
- 출장지에서 숙박은 어디에서 할 것인지 결정한다.
  - 상사의 취향에 맞고 업무수행이 편한 숙박시설을 알아본다.
- 출장지에서 방문해야 할 기관이나 사람이 있는지 알아본다.
  - 출장지에서 만나는 사람의 이름, 장소, 일시, 목적을 알아야 하며 더불어 사전에 약속이 되었는지 확인하도록 한다.
- 선물을 가져가야 하는지 상사와 상의한다.
  - 선물이 필요하다면 어떠한 선물이 가장 적합할지 알아보아 상사에게 제시하도록 한다.
- 가지고 가야 할 자료가 있는지 상사와 확인한다.
  - 자료를 만들어야 할 경우는 언제까지 완성해야 하는지, 어떤 형태의 자료를 필요로 하는지 상사와 확인하여 준비하도록 한다.
- 출장 관련하여 예상되는 여비는 어느 정도인지 파악한다.
  - 신용카드를 사용할 것인지, 현금을 소지할 것인지, 아니면 여행자수표를 지참할 것인지 상사와 상의하여 현금이나 여행자수표를 원할 경우는 경리부에서 선불하여 환전을 미리 하도록 한다.
- 출장기간 중의 출장지의 기후나 기상 등을 확인한다.

2 예약업무

1) 교통편 예약

- 출장의 성격을 파악하고 교통편을 결정한다.
  - 상사의 직위와 회사 여비 규정에 맞추어 이용할 교통수단과 등급을 정한다.
  - 상사의 취향을 고려한다.
  - 일정에 무리가 없도록 하고, 가능한 갈아타지 않고 한 번에 갈 수 있도록 한다. 갈아타야 할 경우에는 시간적 여유를 고려한다.
  - 상사가 선호하는 좌석을 일찍 확보한다.

- 동행인이나 환송 관계자가 있는 경우 상대방의 형편도 고려하여 출발시간을 잡는다.
- 출발 및 도착시간, 교통편의 종류 및 번호, 좌석번호, 승·하차역 이름 등을 기록해 둔다.

- 교통편을 예약한다.
  - 상사의 출장일정이 결정되면 교통편을 예약하도록 한다. 특히 성수기에는 교통편 예약이 어려우므로 일정이 결정되자마자 곧 교통편을 예약한다.
  - 상사가 선호하는 항공편에 좌석이 없을 경우 다른 비행기를 예약하고 상사가 희망하는 항공편의 대기자 명단(waiting list)에 상사의 이름을 올린다. 이때 대기인이 몇 명인지 확인한다.
- 예약을 확인한다. 해외여행일 경우 출발 3일 전에 항공사에 전화하여 예약을 확인하고 출발 당일에도 비행기가 예정대로 출발하는지 확인한다.
- 수하물의 중량도 확인한다. 또한 기내 반입 가능 수하물의 수량과 크기도 확인하여 상사에게 보고한다.
- 기타 비행기 예약 관련 상식
  - 비행일정은 항공회사의 Timetable을 통해서 또는 여행사, 항공사 등을 통해 얻을 수 있다. 최근에는 인터넷의 발전으로 인터넷이나 스마트기기를 이용해 항공사의 비행일정을 수시로 체크할 수 있다. 비서들은 항공사, 여행사 등의 다양한 사이트를 알아두어 상사가 출장에 철저하게 대비할 수 있어야 한다.
  - 예약 시에는 일정을 반드시 재확인한 후 예약번호를 받아두도록 한다. 비행기 여행뿐 아니라 기차나 버스를 이용하는 출장의 경우에도 미리 대비해 기차 및 버스의 시간표(timetable) 등을 잘 활용하는 것도 중요하다. 기차의 경우는 고객카드를 소지한 경우는 전화로 예약이 가능하나 그렇지 않은 경우는 미리 표를 구매해야 한다. 항공편의 경우도 출발 2~3일 전에 항공권을 구입하지 않으면 예약이 취소되므로 출발 2~3일 전까지는 반드시 구매하도록 한다.
  - 대부분의 상사들은 논스톱 다이렉트(non-stop, direct) 비행일정을 선호한다. 즉, 비행기를 갈아타지 않고 목적지까지 가는 것을 선호한다. 그러나 논스톱 다이렉트 비행기편이 없는 곳에 출장을 가야 할 경우에는 가능한 중간기착이 없

고 갈아타는 데 소요되는 시간이 너무 짧거나 길지 않은 비행기편을 예약하도록 한다.

• 비행시간이 길 경우는 소형 비행기보다는 대형 비행기가 안전하고 흔들림이 적은 게 일반적이다. 항공편 예약 시 비행기종도 확인하여 상사가 편안한 출장이 될 수 있도록 배려하도록 한다.

• 뉴욕에 있는 공항은 모두 3개로 가장 큰 존에프케네디(John F. Kennedy)공항과 뉴욕(Newark)공항, 라가르디아(LaGuardia)공항이다. 이처럼 큰 도시에는 공항이 두 개 이상 있는 경우가 많다. 우리나라도 서울 도착공항이 김포국제공항과 인천국제공항 2곳이다. 따라서 비행기를 갈아타야 할 경우는 동일한 공항에서 갈아탈 수 있는 비행기를 선택하도록 하고 가능한 숙소 및 출장지에 가까운 공항의 비행기편을 예약하는 것도 좋다.

• 또한 항공사에 문의하여 상사가 가져갈 수 있는 수하물의 중량을 확인하도록 한다. 항공 수하물은 별도로 부치는 위탁 수하물과 기내에 가지고 들어갈 수 있는 휴대 수화물로 나뉜다. 공항에 따라서는 휴대 수화물의 수량 및 크기를 엄격하게 규정하는 경우도 있으므로 사전에 확인을 하도록 한다. 위탁 수화물은 초과 중량 1kg마다 성인 1등석 편도 운임의 1%가 짐값으로 계산되므로 가능한 중량을 초과하지 않도록 한다.

• 기상 악천우로 인해 예상했던 교통수단을 이용할 수 없을 경우 대체 교통수단을 준비하는 지혜도 필요하다.

2) 숙박시설 예약

(1) 숙박업소 예약의 기본 원칙

● 회사의 출장여비 규정에 따르도록 한다.

● 출장지에서 업무를 수행하기에 편리한 곳으로 선택하도록 한다.

• 숙박업소에 대한 정보는 출장지에서 가까운 회사 지점이나, 출장 가는 상대 회사에 문의하면 그곳의 사정을 잘 알고 있기 때문에 도움을 받을 수 있다.

• 여행사에 문의하여도 숙박시설에 대한 다양한 정보를 얻을 수 있다.

- 상사가 선호하는 숙박업소가 있는지 확인한다(Bonus card, 도심공항터미널 등).
  - 요즘은 숙박업소들이 전 세계적으로 체인화되어 있는 경우가 많으므로 세계 어디를 가든 체인호텔들은 유사한 서비스를 제공하지만 지역별로 차이가 있기도 하므로 호텔의 등급, 가격, 위치, 서비스 등을 잘 알아보고 선택하도록 한다.
  - 객실 수가 몇 개인지, 시내 중심에 위치하는지, 사업가들이 주로 이용하는지, 여행자들이 주로 이용하는지, 편의시설이 잘 갖추어져 있는지, 부대시설은 어떤지 등을 잘 알아보도록 한다.
  - 회사와 협약이 체결되어 있는 호텔인 경우는 객실 요금 적용 시 할인혜택뿐 아니라 기타 다양한 서비스를 받을 수 있으므로 우리 회사와 계약체결 여부를 확인하도록 한다.

■ **호텔 객실의 종류**

싱글룸(single room)	1인용 침대가 하나인 방
더블룸(double room)	2인용 침대가 하나인 방
트윈룸(twin bed room)	1인용 침대가 두 개인 방으로 객실료가 싱글룸 두 개보다 저렴
트리플룸(triple bed room)	3인용 방으로 1인용 침대가 세 개 있는 방과 2인용 침대와 1인용 침대가 각각 하나씩 있는 방, 두 종류가 있다.
스위트룸(suite room)	침실이 별도의 방으로 되어 있고 응접실로 사용할 수 있는 거실, 회의실 등이 있다.
커넥팅룸(connecting room)	옆방으로 갈 때 복도를 통하지 않고 방과 방 사이에 있는 전용문으로 갈 수 있는 객실

- 출장일정이 결정되면 바로 예약을 한다.
  - 숙박 장소가 결정되면 여행사를 통해서, 전화, 팩스, e-mail, 인터넷 등을 통해 예약을 하도록 한다.
  - 예약 시는 숙박인의 이름, 회사명, 숙박일 수, 인원 수 등을 알려 주고 전망이 좋은, 상사가 선호하는 방을 부탁하도록 한다.
  - 숙박업소의 방은 호텔에 따라 다양하나 기본적으로 1인용 침실(single room), 2인용 침실(double room), 침대가 2개 있는 2인실 트윈룸(twin room), 응접실과 침실 1~2개로 구성된 특실(suite)로 나뉘며 가격 차이도 크다.

- 해외출장인 경우 항공일정을 숙박업소에 알려 준다.
  - 호텔에서 상사의 입실(check-in)과 퇴실(check-out)시간을 알 수 있도록 한다.
  - 상사의 호텔 도착시간이 밤일 경우는 예약 시 항공일정을 미리 알려 줌으로써 호텔측에서 예약을 취소하지 않도록 한다.
  - 공항에서 호텔까지의 셔틀버스 서비스(shuttle bus service) 제공 여부를 확인하고 셔틀버스 시간과 승차 장소도 알아두어 상사가 이용할 수 있도록 하거나 또는 숙박업소 예약 시 리무진(limousine)을 예약하여 상사의 공항 도착시간에 맞추어 상사를 호텔로 안내해 줄 차량을 미리 예약하도록 한다.
- 예약 취소 시 환불조건도 알아본다.

(2) 숙소 예약 시 확인해야 할 사항

예약 시 확인해야 할 사항	주의사항
• 입실(check-in) 및 퇴실(check-out) 날짜 • 객실의 종류 및 인원 수 • 전망 및 취향에 관계된 객실의 종류 • 예약된 숙소의 이름, 주소, 전화번호 등 • 예약된 상사의 성명 및 신용카드 번호 • 예약을 받은 담당자의 성명 • 예약번호 • Shuttle bus 운행 여부	• 예약 담당자의 이름, 예약한 날짜 등을 기록해 둔다. • 예약 확인서(written confirmation)를 요청한다. • 취소할 경우 환불 조건도 알아둔다.

(3) 호텔에서 이용할 수 있는 서비스

bellman	숙박객의 짐 운반 및 보관업무와 안내 역할 서비스
morning call	아침에 잠을 깨워 주는 서비스
room service	식사를 방으로 배달해 주는 서비스
business(secretarial) service	호텔 고객이 필요한 사무기기나 비서업무 수행을 제공
concierge service	고객이 필요한 각종 정보를 제공하며, 고객의 불만 해소나 현지 활동상의 어려움을 도와줌
safety box	귀중품이나 현금을 보관

3) 렌트카 예약

출장지에서 렌트카가 필요한 경우 미리 예약을 하도록 한다. 렌트카 예약은 국내에 들어와 있는 체인 렌트카 업체나 현지의 렌트카 업체에 전화, e-mail, 인터넷 및 여행사를 통해 예약을 한다.

렌트카 예약 시 확인사항은 다음과 같다.

- 차종
- 사용기간
- 가격
- 운전사의 필요 여부
- 렌트카를 받을 장소와 반납장소 확인
- 자동차보험 가입 여부 확인

해외에서 렌트카를 상사가 운전하기 위해서는 국제운전면허증이 필요한지 확인하고 필요할 경우 국제운전면허증 신청을 하도록 한다. 지리를 잘 모르는 경우 내비게이터(navigator)가 장착된 차량을 렌트하면 많은 도움을 받을 수 있다.

제2절 출장업무 2

학습내용

1. 출장일정표 작성
2. 출장보좌 업무
3. 해외출장 수속

학습목표

1. 상사의 출장일정표를 작성하는 방식과 출장일정표에 포함되는 내용들을 학습함으로써 상사의 출장일정표를 작성할 수 있다.
2. 비서의 출장보좌 업무를 상사 출장 전의 업무, 출장 중의 업무, 상사 귀사에 대비한 업무, 출장 사후업무로 구분하였다. 이를 통해 상사의 출장 보좌를 단계별로 정확하게 처리할 수 있다.
3. 해외출장 시 필요한 서류인 여권과 비자, 환전과 관련된 사항, 여행보험과 예방접종 내용을 학습함으로써 상사의 해외출장 수속과 관련된 업무를 처리할 수 있다.

1 출장일정표 작성

출장에서의 업무일정, 교통편, 숙박시설 등이 결정되면, 상사의 출장일정표(Itinerary)를 만들도록 한다. 출장일정표는 출장기간 중의 일정을 한눈에 볼 수 있게 작성한 것으로 비서가 일정표의 초안을 작성하여 상사의 확인을 받은 후 최종 일정표를 작성한다. 출장일장표 서식을 컴퓨터에 만들어 놓고 매 출장일정표 작성 시 활용하면 쉽게 작성할 수 있다.

출장기간이 길 경우는 일자별로 페이지를 달리하여 그날의 일정이 한눈에 들어오도록 작성하는 것이 좋다. 또한 출장지가 여러 곳일 경우에는 출장지별로 작성하는 것이 좋다. 지갑 또는 주머니에 넣어 다닐 수 있는 출장 개요를 담은 휴대용 출장계획표나 스마트기기에 출장일정을 연동해 두면 상사가 쉽게 출장일정을 확인할 수 있다.

1) 출장일정표 기재사항

출장일정표에는 다음의 내용이 들어간다.

(1) 기본 내용

일정	출장 중의 회의 및 미팅, 방문 등의 날짜, 요일, 시간, 장소, 주제 등
교통편	출발 및 도착시간, 교통편의 자세한 이름 및 번호, 연결 교통편, 역/공항의 명칭 등
숙박	숙박할 곳의 명칭, 주소, 전화번호, 예약 정보(출장지가 여러 곳일 경우에는 각 지역별로 숙박업소 정보 제공)
면담자 및 방문처	• 면담자의 성명, 소속, 연락처, 면담장소 등 • 방문처의 이름, 위치, 연락처
귀국일정	교통편 및 도착시간, 도착역/공항명

(2) 기타 내용

긴급 연락처	현지 지사 및 주재원, 재외공관(대사관/영사관) 등의 주소 및 연락처
항공사 연락처	현지 항공사 연락처(항공 예약 재확인 시 필요)
기타	• 여권 및 신용카드번호 및 만기일, 분실 시 연락처 • 여행자수표번호 및 분실 시 연락처 • 호텔, 교통편, 렌트카 등의 예약번호 및 연락처
준비물	• 방문처 및 방문 목적에 따른 자료 및 준비물 • 출장지 지도, 현지 안내 책자 등

완성된 출장일정표는 상사의 확인을 받은 후 상사와 상의하여 필요한 곳에 보낸다.

2) 출장일정표 작성 시 유의사항

출장일정표 작성 시 유의할 점은 다음과 같다.

- 우선 출발지가 자택인지 사무실인지 기록하도록 한다. 출발지에서 공항까지의 시간과 탑승 수속에 걸리는 시간을 고려하여 출발시간을 정하도록 한다. 성수기에는 탑승 수속에 걸리는 시간이 비수기에 비해 길다.
- 미팅이나 방문과 관련된 내용을 상세히 기록한다. 즉, 면담 일시, 장소, 안건, 면

담자의 소속과 성명, 연락처(자택/휴대전화 포함) 등을 자세히 기록한다.

- 교통편에 대한 내용을 상세히 기록하도록 한다. 즉, 출발공항, 도착공항, 날짜, 시간, 항공사, 편명, 좌석명, 예약번호 등을 자세히 기록한다.
- 숙박시설에 대한 상세한 정보를 일정표에 넣도록 한다. 즉, 호텔명, 주소, 전화번호, 예약번호를 적도록 하고 공항과 호텔 간 이용할 셔틀버스시간이나 자동차 마중(car pickup) 예약 여부를 알 수 있도록 한다.

2 출장보좌업무

1) 출발 전의 업무

(1) 휴대품 준비

상사의 출장준비를 돕기 위해 비서는 필요한 준비물 내역을 여행 폴더(trip file)에 정리해 두고 하나씩 체크해 가면서 준비하도록 한다. 출장에 필요한 휴대품은 다음과 같다.

- 여권(복사본도 분비한다)
- 전자항공권(e-ticket), 숙박, 렌트카 등의 예약확인서
- 출장일정표
- 관련 서류 및 자료(만일을 대비해 복사본이나 USB도 준비한다)
- 명함(해외출장일 경우 영문으로 되어 있는 명함 준비)
- 목적지의 지도 및 안내책자, 시차표 등(필요시)
- 신용카드, 현금, 또는 여행자수표
- 필요한 문구류(상사의 이름과 직함이 인쇄된 문구류가 있을 경우 인쇄된 것으로 준비한다)
- 노트북 컴퓨터 등 상사의 지시에 따른 준비물
- 여분의 안경이나 약품(필요시)

해외출장 시 선물을 준비할 때는 상사와 상의하여 준비하도록 한다. 선물을 준비할 때 유의할 점은 다음과 같다.

- 선물의 부피가 너무 크거나 무거운 것, 깨지기 쉬운 것은 피하도록 하고 해외출장 시에는 한국적인 선물도 좋다.
- 과거에 한 선물과 중복되지 않도록 하며 이를 위해 평소 선물을 한 곳의 선물내역을 기록해 두는 것이 좋다.
- 방문국의 종교나 관습상 금기시되는 물품일 경우 상사나 상대방 모두 당황할 수 있으므로 사전에 확인하도록 한다.
- 상대방의 수준과 취향을 고려하여 준비한다.

(2) 출발 전 확인사항

상사 출발 전에 확인해야 할 사항은 다음과 같다.

- 상사 출장 중 상사의 업무를 대행할 대행자를 지정하고 관련 부서에 상사의 출장과 업무 대행자를 알리는 문서를 작성하여 상사의 승인을 받는다.
- 상사가 해외에서 전자 결재가 가능할지라도 상사 출발 전에 상사의 출장으로 업무가 지연되지 않도록 결재 등 가능한 업무를 미리 처리하도록 한다. 관련 부서에도 알려서 상사의 출장으로 업무가 지연되지 않도록 한다.
- 출장 중 상사 업무대리인이 처리할 업무, 출장지의 상사에게 연락해야 할 업무 등에 대해 미리 상사로부터 지시를 받는다.
- 상사의 출장 중에 발생할 전화, 내방객응대 등 비서의 업무에 대해 지시를 받도록 하고 출장지의 상사와 연락을 취할 수 있는 방법 및 연락 시기 등을 상의하도록 한다.
- 출장 도착지에 마중 나올 사람이 있는 경우에는 상대방에게 상사의 이름, 출발시간, 도착지, 도착시간, 교통편을 미리 알려 주도록 하고 상사에게 마중 나올 사람에 대한 인적사항을 알려준다.
- 교통수단을 다시 확인하여 결항이나 지연이 없는지 확인한다.
- 호텔 예약과 렌트카 예약 등 예약내용을 다시 한 번 재확인하도록 한다.
- 상사의 출장준비 체크리스트(checklist)에서 빠진 부분이 있는지 다시 확인한다.

2) 출장 중의 업무

상사 출장 중에는 중요한 안건은 필요에 따라 출장지의 상사에게 보고하고 지시를 받도록 한다. 또한 출장지의 상사로부터 오는 지시에 따라 업무를 처리한다. 상사와 일정한 시각을 정해 놓고 통화를 하거나 e-mail, 스마트폰 등을 이용하면 편리하게 업무보고와 지시를 받을 수 있다.

(1) 상사 출장 중 비서의 업무 태도

일부 비서들이 상사 출장 중에 자리를 자주 비우거나 업무태도가 해이해져서 비서들의 이미지를 추락시키는 경우가 있다. 언제 어디서나 자신의 일에 최선을 다하는 전문직업인으로서의 자세를 고수하도록 한다. 그리고 불가피하게 자리를 비워야 하는 경우가 발생하면 다른 직원에게 부탁하여 급한 연락을 놓치지 않도록 하고 돌아오는 시각을 알려 주도록 한다.

상사 부재기간 동안 비서는 스스로 일을 찾아서 하는 솔선수범적(initiative) 태도를 보여 준다. 즉, 평소에 밀렸던 서류 정리나 컴퓨터 파일 정리, 앞으로 해야 할 업무 혹은 상사가 돌아왔을 때 한꺼번에 밀려들 업무 등을 예측해서 처리해 두는 것이 바람직하다.

또한 출장지의 상사의 지시를 수행하고 상사의 업무 대행자가 수행하는 상사의 업무를 적극 보좌하는 자세를 보이도록 한다.

(2) 상사 출장 중 비서의 업무

① 우편물 처리

- 개인우편물 : 개봉하지 않고 모아둔 후 상사 귀사 후 전달한다. 그러나 상사가 출장지에서 받아보길 원하거나 비서가 개봉을 한 후 중요한 내용을 전달해 줄 것을 지시할 경우에는 지시에 따르도록 한다.
- 대외비 및 특수 취급 우편물 : 개봉하지 않고 상사의 대리인에게 전달한 후 지시를 받도록 한다. 전달 시 수신날짜, 수신인 등을 메모해 두도록 한다.
- 일반 업무용 서신 : 개봉하여 일부인을 찍고 복사를 한 후에 상사의 대리인에게

사본을 전하고 업무 지시를 받도록 한다. 수신된 우편물과 대리인이 처리한 내용을 함께 철해 상사 귀사 후 내용을 알려 드린다.

- 상사의 회신을 요하는 우편물 : 상사가 출장 중임과 회신 가능한 날짜를 알리는 메일을 보내도록 하여 상사와 상대방과의 신뢰관계가 유지되도록 한다. 또한 회신에 필요한 자료나 서류를 찾아 첨부해 두도록 하고 경우에 따라 비서가 초안을 작성하도록 한다.

② 전화 및 내방객

- 상사 부재 중에 방문한 방문객 명단을 만들도록 한다. 방문객 명단에는 방문 일시, 이름, 직책, 소속, 용건, 면회 대리자 등이 포함된 양식을 만들어 기록해 두도록 한다.
- 상사 출장 중에 걸려온 전화는 내용을 메모하여 상사의 책상 위에 놓아둔다. 장기 출장인 경우는 내방객 방문처럼 표로 정리하도록 한다.

③ 기타 업무

상사가 처리해야 할 업무, 업무 대행자가 처리한 업무, 비서가 처리한 업무로 구분하여 서류철을 만든다. 이때 서류철 앞면에 첨부된 서류의 제목, 수·발신인, 주요 내용 등을 정리해 두면 상사가 귀사하여 출장 중에 일어난 업무를 쉽게 파악할 수 있다.

- 상사가 직접 처리해야 할 사안은 서류철에 중요도 순으로 구분하여 철하고 관련 자료를 함께 철하도록 한다.
- 상사의 업무 대행자가 처리한 업무는 처리결과를 함께 서류철에 정리한다.
- 비서가 직접 처리한 업무의 내용도 서류철에 정리해 둔다.

3) 상사의 귀사에 대비한 업무

상사의 귀사와 관련하여 비서가 처리해야 할 업무는 다음과 같다.

- 상사의 도착일정에 따라 차량을 대기시킨다.
- 비서는 상사가 귀사 후 바로 업무를 시작할 수 있도록 준비하고 업무 보고를 준비한다.
- 상사 부재 중에 대결된 서류 및 참조서류들을 정리하여 상사 귀사 후 곧 처리할

수 있도록 제반 준비를 한다. 이때 상사가 시간을 절약할 수 있도록 용건별로 폴더를 구분하여 서류를 정리한다. 각각의 폴더 앞에 서류들의 번호를 매긴 후 각 번호별로 제목이나 주요한 내용 등을 요약한 목록표를 붙여 놓으면 상사의 신속한 업무처리에 도움이 된다.

- 상사 부재 중의 사건이나 사고, 내방객, 전화목록을 일목요연하게 정리한다.
- 출장 후 일정을 개략적으로 작성해 둔다.

4) 출장사후업무

- 출장지에서 가져온 서류 및 명함 등을 정리한다.
- 상사의 지시에 따라 출장지에서 도움을 준 분들에게 감사카드 및 편지를 작성하여 발송한다.
- 출장 경비를 정산한다. 출장지에서 사용한 금액을 영수증과 함께 경비보고서를 작성하여 승인을 받은 후 경리 부서에 넘긴다. 이때 영수증은 날짜별로 종이에 붙이고, 경비보고서는 날짜별·항목별로 작성한다. 경비보고서는 상사의 승인을 받은 후 원본은 경리 부서에 사본은 상사의 개인파일에 보관한다. 대부분의 조직은 출장경비 정산양식을 가지고 있으므로 이를 사용하도록 한다.
- 출장보고서를 작성하여 필요한 절차를 밟는다.

3 해외출장수속

1) 여권

여권이란 해외여행 중 여행자의 국적을 증명해 주는 유일한 신분증으로 외무부 장관이 상대국에 자국 여행자의 보호를 요청하고 신분을 증명하고 해외여행 시 보호와 협조를 받을 수 있는 공문서이다. 그러므로 해외에서는 반드시 지참하여 불의의 사고 발생 시 신원을 증명할 수 있을 뿐 아니라 환전, 면세점에서 물건 구입 시, 호텔투숙,

등 해외 어디서나 필요하다.

여권은 크게 일반여권과 관용여권으로 나뉜다. 요즘은 유효기간이 10년인 전자여권을 발급받아야 한다. 전자여권에는 IC칩이 내장되어 있어 개인의 정보가 저장되어 있고 여권의 위·변조를 막아 준다.

여권 유효기간이 최소한 6개월 이상 남아 있어야만 출국이 가능하므로 여권 유효기간이 6개월 이하로 남아 있을 경우에는 여권 갱신이나 재발급을 받아야 한다.

2) 비자

비자는 여행국의 정부에서 입국을 허가해 주는 허가증이다. 출장일정이 잡히면 출장지 국가 입국 시 비자를 필요로 하는지 확인한다. 비자 필요 여부는 국내에 있는 출장 가는 국가의 대사관이나 영사관을 통해 확인하거나 여행사를 통해 확인할 수도 있다. 비자는 유효기간이 있으므로 반드시 유효기간 전에 돌아와야 한다.

3) 환전

환전은 시중은행의 외국환 점포 어디서나 할 수 있으며 환전 시에는 상사의 여권과 외국환과 교환할 돈을 준비하도록 한다. 환전을 할 경우는 현지국의 통화로 환전하는 것이 이중 수수료를 막는 길이다. 또한 환전 시에는 고액권과 소액권을 섞어 바꾸는 것이 출장지에서 사용하기 편리하다. 환전할 수 있는 한도가 있으므로 환전 한도를 초과하지 않도록 한다.

신용카드 이용 시는 해외에서의 사용가능 여부, 사용가능 금액, 신용카드 만기일을 확인하도록 한다. 해외에서 신용카드를 쓸 때는 사용금액 한도를 초과하지 않도록 유의하며 카드번호와 만기일을 수첩이나 출장일정표에 적어 두고 분실 시 바로 신고할 수 있도록 한다. 또한 분실 시 신고할 수 있는 현지국의 전화번호를 알아두도록 한다.

여행자수표는 매매 시 현금보다 유리한 환율을 적용받을 뿐 아니라 현지화폐로 환전할 때도 유리한 환율을 적용받는다. 또한 여행자수표에는 고유번호가 기재되어 있어서 분실 또는 도난 시에도 신고하면 재발급받을 수 있으므로 수첩이나 출장일정표에 여행자수표 일련번호를 적어 놓거나 여행 폴더에 여행자수표 영수증을 보관하도록 한다. 여행자수표는 구입 즉시 수표 앞면에 서명하도록 되어 있고 해외에서 사용할 때 카운터에서 서명한다.

4) 해외여행보험과 예방접종

해외여행보험은 여행 중 사망, 질병, 사고, 휴대품 손해, 제3자에게 입은 손해 등에 대해 보험금을 지급받을 수 있는 보험으로 가입 전에 보험기간과 보상내역을 확인한 후 가입하도록 한다.

해외 출장 시 예방접종의 필요 유무를 확인한 후 필요할 경우는 미리 예방접종하도록 한다.

도입 사례

필자가 본인이 비서로 근무하던 중 우리 회사 아시아·태평양 본부장이 서울 지사를 방문하였다. 돌아가시기 전날 비행기 티켓을 주면서 예약 확인을 부탁하였다. 비행기 티켓이 무려 16개나 있는 티켓북이었다. 본부장님이 요청한 것은 비행기 예약 재확인 뿐 아니라 비행기의 크기, 1등석의 좌석 넓이 및 좌석 수가 몇 개인지를 확인하라는 것이었다. 필자는 도대체 왜 비행기 크기와 좌석 수를 확인하라는 것인지 이해할 수 없었지만 항공사에 전화로 확인을 하였다. 그런데 항공사 직원도 정확한 정보를 가지고 있지 않아 여행사에 연락을 해보니 여행사 직원도 그냥 큰 비행기라고만 하였다. 송구스러웠지만 정보를 알아보지 못했다고 사과하면서 티켓을 돌려주었다.

이제는 인터넷을 통해 예약하는 비행기의 내부 도면까지 볼 수 있는 세상이 되었다. 그때 인터넷만 있었더라도…

비행기 내부도면

기종 : AIRBUS A380-800
Kosmo Suites(407석) 기내 좌석도

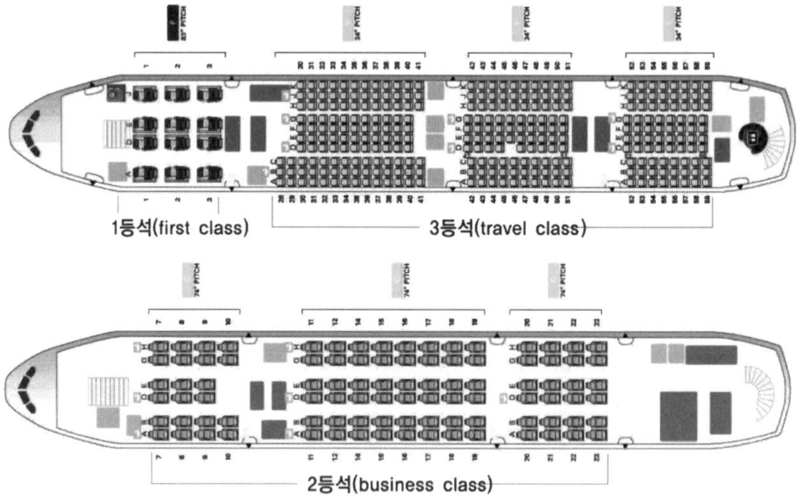

참고

비행기 내부도면을 보면 좌석등급별 좌석의 개수, 위치, 좌석의 넓이 등을 확인할 수 있다.

1 신입비서인 김서연 비서는 상사의 해외출장 보좌업무를 처음으로 하게 되었다. 다음은 이민영 사장의 미국 출장과 관련된 세부 내용이다.

상황

- 출장자 : 이민영 사장
- 출장기간 : ○○월 ○○일(월)부터 ○○월 ○○일(토)까지
- 출장지 : 미국 뉴욕 시와 뉴저지
- 출장목적 : 회의 참석 및 삼성전자 미국 동부 지사장 면담
- 확정된 회의 일정

○○월 ○○일(월) ~ 10일(수)	9:00 am ~ 5:00 pm ERP(Enterprise Resource Planning) 회의, Millennium Hilton Hotel 2층 Diamond Room
○○월 ○○일(화)	7:00 pm : Volvo사의 부사장 Mr. Eric K. Clark과 저녁식사 장소 : Stewart's Restaurant, 727 Avenue of the America, New York (212-776-4692)
○○월 ○○일(수)	5:30 pm ~ 7:00 pm Reception, Millennium Hilton Hotel 지하 1층 Convention Hall
○○월 ○○일(목)	12:00 ~ 1:30 pm 삼성전자 New Jersey 영업본부 우홍규 지사장과 점심식사 1:30 pm ~ 5:00 pm 삼성전자 New Jersey 영업본부 임원진과 회의
○○월 ○○일(금)	사적인 방문 금요일에 LA에 있는 친척집을 방문하고 함

- 교통수단 : Nonstop, Direct의 국내 항공사(대한항공 또는 아시아나)를 이용하고자 함.
- 숙박호텔 : 가능하면 회의가 개최되는 뉴욕 시의 Millennium Hilton Hotel의 Executive Floor의 double-bed room에 묵기를 희망함. 기업요금(commercial rate)가 적용되는지, 상사가 힐튼호텔 멤버십카드를 가지고 있는지 확인해야 함.

참고 커머셜요금(commercial rate)

할인요금의 일종으로 특정한 기업체나 사업을 목적으로 하는 비즈니스 고객에게 일정한 비율을 할인해 주는 것이다. 이 제도는 미국의 도시 호텔에서 많이 채택되고 있으며 우리나라에서도 대규모 호텔에서 이 제도를 실시하고 있다.

이 외에 상사가 지시한 요구사항은 다음과 같다.

- 사장님은 회의 하루 전날에 목적지에 도착하기를 원하며 토요일 오전에 LA를 출발하여 가능하면 당일에 서울에 도착하기를 희망함. 즉 LA에 stopover할 예정임.
- 사장님은 뉴욕에 도착했을 때 공항에서 호텔까지 이동할 수 있는 airport pick-up(운전기사 포함)이 예약되어 있기를 원함.
- 서울 출발 시 자택에서 공항으로 이동할 예정이므로 회의 자료는 금요일 오전까지 완성되어 한 번 검토할 수 있기를 희망함.
- 여비는 신용카드(Visa)와 여행자수표(Amex)를 주로 이용하나 US$1500 정도의 현금도 소지할 예정임.
- 회사 규정상 상사가 이용할 수 있는 비행기 등급은 2등급까지이며 상사는 복도쪽 좌석을 선호함.
- 삼성전자 우홍규 지사장에게 줄 선물을 준비하도록 지시함.
- 뉴욕현대미술관(MOMA)을 방문하길 희망함. 미술관 소개자료 및 위치 정보를 요구함.

1) 상사의 출장 일정을 고려하여 서울 → 뉴욕, 뉴욕 → LA, LA → 서울의 nonstop, direct 항공일정을 3개 이상 찾아 표로 만들어 보자.

SEOUL → NEW YORK							
번호	편명	출발도시	도착도시	출발일자	출발시간	도착시간	기종

NEW YORK → LOS ANGELES							
번호	편명	출발도시	도착도시	출발일자	출발시간	도착시간	기종

LOS ANGELES → SEOUL							
번호	편명	출발도시	도착도시	출발일자	출발시간	도착시간	기종

2) 상사가 출장 가서 묵을 뉴욕 시의 Millennium Hilton Hotel을 검색하여 주소, 위치, 숙박비, 편의시설 등에 대한 정보를 정리해 보자. 또한 숙박장소를 예약할 때 확인해야 할 사항은 무엇인가?

참고 ∘ 호텔 보증금(deposit)

갑자기 방을 취소하는 경우, 호텔의 유료시설이나 서비스를 이용하고 정식으로 체크아웃하지 않고 호텔을 떠났을 경우 등을 대비해 호텔에서 손님에게 미리 청구하는 금액을 호텔보증금이라 한다. 호텔 예약 시 상사의 신용카드번호와 유효기간을 호텔측에 알려 준다.

3) 위의 출장일정에 맞게 뉴욕의 Millennium Hilton Hotel에 상사의 방을 예약하는 e-mail을 작성해 보자(상사의 항공일정을 호텔에 알려 주고 공항-호텔 간의 리무진 서비스를 예약하는 내용도 e-mail에 포함한다).

4) 뉴저지에 있는 삼성전자 방문 시 렌트카를 이용하여 상사가 직접 운전할 예정이다. 호텔에서 삼성전자까지 이동에 걸리는 시간과 경로를 Google map이나 www.mapquest.com 등을 이용해서 확인해 보자.

5) 뉴욕현대미술관(MOMA)의 위치, 개관 및 폐관 일시, 박물관 소개자료, 호텔과 미술관의 교통수단 및 거리 등을 인터넷으로 검색하여 정리한다.

2 위의 출장일정을 바탕으로 다음의 질문에 답해 보자.

1) 회사의 여비규정을 확인하여 미국 출장 시 교통비와 숙박비의 한도 금액과 일비를 확인하였는가?

2) 목적지는 어디인가? 목적지와 우리나라와의 시차는 얼마인가?

3) 상사가 추가 비용을 지불하지 않고 가지고 갈 수 있는 수하물의 개수와 무게는 얼마인가?

4) 출장지에서 만나는 사람, 장소, 일시를 정리해 보자.

5) 출장기간 중 출장지에 국경일, 공휴일이 있는가?

6) 가지고 가야 할 자료나 선물이 필요한가?

7) 상사의 건강상태는 양호한가? 건강상의 문제가 있어 약을 복용해야 하는 경우 어떻게 상사가 잊지 않고 약을 복용할 수 있는지 생각해 보자.

8) 출장지의 기후나 기상조건은 어떠한가? 인터넷검색을 통해 확인해 보자. (제7장의 문제 6번을 참고해 보자)

9) 상사 출장 중 상사 업무 대행자를 지정하는 절차를 수행했는가?

10) 출장기간 중 비서는 상사와 어떻게 업무 연락을 할 것인가?

11) 상사가 해외에서 전화와 데이터 사용을 많이 할 경우 로밍서비스를 신청할 때, 어떤 요금제가 좋을지 추천해 보자.

3 상사의 출장일정표에 들어가야 하는 내용은 무엇인가?

4 위의 내용을 바탕으로 이민영 사장의 출장일정표를 만들어 보자.

5 다음은 상사가 출장에서 돌아와 비서에게 건네준 영수증 및 관련서류를 바탕으로 정리한 출장비용이다. 이 내용을 참조하여 출장비용보고서를 작성해 보자.

> 항공료와 숙박요금은 검색해서 요금을 적는다.
>
> • 식사 : 아침 US$30×5
> 저녁 US$180.00 : Mr. Eric K. Clark과의 저녁식사
> 저녁 US$24.50, U$32.80, U$29.50
>
> • 렌트카 : US$200.00
>
> • 세탁 : US$5.20
> US$8.50
>
> • Taxi : US$16.00
>
> • Tip : US$50
>
> • Soft drinks, etc : US$23.00
>
> * 숙박료에는 5%의 세금이, 식사에는 10%의 서비스 요금과 5%의 세금이 부과됨.

출장비용보고서

성명 :　　　　　　직위 :　　　　　　소속 :

출장기간	200 . . . ~ 200 . . .	전화번호	
출장목적			

숙박비, 교통비, 식비(항공료 제외)

숙박비 및 교통비(Hotel, Transportation)							식비(Employee Meals)			
날짜	숙박비	교통비	택시비	렌트카	통행료	소계	조식	중식	석식	소계
계						(A)				(B)

항공료(Air Fare)

출발일	도착일	등급(Fare class)	운항 경로(Routing Detail)	항공사	금액
				계	(C)

접대비(Business Meal & Entertainment)

날짜	장소	사용내역 : 기관명 및 담당자, 접대목적 등	금액
		계	(D)

기타(Others)

날짜	내역	금액
	계	(E)

비용 총계(Total Expenses)

숙박비, 교통비	(A)	
식비	(B)	
항공료	(C)	
접대비	(D)	
기타	(E)	
비용 총계	(A+B+C+D+E)	

선불액(Cash Advance)(F) (날짜 :　　　　　　)		
차액(Balance) (F−(A+B+C+D+E))	반납액(Due Company)	청구액(Due Employee)

6 다음은 여권과 관련된 내용이다.

상황

상사가 다음 주에 미국 시카고로 출장을 갈 예정이라서 3일 전에 입사한 초보 비서에게 여권의 앞면을 복사하여 여행사로 발송하라고 지시하였다. 따라서 초보비서는 상사의 지시대로 여권의 앞면을 복사하여 팩스를 보낸 후 상사의 신상에 관한 내용이 밖으로 나가면 안 될 것 같아 얼른 사본을 세단기에 넣어 잘라 버리고 여권은 상사에게 돌려주었다.

1) 무엇이 잘못되었는가? 비서가 상사 여권에서 확인해 두어야 할 내용은 무엇인가?

....

....

....

상황

새로 부임한 상사가 다음 주에 1주일간 인도네시아와 말레이시아에 있는 현지 공장을 방문할 예정이다. 상사는 여권을 갱신해야 하는지 알아보라고 하며 비서에게 여권을 주었다. 여권을 살펴보니 유효기간이 3개월이나 남아 있어 갱신하지 않았다. 그런데 출국 당일 아침 상사가 공항에서 전화를 했다. 여권의 유효기간이 6개월 미만이라 출국을 할 수 없다고 한다. 김 비서는 이곳저곳에 도움을 요청해 보았으나 해결할 길이 없었다.

2) 여권 갱신은 여권 유효기간 얼마 전에 해야 하는지 확인해 보자. 또한 여권 갱신이 안 되고 재발급받아야 하는 경우 발급에 걸리는 시간도 미리 알아두자.

....

....

....

7 다음은 비자와 관련된 내용이다.

1) 대한민국 국민이 반드시 비자를 받아야만 방문할 수 있는 나라를 정리해 보자 (아래의 참고 참조). 또한 비자의 종류에 대해 조사해 보자.

참고

- 우리나라는 2014년 1월 기준으로 65개국과 일반여권 무비자 협정을 맺고 있으며 그 외에도 53개 국가에도 비자 없이 입국이 가능하다. 비자 면제 국가와 기간에 대한 자세한 사항은 외교부 해외 안전여행 홈페이지(http://bit.ly/1m9sMbD)에서 확인할 수 있다. 그러나 해당국의 사정에 따라 사전 고지 없이 변경될 수 있으 므로, 해당 국가로 여행하고자 하는 분은 반드시 여행 전 우리나라에 주재하고 있는 해당 국가 공관 웹사이트 등을 통해 보다 정확한 내용을 확인해야 한다.
- 현재 미국과 한국은 무비자협정이 체결되어 있으나 사전입국승인을 받아야 한다.

2) 아래 사례에서 알 수 있듯이 무비자로 미국 입국 시 사전입국승진, 즉 ESTA (Electionic System for Travel Authorization)을 받아야 한다. 사전입국승인을 받는 방법과 절차를 알아보자.

사례

저는 스마트기기로 인해서 상사께서 출장을 가시지 못할 뻔했는데 겨우 면한 경우가 있었어요. 요새는 미국 비자가 따로 필요 없잖아요. 제 상사께서 미국 출장을 가시는데 제 상사가 영국인이라서 별도로 절차가 필요 없을 줄 알았는데 미국 대사관 홈페이지에 접속해서 전자여권 신고를 해야 하더라고요. (중략) 제가 그때 휴가라 여행 중이었는데 스마트기기를 사용해서 상사와 함께 검색해서 뭐가 필요한지 알아보고 업무를 처리했어요.

자료 : 송가은·최애경, 스마트 기기 이용에 따른 비서 업무 변화에 관한 연구, 비서학논총, 제21권 제2호.

8 다음은 환전과 관련된 내용이다.

상황

상사는 다음 주 수~목 양일간 독일 프랑크푸르트에서 개최되는 '자동차 박람회'에 참석할 예정이다. 그리고 금요일에는 프랑스 파리 지사를 둘러보고 귀국할 예정이다. 이번 출장에서 상사는 경비의 대부분을 기업 신용카드로 결제할 예정이지만 ₩1,500,000을 회사에서 선지급받아서 환전을 하라고 하신다.

1) 은행에서 환전을 할 때 필요한 것은 무엇인가?

2) 상사의 출장 국가(독일과 프랑스)를 고려할 때 환전은 유로화로 하는 것이 이중 수수료를 막는 방법이다. 오늘의 유로화 현금과 여행자수표(traveller's check)의 매입환율과 매도환율도 확인해 본다.

9 아래의 내용을 참고하여 5개국(미국, 중국, 인도, 말레이시아, 남아프리카공화국)을 정하여 국제공인 예방접종 내역을 정리해 보자.

참고

국가별로 유행 질병 확인 후 최소 출국 4주 전에 접종을 마쳐야 안전하며, 일부 국가에서는 국제공인 예방접종기관에서 접종 후 증명서를 지참해야 입국이 가능한 경우가 있다. 증명서가 없을 경우 해당국의 입국이 거부될 수 있으므로 예방접종이 필요한 국가 방문 시 사전에 정보 파악 후 대처하는 것이 중요하며, 외교통상부의 해외안전여행(http://www.0404.go.kr) 홈페이지에서 국가별로 여행 관련 정보들을 얻을 수 있다.

10 다음은 스마트기기를 이용하여 상사의 출장업무를 보좌하는 비서들의 현장을 담고 있는 현직 비서들의 인터뷰이다.

사례

- 상사가 해외출장 중일 때도 스마트기기로 실시간으로 편리하고 간단하게 부담 없이 의견을 교환하고 일정을 조율할 수 있어 예전보다 업무 속도가 빨라졌어요.
- 상사가 출장을 가실 경우 공항에 가시거나 입국 후 회사로 돌아오시는 경우에도 비행기 출도착 애플리케이션을 통해 비행기 편명만 알면 편리하게 예상시간을 알 수 있고 기사가 마중 나가는 경우에도 시간 오차를 줄일 수 있어서 자주 사용하고 있어요.
- 업종 특성상 해외출장이 잦으신 상사를 모시고 있는데요. 출장 가실 때마다 스마트기기 애플리케이션을 통해 그곳 날씨가 어떤지, 항공권 예약 및 확인, 구글맵을 통한 현지 위치 찾기 서비스, 로드뷰 서비스를 이용하여 상사께서 불편함이 없도록 업무를 처리하고 있어요.
- 상사가 해외출장이 잦은 편인데 출장으로 해외에 계실 경우에 e-mail보다 스카이프, 왓츠앱, MSN 등의 스마트기기 애플리케이션으로 업무 지시를 하시는 경우가 많아요.

자료 : 송가은 · 최애경, 스마트기기 이용에 따른 비서 업무 변화에 관한 연구, 비서학논총, 제21권 제2호.

오늘날의 비서들은 상사 출장 중에도 이메일이나 스마트기기 등을 이용하여 시공간을 초월하여 상사를 보좌하고 있다. 현직 비서들이 스마트기기를 이용하여 출장 중인 상사를 보좌하는 다양한 사례를 찾아 정리해 보자.

11 비행기 좌석 등급의 영어 명칭과 항공사 코드별 항공사명을 조사해 보자.

1등석	
2등석	
3등석	

항공사 코드	항공사명(영문)	항공사명(국문)
AC		
CX		
JL		
KL		
NW		
SQ		
TG		
UA		
AF		
DL		
KE		
LH		
MH		
OZ		
QF		

12 다음 전자항공권을 보고 표를 완성해 보자.

전자항공권

e-Ticket Itinerary & Receipt

Powered By TOPAS

751-0300 1819/07AUG13

승객성명	Passenger Name	[illegible]
예약번호	Booking Reference	367-6892
항공권번호	Ticket Number	0163592347394-395

여정 Itinerary

편명 Flight **UA892** (예약번호:**LPKE25**) Operated by **UA(UNITED AIRLINES)**

출발 Departure	**서울(ICN) Incheon Intl**	**20DEC13**	**18:10** Local Time	Terminal No. : -
도착 Arrival	샌 프란시스코(SFO) San Francisco	20DEC13	11:30 Local Time	Terminal No. : I

예상비행시간	Flight Time	10H 20M			
예약등급	Class	W (일반석)	항공권 유효기간	Not Valid Before	20DEC13
좌석 타입	Seat Type	-		Not Valid After	20DEC13
예약상태	Status	OK (확 약)	수하물	Baggage	1PC
운임	Fare Basis	WKXT3UCF/KRA1			

편명 Flight **UA698** (예약번호:**LPKE25**) Operated by **UA(UNITED AIRLINES)**

출발 Departure	**샌 프란시스코(SFO) San Francisco**	**20DEC13**	**13:30** Local Time	Terminal No. : 3
도착 Arrival	시카고(ORD) Ohare	20DEC13	19:34 Local Time	Terminal No. : 1

예상비행시간	Flight Time	04H 04M			
예약등급	Class	W (일반석)	항공권 유효기간	Not Valid Before	20DEC13
좌석 타입	Seat Type	-		Not Valid After	20DEC13
예약상태	Status	OK (확 약)	수하물	Baggage	1PC
운임	Fare Basis	WKXT3UCF/KRA1			

편명 Flight **UA3664** (예약번호:**LPKE25**) Operated by **UA(UNITED AIRLINES)**

출발 Departure	**시카고(ORD) Ohare**	**25DEC13**	**11:00** Local Time	Terminal No. : 2
도착 Arrival	필라델피아(PHL) Philadelphia	25DEC13	13:57 Local Time	Terminal No. : D

예상비행시간	Flight Time	01H 57M			
예약등급	Class	W (일반석)	항공권 유효기간	Not Valid Before	25DEC13
좌석 타입	Seat Type	-		Not Valid After	25DEC13
예약상태	Status	OK (확 약)	수하물	Baggage	1PC
운임	Fare Basis	WKXT3UCF/KRA1			

편명 Flight **UA368** (예약번호:**LPKE25**) Operated by **UA(UNITED AIRLINES)**

출발 Departure	**필라델피아(PHL) Philadelphia**	**30DEC13**	**15:20** Local Time	Terminal No. : D
도착 Arrival	로스엔젤레스(LAX) Los Angeles	30DEC13	20:54 Local Time	Terminal No. : 7

경유	Via	샌 프란시스코(SFO)	경유지체류시간	Ground Time	00H 50M
예상비행시간	Flight Time	08H 34M			
예약등급	Class	S (일반석)	항공권 유효기간	Not Valid Before	30DEC13
좌석 타입	Seat Type	-		Not Valid After	30DEC13
예약상태	Status	OK (확 약)	수하물	Baggage	1PC
운임	Fare Basis	SA14HN			

편명 Flight **UA032** (예약번호:**LPKE25**) Operated by **UA(UNITED AIRLINES)**

출발 Departure	**로스엔젤레스(LAX) Los Angeles**	**06JAN14**	**11:05** Local Time	Terminal No. : 7
도착 Arrival	도쿄(NRT) Narita	07JAN14	16:05 Local Time	Terminal No. : 1

예상비행시간	Flight Time	12H 00M			
예약등급	Class	L (일반석)	항공권 유효기간	Not Valid Before	06JAN14
좌석 타입	Seat Type	-		Not Valid After	06JAN14
예약상태	Status	OK (확 약)	수하물	Baggage	1PC
운임	Fare Basis	LKXT3UCH/KRA1			

편명 Flight **UA881** (예약번호:**LPKE25**) Operated by **UA(UNITED AIRLINES)**

출발 Departure	**도쿄(NRT) Narita**	**07JAN14**	**18:20** Local Time	Terminal No. : 1
도착 Arrival	서울(ICN) Incheon Intl	07JAN14	21:10 Local Time	Terminal No. : -

예상비행시간	Flight Time	02H 50M			
예약등급	Class	L (일반석)	항공권 유효기간	Not Valid Before	07JAN14
좌석 타입	Seat Type	-		Not Valid After	07JAN14
예약상태	Status	OK (확 약)	수하물	Baggage	1PC
운임	Fare Basis	LKXT3UCH/KRA1			

* 모든 정보는 항공사나 공항 사정에 의해서 변경될 수 있습니다.
* **수하물 정책 - 미국을 여행하시는 승객은 아래 사이트를 방문해 주시기 바랍니다.**
https://www.united.com/web/ko/content/travel/baggage/default.aspx

항공권 운임정보 Ticket/Fare Information

Restriction	**Restriction**	KRA1/REFUNDABLE/CXLFEE/CHGFEE.
연결항공권	Conj.Ticket No.	-
운임 산출내역	Fare Calculation	N*SEL UA X/SFO UA CHI UA PHL764.57UA LAX Q18.60 214.88UA %X/TY O UA SEL339.77 NUC1337.82END ROE1120.972000 XT 324200YQ 2%8000 BP 6200YC 19400US 19400US 5700XA 7900XY 11600AY 11700SW 5%8000 I 5100XF LAX4.5
Tour Code	Tour Code	980CQ
산출운임	Fare Amount	KRW 1499700
지불 화폐	Equiv. Fare Paid	-
세금 수수료	TAX	KRW 445000XT
총 산출금액	Total Amount	KRW 1944700
지불 수단	Form of Payment	CC AX ************262
발행일 발행처	e-Ticket Issue Date/Place	07AUG13 / 17393751 / 751-0300

상기 운임정보는 공시운임으로 실제 지불 금액과 다를 수 있습니다.

- 본 e-티켓 확인증과 함께 제공된 법적 고지문을 반드시 참고하여 주시기 바랍니다.
- e-티켓 확인증은 탑승수속시, 입출국/세관 통과시 제시하도록 요구될 수 있으므로 반드시 전 여행 기간 동안 소지하시기 바랍니다. e-티켓 확인증의 이름과 여권상의 이름은 반드시 일치해야 합니다.
- 대부분의 공항에서 **탑승 수속 마감 시간은 해당 항공편 출발 40분 전**(미주, 유럽 출발편은 1시간 전)으로 되어 있으니, 해당 항공편 출발 예정시각 **최소 2시간 전**에는 공항에 도착하시기 바랍니다.
- 일부 공동 운항편의 경우 탑승 수속은 운항 항공사의 카운터에서 이루어지며, 운항항공사의 규정에 따라 탑승 수속 마감시간이 다를 수 있습니다.
- 사전에 좌석을 배정받으신 고객께서는 항공기 출발 1시간 30분 전까지 (일등석 및 프레스티지석 이용 고객께서는 1시간 전까지) 탑승권을 발급 받으시기 바랍니다. 해당 시각까지 탑승권으로 교환하지 못하신 고객은 사전 배정된 좌석 번호가 본인에게 배정되지 않을 수도 있습니다.
- 항공사가 제공하는 운송 및 기타 서비스는 운송 약관에 준하며, 필요시 참조하실 수 있습니다. 이 약관은 발행 항공사를 통해 확인하실 수 있습니다.
- 일부 항공사 (공동운항편 포함)에서는 탑승수속 시 해당 항공사 정책에 따라 무료 수하물 허용량과는 별도로, 위탁 수하물에 대한 Handling Fee(수하물 취급수수료)를 징수하는 경우가 있으니, 자세한 사항은 항공사로 확인하시기 바랍니다.
- 본 ITR 을 임의로 수정 시 법적 제재를 받을 수 있습니다.

외교통상부 해외안전여행

대한민국 국민이 이라크,아프가니스탄,소말리아,리비아,예멘을 여행하는것은 법에 의해 금지되어 있습니다.
안전한 해외여행을 위해 여행목적지 여행경보단계를 꼭 확인하세요 (www.0404.go.kr)
해외여행중 긴급한 도움이 필요할 때는 영사콜센터(24시간) 연락하세요. (+82-2-3210-0404)

번호	편명	출발도시	도착도시	출발일자	출발시간	도착시간	기종	수하물

13 최근에는 KTX를 이용하여 국내 출장을 가는 경우가 매우 많다. 인터넷을 이용하여 서울-부산 왕복 KTX 예매 과정을 설명해 보고 예매에 필요한 내용과 주의해야 할 점들을 적어 보자.

14 다음은 호텔에서 이용할 수 있는 서비스이다. 내용을 적어 보자.

- business center
- bell man
- room service
- concierge service
- morning call
- limousine (shuttle) service
- house doctor

15 내일 상사가 일본으로 일주일간 출장을 갈 예정이어서 오늘까지 처리해야 하는 일이 매우 많다. 비서의 책상 위는 출장 준비자료뿐 아니라 상사가 출장 가기 전에 처리해야 할 업무서류 등이 산적해 있다. 상사가 집무실에서 나와 조금 전에 작성한 'A project'의 견적서를 지금 찾아 달라며 옆에 서 계신다. 분명히 책상 위에 있는 많은 서류들 중에 섞여 있을 텐데 급히 찾으려 하니 찾아지지도 않고 상사가 옆에 서 있으니 등에서 식은땀이 흐르고 있다.
어떻게 서류를 정리하면 책상도 깨끗하고 지금 필요한 서류만 책상 위에 올라올 수 있게 정리할 수 있는지 아래의 Folder를 이용하여 설명해 보자.

16 다음은 상사 출장 중에 발생할 수 있는 업무이다.

상황

상사는 지금 해외출장 중인데 다음 주 수요일인 5월 20일에 귀사하기로 되어 있다. 그런데 오늘 거래처인 B사로부터 5월 18일에 개최되는 회의에 상사를 발표자로 초대하고 싶다는 연락을 받았다.

1) 이럴 경우 비서의 올바른 업무처리는?

2) 비서가 상사가 5월 18일 회의에 참석할 수 없다는 내용의 e-mail을 B사로 보내려고 한다. e-mail 내용을 적어 보자.

3) 상사 출장 중의 우편물(서신, 팩스, 정기 간행물, 기타 등등) 처리방법을 설명해 보자.

우편물 종류	처리방법
개인 우편물	
대외비 및 특수 취급 우편물	
일반 업무용 우편물	
상사의 회신을 요하는 우편물	
신문 및 정기 간행물	

17 일부 비서들이 상사 출장 중에 업무태도가 해이해져서 비서의 이미지를 추락시키는 경우가 있다.

1) 상사 출장 중의 비서의 바른 업무 태도에 대해 토론해 보자.

2) 전문비서의 이미지를 추락시키는 사례를 조사해서 발표해 보자.

18 출장에서 돌아온 상사는 출장기간 중에 일어난 일을 신속하게 파악하고 밀린 업무를 처리하여야 한다. 비서가 상사의 귀사에 대비하여 처리하여야 할 업무를 정리해 보자.

1) 출장 중 전화 및 내방객업무

2) 출장에서 돌아온 이후의 일정 관련 부분

3) 밀린 서류와 업무보고

4) 기타

실습평가서

실습을 하면서 느낀 점을 적어 보자.

1. 인상적인 부분

2. 어려운 부분

3. 개선된 부분

✢ 스스로의 평가

평가점수	실습내용
매우 잘함	
잘함	
보통	
노력 요망	
많은 노력이 요망됨	

Chapter 7

정보수집 및 관리업무

Chapter

7 정보수집 및 관리업무

Secretarial Practice

학습내용

1. 정보수집 및 자료제시
2. 정보의 보안

학습목표

1. 비서는 상사의 정보관리자로서 상사의 의사결정을 지원할 수 있는 정보를 수집, 가공, 전송, 보관하는 등의 업무를 수행할 수 있다. 정보 수집을 위해 비서는 다양한 방법, 예를 들어 인터넷, 신문, 전문서적, 보고서, 조사기관이나 통계기관에서 발행하는 각종 자료 등을 검색하여 상사가 보기 쉽게 자료를 작성할 수 있다.
2. 비서는 정보보안의 중요성을 인식하고 외부로 중요한 정보가 노출되지 않도록 해야 한다.

1 정보수집 및 자료제시

1) 비서의 정보관리업무

비서는 상사의 정보관리자로서 상사의 의사결정을 지원할 수 있는 정보를 수집, 가공, 전송, 보관하는 등의 업무를 수행한다. 비서의 경험에 따라 그 업무의 깊이에는 차이가 있지만 기본적으로 상사에게 전달되는 정보는 비서의 손에 의해 가공되고 정리되어 문서로서의 가치를 지니게 된다. 이에 따라 비서에게 필요한 기본적인 정보 관련 기술을 살펴보면 다음과 같다.

- 상사가 필요로 하는 정보뿐 아니라 상사에게 필요한 정보를 파악할 수 있어야 한다.

- 필요한 정보를 어디에서 얻을 수 있는지 알아야 한다.
- 필요한 정보를 취사·선택할 수 있어야 한다.
- 사내의 정보흐름을 파악하고 있어야 한다.
- 컴퓨터, 통신기기 등 정보관련기기를 능숙하게 사용할 수 있어야 한다.
- 수집한 정보를 가독성 있는 문서로 작성할 수 있어야 한다.
- 능률적인 정보관리시스템을 유지할 수 있어야 한다.
- 정보보안의식을 가지고 데이터를 보호할 수 있어야 한다.

특히 경영진들은 의사결정업무의 부담이 지속적으로 증대하고 있기 때문에 이들의 정보요구를 보좌해 줄 수 있는 정보비서에 대한 요구가 증가하고 있다. 시대의 변화와 사무환경의 변화로 인해 비서의 정보관리업무는 그 영역과 내용이 급격하게 변화하고 있다고 할 수 있으며 이에 대응하는 자세가 필요하다.

실제로 일부 기업에서는 스마트폰에 자체개발 애플리케이션을 다운로드하여 PC 및 키폰과 연동을 할 수 있도록 제공하고 있다. 이 프로그램을 이용하면 개인 스마트폰으로 사내 모든 직원의 전화번호 및 기본 정보를 검색할 수 있고, 비서는 이를 활용하여 상사의 전화 연결업무를 시·공간을 초월하여 수행할 수 있도록 되어 있다.

2) 정보수집

비서는 조직 내외에서 상사 및 조직에 필요한 정보들을 검색하고 활용할 수 있는 능력이 있어야 한다. 인터넷, 신문, 정기·부정기 간행물, 전문서적, 강연회 및 세미나 등의 보고서, 조사기관이나 통계기관에서 발행하는 각종 자료뿐 아니라 사내의 영업 보고서, 회의록, 홍보자료, 사보 등을 통해 상사에게 필요한 정보를 수집할 수 있다. 기타 사무실 기기와 관련한 매뉴얼도 중요한 정보원이니 새로운 기기를 구입할 때마다 매뉴얼을 정리하고 관리하도록 한다. 또한 스마트기기를 활용하면 업무와 관련된 정보를 수집할 수 있을 뿐 아니라 즉시 가공하여 전달도 가능하다.

근래에는 많은 사무실에서 인터넷 포털사이트를 이용하여 신문 기사를 검색한다. 개별 신문사의 기사를 정리하는 스크랩과는 달리 인터넷 기사 검색을 통해서는 한 가지 사건에 대한 다양한 관점에서의 기사를 수집·정리할 수 있다는 점에서 편향되지

인터넷 신문 검색

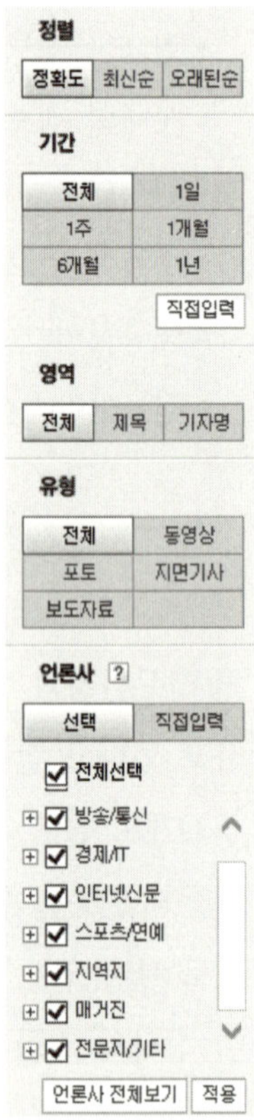

않은 시각을 유지하거나, 회사와 관련된 사건에 대한 다양한 시각을 확인해야 할 경우 편리하게 사용할 수 있다. 검색의 옵션 기능을 활용하면 기자명 및 제목으로 검색하거나, 지면기사와 보도자료, 포토자료 등을 구분하여 검색이 가능하다. 언론사를 선택할 수도 있으며 기간을 설정하여 검색할 수 있으므로 이를 적극 활용해 본다.

그리고 로그인을 통해 주제어, 키워드를 설정하면 자동으로 관련 기사를 이메일로 전송받을 수 있는 서비스를 활용하면 회사 관련 뉴스를 매일 메일로 배달을 받아 정리할 수 있다. 그리고 원하는 신문기사의 원본과 같은 형태의 기사가 필요할 경우 각 언론사가 제공하는 신문지면 PDF 서비스를 활용하면 구독하지 않는 신문기사도 원형 그대로의 형태로 스크랩할 수 있다.

또한 다양한 신문매체에서는 각종 시사상식을 알기 쉽게 설명하는 형태의 뉴스클리핑과 주간 시사상식 등의 기사를 제공하고 있다. 뉴스클리핑은 시사뉴스를 바탕으로 만드는 지식 창고이자 상식 백과사전으로 사회에서 화두가 되고 있는 주제나 새로운 정보들에 대해서 심층적으로 분석하여 소개해 주는 기사이다. 이러한 기사를 활용하면 효과적인 방식으로 정보를 수집, 가공할 수 있으며 꾸준히 관련 기사를 읽고 분석하면 개인적으로뿐 아니라 필요한 정보를 효과적으로 조직에 전할 수 있다는 점에서 활용할 만하다. 스크랩과 마찬가지로 내용을 요약하고 전문용어를 찾아두면 더욱 유용하게 활용할 수 있다.

3) 자료의 제시

수집된 정보를 가장 일반적으로 제시하는 방식은 문서이다. 비서는 수집된 정보를 상사에게 전달하거나 사내 직원들에게 전달하기 위해 문서를 작성하여 전달한다. 구체적인 문서의 작성법은 문서작성파트에서 다루게 되므로 자료제시로서의 문서 작성을 위한 몇 가지 확인사항을 통해 작성된 문서의 활용성을 높이도록 하자.

- 읽는 사람의 입장에서 작성된 문서인가? 상사의 입장에서 글자가 너무 크거나 작지 않은지, 상사가 선호하는 서술방식을 사용하였는지 등을 확인한다.
- 전달해야 할 정보가 모두 빠짐없이 포함이 되어 있는가? 중요한 정보가 누락된 문서는 문서로서의 가치를 잃는다. 필요한 정보가 모두 기재되어 있는지를 확인한다.
- 중요한 정보를 위주로 강조하였는가? 문서의 주제 및 표제를 바로 선정하고 중요 부분을 강조하여 문서의 전달력을 높인다.
- 관련 자료를 적절하게 제시하였는가? 수치 제시가 많은 자료는 도표를 적절히 활용하여야 하며, 이해가 어려운 부분은 관련 이미지 자료나 인포그래픽 자료를 활용하여 문서의 이해력을 높일 수 있다.
- 전달하고자 하는 문서에 적절한 폰트와 색을 사용하였는가? 문서의 목적에 따라 그 문서에 맞는 몇 가지 폰트를 정하여 사용하며, 특별한 경우가 아니라면 색의 사용은 강조가 필요한 1~2가지 경우에만 제한적으로 사용한다.
- 문서의 분량이 적절한가? 많은 정보를 전달하기 위하여 너무 긴 문서를 작성할 경우 문서내용이 제대로 전달되지 않을 수 있으며 너무 분량이 짧은 문서는 보유 정보에 대한 신뢰성을 확보하기 어렵다.
- 문서에 오류가 있지 않은가? 수치적인 오류, 첨부문서의 누락, 문법적 오류, 맞춤법 오기 등을 확인하고, 마지막으로는 논리적인 오류가 있는지를 반드시 확인하여 문서를 마무리한다.

2 정보의 보안

1) 기밀정보의 보안

중요한 정보를 접할 기회가 많은 비서는 정보, 특히 비밀정보의 보안에 유의하여야 한다. 기밀정보에 대한 무관심이나 무지로 기밀을 누설할 경우 회사에 중대한 손실을 끼칠 수 있음을 인식해야 한다. 다음은 기밀정보의 누출 방지를 위해 비서가 평소 유의해야 할 점이다.

- 중요한 서류나 메모의 원본 또는 사본은 문서 세단기를 이용하여 파기한다. 문서

세단기가 없는 경우는 여러 번 찢어서 버린다.

- 회사 내 친한 동료나 다른 부서의 사람들에게 기밀을 말하지 않는다.
- 회사 내부에서 이루어진 결정사항도 공식화되기 전에 먼저 발설하지 않도록 한다. 예를 들어 기업 합병 논의가 극비리에 이루어져 공식적인 발표만 남아 있는 상황이라도 동료와의 대화 중 누설하지 않도록 한다.
- 기밀문서나 대외비문서의 취급규정을 준수한다.
- 이면지를 이용할 경우 이면지에 있는 내용을 확인한 후 사용하도록 한다.
- 컴퓨터 화면에 중요한 내용이 있는 상태에서 자리를 비우지 않도록 한다.
- 서류함, 컴퓨터 등의 보안을 철저히 한다.
- 중요한 서류는 회사 밖으로 가지고 나가지 않도록 한다.
- 회사 밖에서 회사나 상사와 관련된 이야기를 큰 소리로 하지 않는다.
- 외부 사람이 회사나 상사의 근황에 대해 필요 이상으로 자세히 물을 때는 주의한다.
- 항상 보안의식을 갖도록 한다.

2) 정보의 보호

개인정보를 보호하기 위해서는 USB나 하드디스크 등이 물리적 손상을 입지 않도록 주의하고 비밀번호를 주기적으로 변경하는 등의 노력이 필요하다. 다음은 정보보호를 위한 체크리스트이다.

- 주기적으로 주요 데이터를 백업해 둔다.
- 로그인 암호를 설정하여 관리한다.
- USB 관리법을 숙지하고 관리한다.
- 갑작스런 정전으로 정보손실을 박을 수 있도록 비상전원공급장치를 마련한다.
- 전압장애 등으로부터 컴퓨터를 보호하기 위해 멀티탭 등의 사용에 주의한다.
- 컴퓨터 잠금장치 등과 같은 도난방지용 기구를 활용한다.
- 비밀번호는 주기적으로 변경하여 관리한다.

3) 소셜미디어 사용에 따른 정보보안 원칙

개인 소셜미디어의 활용은 때로는 정보보안을 업무의 기본으로 삼는 비서직에게 문제를 야기할 수 있다. 많은 비서직 지원자들이 개인 소셜미디어를 운영하다 비서직을 수행하게 되면서 제약을 받게 되는 것도 같은 맥락이라 할 수 있다. 특히 최근에는 대부분의 사람들이 개인 소셜미디어를 한 개 이상 운영하고 있다. 이러한 경향에 대비하기 위해 일부 기업에서는 다음과 같이 직원들에게 기업 고유의 소셜미디어 지침을 만들어 운영하고 있다.

사례 ○○사 직원을 위한 소셜미디어 지침 사례

- ○○사의 행동가이드라인을 따르십시오.
- 직원은 개인적으로 퍼블리싱한 미디어에 책임을 집니다.
- 자신이 생성한 콘텐츠는 자신에게 귀속되므로 자신의 사생활을 스스로 보호하세요.
- ○○사에 대해서 이야기할 때는 자신의 이름, 직책을 명확히 밝히세요. 그리고 자신이 ○○사를 공식으로 대변하는 것이 아니라, 자신의 의견임을 분명히 해주세요.
- ○○사와 연관된 주체에 대해 개인적으로 쓸 경우에는 면책조항을 반영해 주세요(*면책조항 : 이 글은 본인 개인의 소유이며, ○○사의 입장, 전략을 대변하지 않음).
- ○○사나 다른 사람의 중요정보나 자산을 노출하지 마십시오. 필요시 내부승인을 요청하세요.

이는 개인의 정보공유가 기업에 미치는 영향을 고려하여 조직의 일원으로서 소셜미디어에 임하는 원칙을 제공하는 것으로써 무엇보다 기밀을 지켜야 할 비서직에게는 시사하는 바가 크다. 기업의 최고경영자를 보좌하게 될 비서라면 개인의 미디어와 소속 조직과 관련된 내용에 대해 공사를 구분하여 대처해야 할 것이다. 반드시 기업의 SNS 지침을 확인하고 공인으로서의 처신을 수행하도록 한다.

도입 사례

출근한지 1년 정도가 된 비서는 상사의 기본적인 업무스타일을 익히고 일정을 공유·작성하고 전화 상대에 따른 응대법 등에 익숙해지게 된다. 이러한 기본 업무가 익숙해지면 비서에게 다양한 정보의 취합과 정리라는 의무가 주어지게 된다.

예를 들어, 면담시간을 기다리던 내방객이 이런 질문을 해올 수 있다. "○○사는 현재 주가가 어느 정도 됩니까?" 아니면 "작년도 매출은 어느 정도였지요?" "이번에 대규모 계열사 정리해고가 있었다고 들었는데 직원 수는 현재 몇 명 정도인가요?" 아니면 상사가 "오늘 11시에 방문할 ○○○전무 프로필을 좀 뽑을 수 있겠나?" "이번 파리 출장 때 날씨가 어떨지 정리해서 보고 부탁해요", "오늘 판교에서 일정이 끝나는데 근처에 저녁 먹을 만한 장소가 없을까?" 등등.

이처럼 비서의 정보관리업무는 상사 개인의 정보를 관리하고 업데이트하는 것을 시작으로 회사의 기본 정보 검색 및 주가 동향 파악, 관련 인물의 프로필 및 동정 파악, 출장지와 관련된 정보의 취합·정리, 출장지의 날씨 정보, 회사 관련 속보 및 기사의 검색 및 정리, 각종 지표의 검색 등 다양한 분야에 대해 파악할 수 있어야 한다.

1 초보비서는 선임자에게서 다음 표와 같은 상사에 대한 기본 정보를 받게 된다. 주위의 지인을 한 분 선정하여 양식에 맞게 정보를 기입해 보자.

1) 양식의 정보 외에 추가되어야 할 정보는 어떠한 것이 있겠는가?

2) 주기적으로 갱신되어야 할 정보에는 무엇이 있는가?

3) 최근에는 기업의 CEO 활동에 동부인(同夫人) 프로그램이 많이 운영된다. 그렇다면 상사의 가족 정보에는 무엇이 추가되어야 하겠는가?

4) 정리된 정보를 엑셀이나 워드 프로그램에 입력한 후, 암호를 설정하여 저장해 둔다.

(사진)	이름	한글	영문	한자
	전화번호	자택	CP 1(일반공개)	CP 2(제한공개)
	주소	번 지) 도로명)		
E-mail 계정	(공식)		E-mail 계정	(개인)
SNS 계정(t)			SNS 계정(f)	
주민등록번호			생년월일(양 · 음)	
사원번호			그룹웨어 ID	

여권번호			여권만료일			
마일리지	1		2		3	
비자 / ESTA 만료일	미국		중국		기타(　　)	
차량정보			차량보험만료일			
신체정보	키	몸무게	허리	셔츠 Size	구두	골프장갑
가족정보 (생년월일 등)	부인		자녀 1		자녀 2	
병원정보	진료번호 1	진료번호 2	주치의 연락처		건강검진일	복용약
은행정보	1	2		3		
카드(개인)	1	2		3		
카드(법인)	1	2		3		
협회·가입단체	1	2		3		

학력	초)	대표경력	
	중)		
	고)		
	대)		
	원)		
결혼기념일		취미 및 특기	
골프핸디		선호음악(애창곡)	
기타사항			

2 상사는 11시에 방문 예정인 선영물산의 김창기 부사장에 대한 간단한 정보를 요구한다. 인터넷 검색을 통해 내용을 파악한 후, 상사가 요청하는 양식에 따라 정리하여 보고하도록 한다.

업무순서

① 상대방이 전문직종에 종사하거나 대기업의 임원급일 경우 신문사에서 운영하는 인물정보 검색 서비스를 활용할 수 있다. 경우에 따라 유료 서비스를 활용할 수 있으며, 전문분야일 경우 분야별 인물정보를 제공하는 사이트를 활용하면 구체적인 경력 검색이 가능하다.

② 방문객 혹은 관련 인물의 프로필 정보는 우선 상대방과의 교류가 필요한 경우 상대회사의 비서와의 합의하에 서로 교환이 가능하다. 이럴 때를 대비하여 상사의 이력서를 사내용, 대외공개용, 언론공개용 등으로 저장하여 관리한다. 상대방 비서에게 정보를 요구하기 전에 필요한 정보가 무엇인지를 미리 정리하여 요청하도록 하며, 비서를 통할 경우 공식적인 경력 외에 최신의 정보(수상, 승진 등) 등을 알 수 있다.

③ 프로필은 기본 정보와 학력, 경력사항과 가족·지인 및 활동사항을 함께 검색할 수 있다. 목적에 맞게 검색하여 해당 페이지를 정리하여 보고한다.

1) 동일인물에 대한 정보를 사이트별로 검색하여 비교해 보자. 사이트별 장점은 무엇인가?

2) 상사의 프로필이 각 사이트에 오류 없이 등록되어 있는지를 확인하고, 오래된 정보가 확인될 경우 업데이트할 내용을 정리하여 보고한 후 사이트에 재등록을 요청하도록 한다.

참고

3 비서에게 있어 상사의 인맥관리 및 관련 인물의 경조사업무는 매우 중요한 업무 중 하나이다. 대표적인 언론사 인터넷 사이트 2~3군데를 미리 정해두고 항상 인사 관련 소식을 확인할 수 있도록 즐겨찾기 목록에 등록해 두자.

업무순서

① 인터넷 언론사 중 공신력 있는 사이트를 두세 군데 선정하여 다음과 같이 '인사, 부음, 동정 및 인물정보'를 검색할 수 있는 사이트를 확인한 후 즐겨찾기에 등록한다.

② 검색을 통해 관련 인물에 대한 정보를 확인하면 경사, 조사, 인사이동 등의 경우에 따라 사내 규정을 확인하여 조치할 수 있는 범위를 확인한 후 보고한다.

③ 상사의 결정에 따른 후속 조치를 취한다.

1) 여러분이 예술의 전당 CEO 비서라면 어떠한 분야의 인물 동정을 주로 검색하겠는가?

....

....

....

2) 여러분의 상사가 부친상을 당했다면 어떻게 신문사에 알릴지 알아보자.

....

....

....

참고

4 상사의 금일 오찬 약속은 12시 반, 삼성동에 위치한 음식점이다. 현재 상사는 면담 중으로 대략 몇 시에 이동 준비를 할지 운전기사에게 연락하고자 한다. 실시간 교통정보 제공 사이트를 이용하여 이동시간을 추정해 보자.

업무순서

① 우리 회사의 위치는 '서울특별시 중구 태평로1가'이며 약속장소는 서울 강남구 삼성동 오크우드프리미어 호텔 내에 있는 오크 레스토랑이다.

② 실시간 교통정보를 반영하여 거리 및 시간을 예측해 주는 사이트에 접속하여 출발지와 도착지를 입력하고 예상시간 및 거리, 그리고 특별한 교통사항은 없는지를 확인한다.

③ 추정시간을 확인한 후, 'door-to-door' 시간을 다시 계산한다. 이동에 걸리는 추가적인 시간뿐 아니라, 사무실에서 차량으로 이동하는 시간과 차량에서 내

린 후 약속장소까지의 이동 시간을 고려하여 최종 추정시간을 확인한다.

1) 회사의 위치와 약속장소를 변경하여 계산해 보자.

2) 자가 운전일 경우 고려해야 할 것은 무엇이 있겠는가?

참고

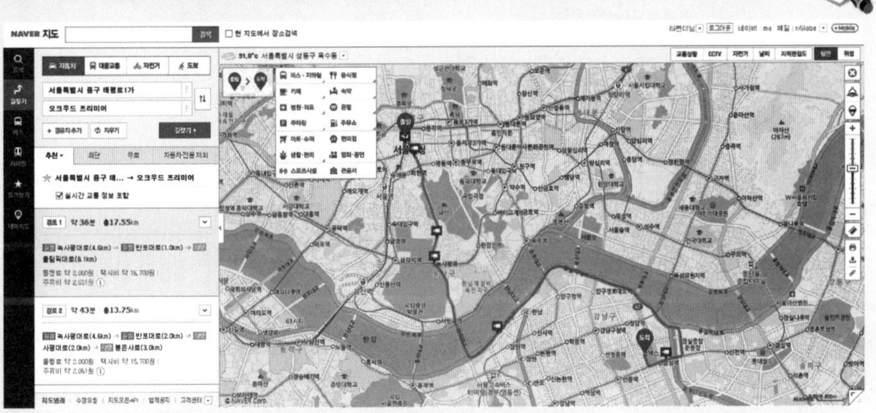

5 상사와 미팅일정이 잡힌 기업에 대한 대략적인 정보를 얻고자 한다. 일반적인 기업현황과 주가정보 및 재무정보를 구하려면 어떻게 찾을 수 있을까?

업무순서

① 일반 포털사이트에서 해당 기업명으로 검색한다. 아래와 같이 주가정보, 기업분석정보, 공시 정보 등을 쉽게 구할 수 있다.

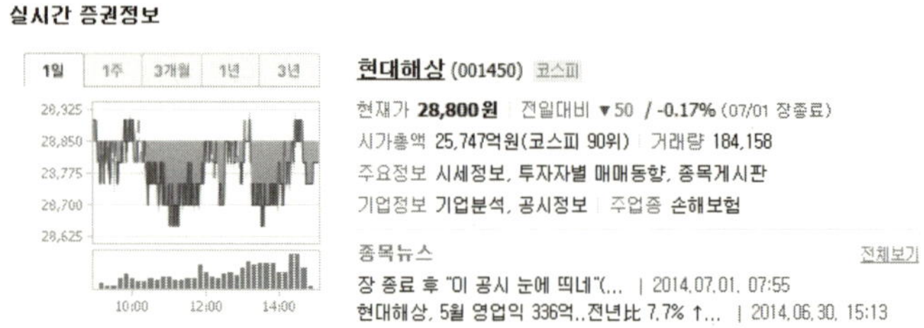

② 보다 구체적인 재무 관련 정보를 원할 경우 각종 기업정보 사이트에서 해당 기업명을 검색하여 자료를 구할 수 있다. 예를 들어 상공회의소 사이트에서 검색할 경우 다음과 같이 결과를 얻을 수 있다. 일반정보에는 결산 후 자본금과 매출액, 종업원 수 등의 정보가 있으며, 재무정보에서는 재무제표 등을 통해 구체적인 자산, 부채 및 수익 등을 파악할 수 있다. 또한 상장사의 결산자료는 PDF 형태로 다운받아 확인할 수도 있다.

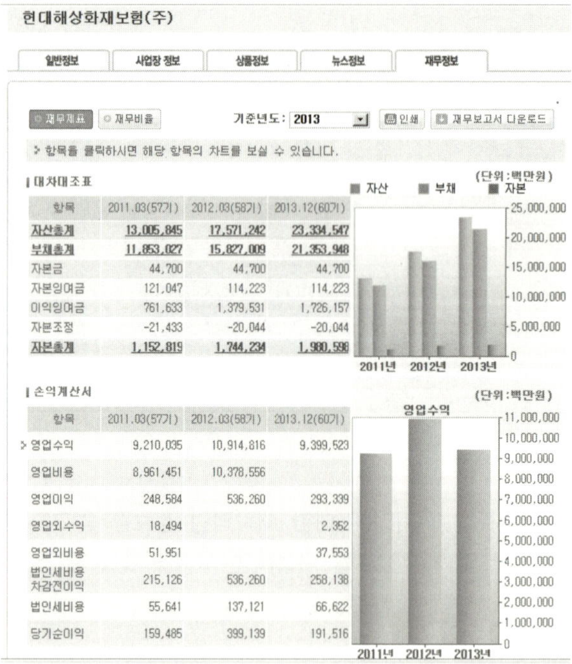

현대해상화재보험(주)

일반정보 | 사업장 정보 | 상품정보 | 뉴스정보 | 재무정보

재무제표 | 재무비율 | 기준년도: 2013 | 인쇄 | 재무보고서 다운로드

> 항목을 클릭하시면 해당 항목의 차트를 보실 수 있습니다.

대차대조표 (단위:백만원)

항목	2011.03(57기)	2012.03(58기)	2013.12(60기)
자산총계	13,005,845	17,571,242	23,334,547
부채총계	11,853,027	15,827,009	21,353,948
자본금	44,700	44,700	44,700
자본잉여금	121,047	114,223	114,223
이익잉여금	761,633	1,379,531	1,726,157
자본조정	-21,433	-20,044	-20,044
자본총계	1,152,819	1,744,234	1,980,598

손익계산서 (단위:백만원)

항목	2011.03(57기)	2012.03(58기)	2013.12(60기)
> 영업수익	9,210,035	10,914,816	9,399,523
영업비용	8,961,451	10,378,556	
영업이익	248,584	536,260	293,339
영업외수익	18,494		2,352
영업외비용	51,951		37,553
법인세비용차감전이익	215,126	536,260	258,138
법인세비용	55,641	137,121	66,622
당기순이익	159,485	399,139	191,516

본인이 장래에 일하고 싶은 회사의 기업정보를 검색하여 정리해 보자. 기본적인 상품정보 및 매출, 종업원 현황 등은 해마다 결산 이후 업데이트해 두면 좋다.

6 여러분의 상사가 뉴질랜드 웰링턴으로 6박 7일간 출장이 예정되어 있다. 출장 전 비서가 준비해야 할 자료에는 무엇이 있을지 생각해 보자.

업무순서

① 상사의 해외출장 준비 중 정보 검색을 통해 가능한 부분은 어떠한 영역인지 생각해 본다. 시차정보, 기본 환율, 뉴질랜드 국가에 대한 기본 정보 및 간단한 역사, 우리나라와의 교역상황, 출장기간 중의 날씨정보, 숙박지 검색 및 예약, 관광지정보, 기타 전압 및 여행정보, 사용 화폐단위 등을 찾을 수 있을 것이다.

② 검색을 통해 다음과 같이 약 일주간의 날씨정보를 구할 수 있다.

프랑스 파리로 해외출장이 예정되어 있다고 가정하고, 실습일로부터 1주일간의 날씨와 도시정보, 시차정보 및 통용 화폐 등의 정보를 검색하여 보고서 형태로 작성해 보자.

7 출장에서 돌아온 상사가 50장이 넘는 명함을 주며 정리를 지시한다. 스마트폰의 명함관리 프로그램을 이용하여 빠른 시간에 입력하고 관리해 보자.

업무순서

① 사내에 명함 스캔용 프로그램을 구입해둔 경우는 그 프로그램을 활용하고, 없을 경우는 휴대전화의 앱을 이용하여 사진으로 명함을 입력할 수 있는 프로그램을 다운받아 사용한다. 캠카드, 리멤버, 에버노트 등의 프로그램을 이용할 수 있다.

② 프로그램에 따라 스캔 오류 방지를 위해 사진으로 찍으면 수동으로 입력하여 보내주는 프로그램이 있으므로 다량의 명함을 오류 없이 입력하고자 할 경우 활용한다.
③ 최신 스마트폰의 경우 자체적으로 [연락처 추가]기능 내에 사진으로 명함을 입력할 수 있는 기능이 있으므로 활용해도 좋다.
④ 스캔 혹은 사진을 통한 입력이 모두 끝나면 엑셀 파일로 내보내기 기능을 이용하여 저장하여 PC로 보내서 컴퓨터로 활용할 수 있도록 한다.

본인이 가지고 있는 명함 10장을 위의 기능을 이용하여 저장한 후 엑셀파일로 변환하여 출력하여 보자.

8 오늘자 신문에 우리 회사와 관련된 특집 기사가 실리게 되었다. 상사는 신속히 복사해 올 것을 지시하는데 아쉽게도 회사 구독신문이 아니다. 신문판형과 똑같이 인쇄하려면 어떻게 해야겠는가?

업무순서

① 일간지의 PDF 서비스 사이트로 이동한다.
② 로그인하여 기사를 검색한다.
③ 스크랩 기능을 활용하면 다음과 같이 신문 원본과 같은 판형으로 PDF 파일을 스크랩 저장할 수 있다. 이때 사이트에 따라 과금될 수 있으니 유의하도록 한다.
④ 저장된 파일을 회사의 프린터 크기에 맞추어 조절한 후, 가능하면 원본사이즈와 유사하게 출력한다.
⑤ 자주 사용하는 사이트 2~3개는 회원가입을 하여 관리한다.

일간지 기사 일부의 PDF 파일 사례

리옌훙·마윈·런정페이도 온다 … 한·중 '기업인 정상회담'

(바이두 회장) (알리바바 회장) (화웨이 회장)

리옌훙 바이두 회장
지난해 매출액
319억 위안(약 5조1700억원)
중국 최대 인터넷 검색 포털

마윈 알리바바 회장
지난해 매출액
75억 달러(약 7조5600억원)
중국 최대 전자상거래 업체

런정페이 화웨이 회장
지난해 매출액
2390억 위안(약 41조6000억원)
'중국의 삼성전자'

텐궈리 중국은행 회장
지난해 매출액
4074억 위안(약 66조7600억원)
중국 4대 상업은행

한국, 정몽구·구본무 회장 등 170명
중, 텐궈리 중국은행 회장 등 250명
이재용 부회장, 시주석과 별도 만남

원하는 일간지의 PDF 서비스를 활용하여 관심 분야의 기사를 검색한 후, 필요한 기사를 저장하여 위의 그림과 같이 인쇄하여 보자.

9 경영연구소에서 근무하는 박서연 비서는 연구팀장님으로부터 2010년 이후 우리나라의 연도별 남/여 고용률을 조사해 오라는 지시를 받았다. 연도별 고용률 등 국가와 관련된 각종 지표 및 통계자료는 어디서 찾을 수 있을까?

업무순서

① 현재 우리나라에는 국가 및 정부기관에서 각종 통계 사이트를 운영하고 있다. 무역 관련 통계는 상공회의소, 전반적인 국가 통계 관련해서는 국가 통계포털 KOSIS, 그리고 일반인들이 쉽게 나라의 지표를 검색할 수 있는 e나라지표 등이 그것이다.

② http://www.index.go.kr에 접속한다.

③ 찾고자 하는 지표를 검색한다.

④ '고용률'을 입력할 경우, 다음과 같이 그래프 자료와 통계표, 정의 및 해설까지 차례로 나오게 된다.

⑤ 사이트에서 제시한 그래프가 보고 목적에 부합하지 않을 경우 통계표 우측상단의 [엑셀] 버튼을 눌러 데이터를 저장하여 원하는 모양으로 다시 차트를 작성할 수 있다.

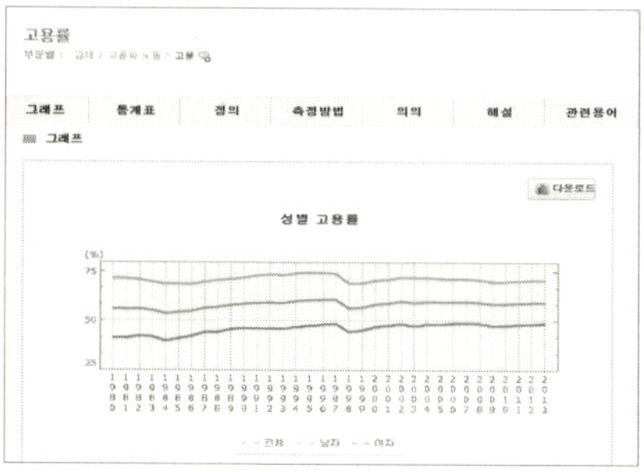

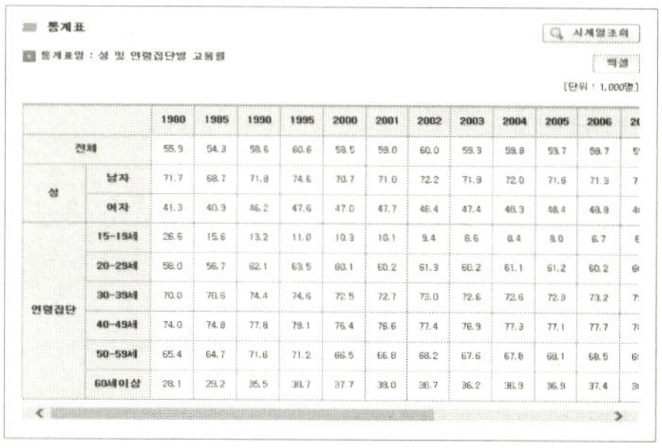

		1980	1985	1990	1995	2000	2001	2002	2003	2004	2005	2006
전체		55.9	54.3	58.6	60.6	58.5	59.0	60.0	59.3	59.8	59.7	59.7
성	남자	71.7	68.7	71.8	74.6	70.7	71.0	72.2	71.9	72.0	71.6	71.3
	여자	41.3	40.9	46.2	47.6	47.0	47.7	46.4	47.4	48.3	48.4	48.8
연령집단	15-19세	26.6	15.6	13.2	11.0	10.3	10.1	9.4	8.6	8.4	8.0	6.7
	20-29세	58.0	56.7	62.1	63.5	60.1	60.2	61.3	60.2	61.1	61.2	60.2
	30-39세	70.0	70.6	74.4	74.6	72.5	72.7	73.0	72.6	72.6	72.3	73.2
	40-49세	74.0	74.8	77.8	79.1	76.4	76.6	77.4	76.9	77.3	77.1	77.7
	50-59세	65.4	64.7	71.6	71.2	66.5	66.8	68.2	67.6	67.8	68.1	68.5
	60세이상	28.1	29.2	35.5	38.7	37.7	38.0	38.7	36.2	36.9	36.9	37.4

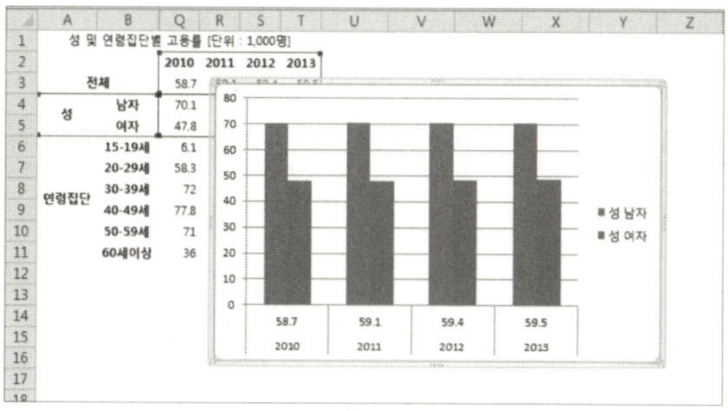

최근 3개월간 우리나라의 수출입 동향을 파악하여 꺾은선 그래프로 나타내 보자.

실습평가서

실습을 하면서 느낀 점을 적어 보자.

1. 인상적인 부분

2. 어려운 부분

3. 개선된 부분

✣ 스스로의 평가

평가점수	실습내용
매우 잘함	
잘함	
보통	
노력 요망	
많은 노력이 요망됨	

Chapter 8

총무업무

Chapter

8 총무업무

학습내용

1. 상사의 대내외 활동관리
2. 경조사업무

학습목표

1. 상사와 관련된 다양한 사내외 행사를 관리하고 상사 지인들의 인적사항에 관한 정보를 모아 상사의 인간관계 형성과 유지에 도움을 줄 수 있다.
2. 상사와 관련된 다양한 경사와 조사를 시기와 형식에 맞게 잘 처리함으로써 상사의 인간관계 관리자로서의 역할을 충실히 수행할 수 있다.

1 상사의 대내외 활동관리

1) 상사의 인간관계관리

비서는 상사의 인간관계 관리자로서 다양한 업무를 수행해야 한다.

- 유능한 경영자일수록 업무상 또는 개인적인 인간관계 형성을 위해 각종 모임이나 단체에 가입하거나 참여하는 경우가 많다. 이러한 활동은 기업 활동에 직접적으로나 간접적으로 도움이 된다. 좋은 인간관계는 하루아침에 쉽게 형성되는 것이 아니므로 평소 꾸준히 관계 유지를 위해 노력해야 한다. 비서는 상사가 성공적인 인간관계를 형성하고 유지할 수 있도록 상사의 대내외 활동을 보좌해야 한다.
- 상사가 공적으로 혹은 사적으로 관련되어 있는 인사에 대한 정보를 수집하여 데이터베이스 프로그램을 사용하여 전산화해 둔다. 항상 가장 최근의 정확한 정보를 가지고 있도록 업데이트하고 이러한 정보가 외부에 노출되지 않도록 만전을

기한다.

- 외부 인사뿐만 아니라 회사 내의 인사, 즉, 상사의 윗사람, 동료, 부하 직원 등도 포함시켜 그들의 생일, 기념일, 기타 주요사항 등을 파악해 두어 상사가 필요할 때 인사를 할 수 있도록 보좌한다.
- 상사에게 중요한 인물에 대해서는 되도록 자세한 많은 정보를 갖고 있도록 한다. 예를 들면, 성명, 회사명, 직위, 주소(회사, 자택), 고향, 학력, 전화번호(회사, 자택), 생년월일, 상사와의 관계, 가족사항, 취미, 좋아하는 운동, 좋아하는 음식의 종류, 소속 단체, 대외 활동 등 수집가능한 모든 자료를 정리해 두도록 한다.
- 상사와 거래관계가 많은 국내외 회사에 대한 자료도 일목요연하게 볼 수 있도록 카드 형태로 정리해 두는 것이 좋으며, 바이어나 상담차 방문한 고객들에 대하여 거래실적이나 상담 기록부 등을 남겨 두면 필요할 때 많은 도움이 된다.

2) 행사업무

상사의 교제 활동은 크게 개인적인 차원과 전사적(全社的) 차원의 활동으로 분류될 수 있다. 전사적인 행사에는 정기적으로 개최되는 행사, 회사 업무상 통상적으로 행해지는 일반 행사, 그리고 특별 행사는 특별한 사안이 있을 때 개최되는 행사로 비정기적으로 열린다.

이러한 상사의 사내·외적인 행사 관련 업무에 비서는 상사의 대리인으로 참석하거나 또는 상사를 수행하여 동행하기도 하고, 간접적으로는 상사가 교제 활동을 원활히 할 수 있도록 여러 가지 준비와 점검을 해야 한다.

비서는 상사의 행사 관련 정보를 얻게 되면 우선 정보의 정확성 여부를 확인한 후에 즉시 상사에게 보고하여 다음과 같이 처리방안을 세운다.

- 상사가 직접 처리(방문·출석)할 것인가?
- 상사 대신 대리인이 참석한다면 누구로 할 것인가?
- 무엇을, 어느 정도 준비(축의금, 선물, 화환, 경조전보 등)해야 하며, 회사의 명의로 하는가 아니면 상사의 명의로 할 것인가?

연례적으로 행해지는 행사는 상사와 상의하여 회사의 선례, 여러 규정 등을 참고로 하여 계획하도록 한다. 상사가 축사를 준비해야 하는 경우는 예전에 사용했던 문서를 참고로 하여 초안을 작성하고 최종적인 내용은 상사가 확정하도록 한다. 만일 예전의 자료가 없을 경우에는 상사가 작성할 때 도움이 될 만한 참고자료를 수집하여 상사에게 제출한다.

3) 비즈니스 골프

많은 상사들이 비즈니스를 위해 거래처와 골프를 하는 경우가 많다. 비서들은 자동재다이얼이 되는 전화기를 활용하거나 인터넷을 이용하여 골프장 예약을 한다. 골프장마다 예약시스템이나 회원 규정이 다르므로 상사가 이용하거나 회원으로 가입되어 있는 골프장의 예약시스템이나 규정을 확인한다. 골프장 홈페이지를 방문하면 이와 관련된 내용이 자세히 나와 있으므로 골프와 관련된 기본적인 내용을 숙지하도록 한다.

2 경조사업무

상사와 평소에 친분 또는 거래관계를 맺고 있는 사람에게 경사 또는 조사가 생겼을 때 경조금, 화환, 전보, 방문, 선물 등의 방법을 이용하여 관심을 표하는 것은 개인생활 또는 사회생활의 기본 예의이며, 우리나라의 경우 인간관계에서 매우 중요하다.

따라서 비서는 신문의 인물 동정란이나 인물 관련 기사를 매일 빠짐없이 체크하고, 사내 On-line을 활용하여 경조사를 확인해야 한다. 경조사가 발생했을 경우에는 상사에게 즉시 보고한 후 필요한 조치를 취한다. 경조사업무를 처리할 때 처리상의 주의할 점은 다음과 같다.

① 정확한 정보인가를 반드시 확인한다

대중매체를 통해서 얻은 경조사 정보이든 상사와 관계를 맺고 있는 사람에게서 얻은 경조사 정보이든 간에 그 정보에 대한 확인은 필수적이다.

② 시기를 놓치지 않는다

경조사업무의 처리에서는 무엇보다도 시기가 중요하다. 경조사에 대한 시기를 놓친 처리는 진심으로 성의를 표했다 하더라도 그 효과가 제대로 나지 않을 수 있다.

③ 형식을 갖춘다

경조사업무는 회사의 관례나 경조규정에 따라 형식을 갖추도록 한다.

1) 경사의 처리

경사로는 승진·취임, 자녀의 결혼, 부모님 회갑, 회사 설립, 출판 기념회, 전시회, 음악회, 다양한 가족 행사 등이 있다.

상사와 친분이 있는 사람들의 경사 소식을 듣게 되면 상사에게 보고를 한 후 지시를 받는다. 행사의 성격이나 평소 상사와의 친분관계에 따라 상사가 직접 참석하거나 비서가 대리로 참석하거나 축하품 또는 축전을 보내게 된다. 경사의 성격에 따라 축하품은 다양하지만 일반적으로 꽃바구니나 화분, 화환을 주로 많이 사용하므로 전화 주문만으로도 업무를 안심하고 처리할 수 있는 화원을 평소에 물색해 두는 것이 좋다.

축의금을 낼 경우는 깨끗한 돈을 준비하여 흰 종이에 싸고 단자(單子)를 써서 봉투에 넣는다. 이때 봉투는 봉하지 않는다.

2) 조사의 처리

비서는 자사(自社)나 거래처의 사람 혹은 상사가 관련된 모임이나 단체 관계자의 사망 소식이나 사고의 소식을 들으면 상대측의 비서나 가족에게 다음과 같은 사항을 확인하고 상사에게 보고한 후 지시에 따라 처리한다.

- 사망 또는 사고일시, 사인(死因)
- 조문 장소
- 장례 형식

- 발인 시각, 장지(葬地)
- 상주 성명, 주소, 전화번호

조문 시의 복장은 특히 다음과 같은 사항을 주의하는 것이 좋다.

- 가급적 정장을 하되 화려한 색깔이나 요란한 무늬의 옷은 피한다. 만약 정장을 하지 못할 상황이면 단정한 느낌의 수수하고 깨끗한 평상복을 입어도 무방하다.
- 검정색, 감색 등 짙은 색 계열의 옷과 구두, 핸드백이 적당하며 흰색 옷도 무방하다.
- 여성의 경우는 짙은 화장이나 요란한 액세서리는 피한다.
- 조문하기 전 장갑이나 모자, 코트는 벗고 들어간다.

조문을 하는 절차는 조객록에 서명을 한 후 조의금을 전달하고 호상(護喪)에게 자기 신분을 밝힌 후 조문을 한다.

비서가 상사를 대신하여 조문을 가게 되었을 때 조문 절차는 다음과 같다.

- 조객록에 상사의 소속과 이름을 적은 후 호상에게 상사를 대신해 왔음을 알린다.
- 상주에게 가볍게 목례를 하고 영정 앞에 무릎을 꿇고 앉는다.
- 분향이나 헌화를 한다. 분향을 할 때는 오른손으로 향을 집어 향로 위에 놓는데 이때 왼손으로 오른 손목을 바친다.
- 영좌 앞에 일어서서 잠깐 묵념 또는 두 번 절한다.
- 영좌에서 물러나 상주와 맞절을 한다. 종교에 따라 절을 하지 않는 경우는 정중히 고개를 숙여 예를 표해도 된다.
- 평소 안면이 있는 경우라면 상주에게 문상 인사말을 건네는데 이때는 낮은 목소리로 짧게 위로의 말을 하되 고인과 관련된 질문을 많이 하는 것은 좋지 않다.
- 문상이 끝나고 물러나올 때에는 두세 걸음 뒤로 물러난 뒤, 몸을 돌려 나오는 것이 예의이다.

조의금을 전달할 때에는 봉투 표면에 '부의(賻儀)' 혹은 '삼가 조의를 표합니다'라고 쓴다. 물품으로 보낼 때에는 물품은 깨끗한 흰 종이에 따로 싸고 단자만 봉투에 넣어 전달하며, 근조화환을 보낼 때에는 화환의 종류와 조의 문구를 정한 후 주문한다.

참고 ○ 호상

상례를 거행할 때 처음부터 끝까지 모든 절차를 제대로 갖추어 잘 치를 수 있도록 하기 위하여 상가 안팎의 일을 지휘하고 관장하는 책임을 맡은 사람

병원에 입원한 환자에게 문병을 갈 때에는 환자의 상태나 입원예정기간 등을 확인하고 환자에게 편리한 방문시기에 가서 간호사나 가족의 면회 승낙을 받는 것이 예의이다. 문병의 인원 수는 3인 정도가 적당하며, 많은 사람이 몰려가는 것은 실례가 된다. 병문안 시에는 꽃을 갖고 가는 것이 일반적이나 꽃의 반입을 금지하고 있는 의료기관도 있으므로 확인을 한 후 기타 음료 등을 가져가도 무방하다. 꽃을 갖고 갈 때는 간단한 꽃병을 준비해 가는 것도 사려 깊은 일이며 쾌유를 비는 카드(get-well card)를 꽃다발에 끼워주면 더욱 정다운 문병이 될 수 있다.

3) 경조 전보와 선물

각종 경조사에 직접 참석하지 못하는 경우에는 전보를 보내거나 선물을 보내는 경우가 있다. 전보의 경우는 전화나 한국통신 인터넷 전보115(http://i115.olleh.com)를 이용하여 보낼 수 있다. 다만 전화로 전보를 신청할 경우는 미리 수신인의 주소나 통신문을 준비해 놓고 국번 없이 115번을 돌린 후 이쪽의 전화번호를 말하고 경조취급

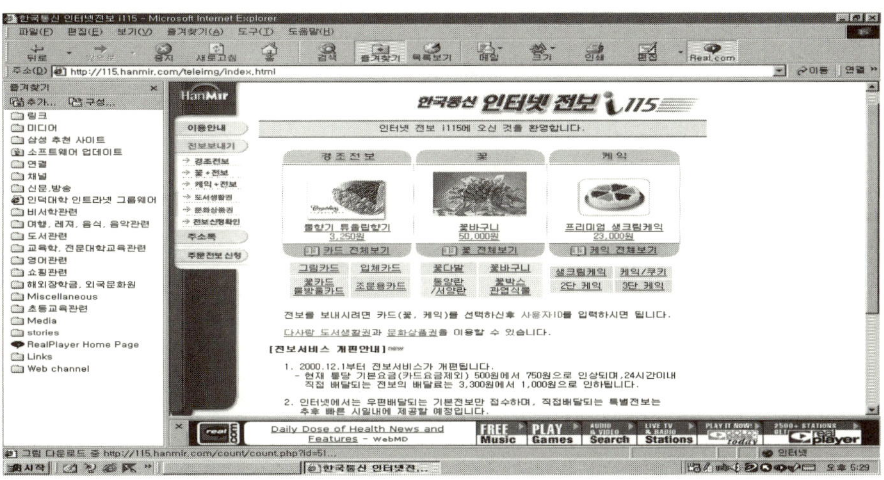

전보를 신청하면 된다. 아울러 사전에 행사일자를 알고 있는 경사에 대해서는 전보 배달일을 지정해 주는 세심함을 보이면 보내는 이의 정성이 더욱 돋보인다.

먼 거리에 있는 장소에 부조를 전달해야 할 때에는 축문이나 조문과 함께 우편 경조환을 신청하면 상대방이 우체국에 나가는 번거로움 없이 현금으로 직접 전달받을 수 있다.

상사가 선물을 준비해야 하는 경우 상사와 선물을 받을 사람의 친분관계를 고려하여 상대가 부담을 갖지 않는 범위 내에서 필요한 물품이 무엇인지를 파악하여 상황에 적절한 물품을 선택하는 것이 적당하다. 특히 거래관계에 있는 외국인에게 선물을 해야 할 경우 받는 사람의 문화적 정서를 깊이 생각하고 선물을 선택해야 하는데 유의해야 할 사항을 소개하면 다음과 같다.

① 한국에 온 외국인에게 선물할 때 부피에 신경을 써야 한다. 부피가 너무 크거나 깨지기 쉬운 것은 주체할 수 없는 선물이 되므로 상대방에게 부담이 될 수 있다.

② 외국을 방문할 때나 우리나라에 온 외국인에게 선물을 할 때는 방문 마지막에 주는 것이 좋다. 한국을 방문한 외국 손님이라면 한국 체류 중의 활동 상황을 사진에 담아 앨범을 만들어 주는 것도 좋은 선물이 될 수 있다.

③ 외국인에게 선물을 해야 할 경우 받는 사람의 문화적 정서를 고려하여 선물을 선택하도록 한다.

도입 사례

어느날 갑자기 상사가 OOO 사장한테 전화해서 일정 좀 파악하라고 하신다. 잘 모르는 분이라 '전화번호를 모르는데요…'라고 대답한다면 왠지 전문비서답지 않다고 생각하지 않겠는가?

상사가 중요한 손님에게 식사 대접을 하고자 할 때 손님이 좋아하는 음식이나 자주 가는 음식점을 알아 둔다면 상사 비즈니스에 도움이 될 수 있다. 외부 인사뿐만 아니라 회사 내의 인사, 즉, 상사의 윗사람, 동료, 부하 직원 등도 포함시켜 그들의 생일 등의 기념일, 기타 주요 사항 등을 파악해 두어 상사가 필요할 때 인사를 할 수 있도록 보좌한다. 직원 생일이나 기타 기념일에 상사로부터 받은 카드나 꽃은 작은 감동을 줄 수 있다. 상사와 거래관계가 많은 국내외 기업 및 공공조직에 대한 자료도 많으면 많을수록 업무에 도움이 된다.

비서에게 필요한 자질 중의 하나가 솔선수범(initiative)이다. 상사가 지시하는 일만 하는 비서가 아니라 상사의 업무에 도움이 될 수 있는 것들을 스스로 찾아서 하는 비서가 진정한 비서이다. 따라서 신문을 읽을 때도, 뉴스를 들을 때도 또는 거래처 사람과 만났을 때도 상사, 또는 업무와 관련 있는 내용을 알게 된다면 내용을 정리해 추후 필요할 경우 업무에 활용하는 자세가 필요하다.

1 기린물산 이민영 사장의 비서인 김서연 비서가 출근하여 업무 준비를 하고 있는데 영업부 김 부장이 와서 우리 회사의 주요 거래처 중의 하나인 효령건설 여민영 회장의 어머니가 돌아가셨다고 한다.

1) 김 비서가 여민영 회장의 모친상과 관련하여 처리해야 할 업무의 순서와 내용을 정리해 보자.

2) 김 비서는 여민영 회장의 모친상에 출장 중인 상사를 대신하여 조문을 가게 되었다. 조문 절차를 순서대로 정리해 보자.

3) 상사가 직접 조문을 갈 수 없는 경우 경조우편환을 이용하는 경우도 있다(다음의 사례 참고). 인터넷으로 우편경조환을 보내는 방법을 정리해 보자.

사례 현직 비서 커뮤니티 사이트의 질문과 답변

Q : 법무부의 모 분의 결혼식이 있는데요. 저희 사장님과의 친분이 어느 정도인지는 잘 모르겠어요… 축의금 금액으로 봐서는 그리 친한 분은 아닌 듯싶구요. 그런데 이 축의금 전달이 문제입니다. 결혼식 장소가 지방이라 거기까지 달려갈 수도 없고 계좌입금을 하려고 회사로 전화를 해보았더니 당연히 이 분은 출근을 안 하셨고 다른 분들도 계좌를 모르겠으니 전달해 주신다 하지만 그것도 영 아닌 듯싶고…

A : 우체국에서 송금하세요. 일단 사장님께 청첩장 봉투가 있는지 여쭈어 보시고. 봉투에 집 주소와 성함이 있잖아요. 그곳으로 송금을 하는 거예요.

4) 부의 단자와 봉투를 작성해 보자.

참고 ○ 단자(單子)

부조나 선물 따위의 내용을 적은 종이. 돈의 액수나 선물의 품목, 수량, 보내는 사람의 이름 등을 써서 물건과 함께 보낸다.

부의금 단자의 예

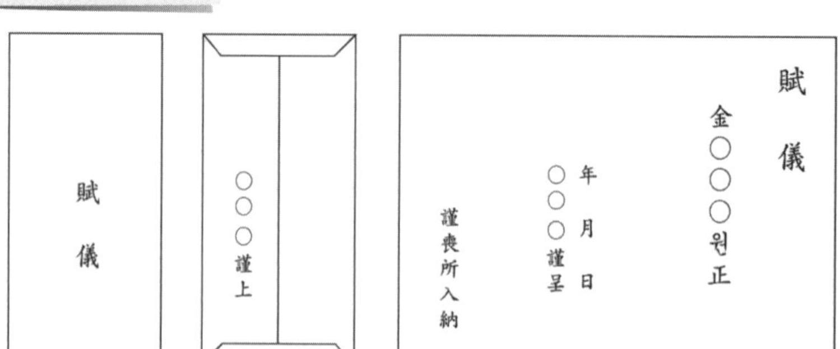

결혼 부조 단자의 예

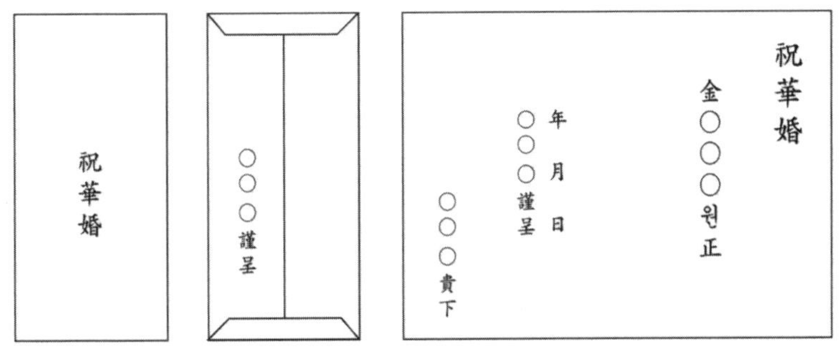

2 친구의 졸업을 축하하는 전보를 직접 보내 보고 보낸 방법을 자세히 적어 보자.

....

....

....

참고 ○ 신문기사

스마트폰과 소셜네트워크서비스(SNS)를 통한 커뮤니케이션 서비스의 발달에도 전보 서비스가 여전히 인기를 누리고 있다.

KT는 작년 한 해 동안 전보 서비스 이용건수는 238만건을 기록해 60억원 규모의 매출을 기록했다고 13일 밝혔다. 기업 인사가 집중된 1월과 12월에 각각 20만 6,267건, 18만 2,000건을 기록해 전체 이용량의 21%를 차지했다. 용도별로는 경축용이 178만 913건, 조문용이 2만 472건, 위로용이 2만 779건 순으로 나타났다.

KT 관계자는 "우체국 집배원과 협력업체 직원이 신속하고 안전하게 배달하고 있다"며 "시대변화에 맞춰 카드와 함께 케이크, 꽃, 떡 등을 함께 보낼 수 있게 서비스를 다양화한 것이 인기의 비결"이라고 말했다. 실제로 지난해 케이크 1만 7,259건, 꽃 1만 4,315건, 떡 6,579건, 상품권 3,024건 등 선물전보가 인기를 끌었다.

전보서비스는 콜센터(115)와 인터넷사이트(http://i115.olleh.com)에서 신청할 수 있다.

자료 : 매일경제, 2014. 4. 13

3 우영산업 회장실의 비서로 근무하고 있는 나는 전임비서로부터 우리 회사와 늘 거래하던 화원의 연락처를 받아두었다. 회장님 명의로 화분이나 화환을 보내야 할 경우에는 화원에 전화만 하면 화원에서 알아서 적당히 보내 주었다, 며칠 전에 회장님 대학 동창에게 승진을 축하하기 위해 동양란을 보냈다. 대학 동창의 취임식에 다녀온 회장님은 우리가 보낸 화분이 너무 볼품 없었다고 하시면서 기분이 언짢은 내색이었다.

1) 무엇이 문제였다고 생각하는가?

2) 오랫동안 비서 업무를 수행하다 보면 늘 하던 방식대로 일을 처리하기 싫다. 이러한 자세는 다른 사람에게 나태한 사람으로 비춰지기 마련이다. 이와 같이 습관적으로 처리하기 쉬운 업무의 예를 2~3가지 제시해 보라. 또한 자신의 일에 열정을 갖고 항상 개선하려는 자세를 가지려면 어떻게 노력해야 할지도 토론해 보자.

4 다음은 선물과 관련된 문제들이다. 질문을 읽고 답해 보자.

1) 상사는 올해 우리에게 많은 도움을 준 사람들의 명단(20여 명)을 주시면서 연말을 맞이하여 선물을 보내고 싶다고 하신다. 명단을 살펴보니 일부 사람들은 이전 연도에도 계속 선물을 보낸 사람들이다. 그런데 우리 회사에서 보내는 선물의 종류는 매우 제한적이다. 이런 경우 선물 품목을 어떻게 정하는 것이 좋을지 생각해 보자.

2) 상사는 인도네시아에서 온 바이어들에게 줄 선물을 준비하라고 지시하였다. 이처럼 외국에서 온 손님에게 선물을 준비할 때 비서가 고려해야 할 점을 적어 보고 선물 품목도 추천해 보자.

3) 각 문화마다 금기시되는 것들이 있다. 선물과 관련하여 문화별로 금기시되는 것들을 정리해 보자.

4) 외국에서 온 손님에게 선물을 전달하는 시기로 가장 적절한 때는 언제인가?

5 상사는 이번 주 토요일 오전에 우리 회사와 사업상 매우 가까운 B사의 김대철 사장과 골프 약속이 있다. 그런데 오늘 말레이시아 공장에 화재가 발생하여 지금 말레이시아로 떠나야 하는 상황이다. 김 사장님과 전화 연락이 안 되자 상사는 내게 김 사장에게 전화하여 골프 약속을 취소하고 다녀와서 다시 전화 드린다고 말씀드리라고 한다.

1) 이 경우 내가 김대철 사장에게 전화를 하여 약속을 취소하게 된 점을 사과하는 내용을 아래에 적어 보자.

2) 일주일 뒤 골프장에서 앞으로 1개월간 골프장 예약을 할 수 없다고 연락이 왔다. 지난 주 토요일 예약 취소를 하지 않았기 때문이다. 정말 난감했다. 깜빡 잊고 골프장 예약 취소를 하지 않은 것이 이렇게 큰 문제를 야기할 줄 몰랐다. 이 경우 어떻게 해야 할지 생각해 보자.

3) 우리나라 골프장 중 한곳을 선정하여 '회원약관' 내용을 확인한 후 비서가 꼭 알아야 하는 내용을 정리해 보자.

사례 현직 비서 커뮤니티 사이트의 질문과 답변

Q : 골프장 예약을 취소도 없이 안 갔어요. 어떻게 해요?
사장님의 장기 해외 출장으로 골프장 회원권을 빌려 쓰시는 분들이 많거든요. 오늘도 사장님 친구분의 부탁으로 평일 예약을 해두었는데, 제가 실수로 골프장을 헷갈려서 손님이 부탁하신 골프장은 A, 제가 잘못 부킹한 골프장은 B. 그래서 손님은 골프를 못 하시고 전 결장을 해버렸죠. 결장한 골프장은 ○○컨트리클럽(country club)이에요. 혹시 회원님들 중 ○○골프장에 아시는 분 없으세요. 이러다가 다음 주 부킹까지 못할까 봐 간이 조마조마…

A : 정말 큰일이네요. 회원권 구입 시 회원약관, 규칙사항 등을 자세히 적어 놓은 팸플릿이 있을 거예요. 잘 읽어 보시면 '예약 위반자 벌칙사항', '기타 위반자 벌칙 규정'이 있을 거예요. 읽어 보시면 아시겠지만 미통보 시 위약금이나 일정기간 부킹 금지 등이 있지요. 1주일 전, 3일 전, 2일 전, 당일 취소 등 벌칙사항이 다 틀려요. 저희는 ○○골프장을 이용하지 않아 잘 모르지만 일정기간 예약을 금지하는 곳이 더 많아요. 다른 곳은 No show의 경우 위약금 27만원, 2일 전 통보 20만원, 3일 전 통보 불이익 없음 등의 각기 다른 위약금을 내지요. 빨리 약관 찾아보시고 없으시면 ○○CC에 전화해서 벌칙사항을 메일이나 팩스로 보내 달라고 하세요…

6 상사는 비즈니스 모임을 주로 골프장에서 한다. 많은 골프장들이 인터넷으로 예약을 받고 있는데 상사가 회원인 골프장은 전화 ARS로만 예약이 가능하다. 그래서 나는 화요일 오전마다 주말 골프장 예약을 하기 위해 전화와 씨름이다. 아침 9시 '땡' 하자마다 전화 다이얼을 돌려 골프장 예약에 온 신경을 집중한다. 그럼에도 불구하고 상사가 원하는 시간에 예약을 하기는 하늘의 별따기이다. 상사는 원하는 시간에 예약이 안 될 경우 내 실수가 아님을 알면서도 "다른 비서들은 예약을 잘 하던데…" 하신다.

1) 자신의 노력을 알아주지 않는 상사에게 서운할 수 있다. 이런 경우 비서로서의 바람직한 자세는 무엇일지 생각해 보자.

2) 현직 비서들이 골프장 예약과 관련하여 어떤 어려움이 있는지 그리고 어떻게 해결하고 있는지 조사해 보자.

3) 다음은 골프 용어이다. 의미를 적어 보자.

- 라운드(round)

- 티업(tee up)

- 티샷(tee shot)

- 티오프(tee off)

- 핸디캡(handicap)
- 그린피(green fee)
- 갤러리(gallery)
- 클럽하우스(club house)
- 홀인원(hole in one)
- 버디(birdie)
- 이글(eagle)
- 알바트로스(albatross)
- 보기(boggy)
- 더블보기(double boggy)
- 트리플보기(triple boggy)

4) 아래의 그림을 보고 다음을 설명해 보자.

• 홀컵

• 그린

• 서브그린

• 그린사이드 벙커

• 크로스 벙커

• 페어웨이

• 러프

• 워터 해저드

• 레이디 티

• 레귤러 티

• 챔피언 티

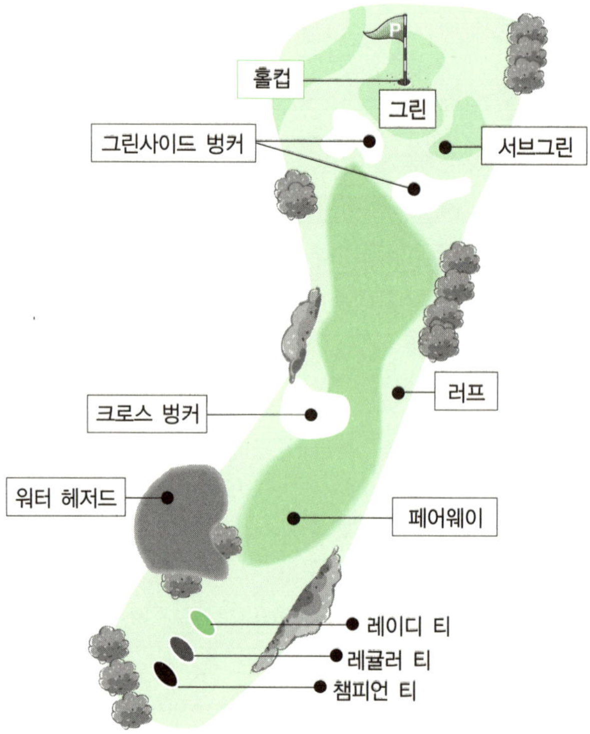
홀컵
그린
그린사이드 벙커
서브그린
러프
크로스 벙커
워터 헤저드
페어웨이
레이디 티
레귤러 티
챔피언 티

실습평가서

실습을 하면서 느낀 점을 적어 보자.

1. 인상적인 부분

2. 어려운 부분

3. 개선된 부분

✣ 스스로의 평가

평가점수	실습내용
매우 잘함	
잘함	
보통	
노력 요망	
많은 노력이 요망됨	

Chapter 9

문서작성업무

Chapter

9 문서작성업무

Secretarial Practice

학습내용

1. 문서의 의의
2. 문서의 작성
3. 공문서 작성 및 결재 방식
4. 사문서 작성

학습목표

1. 문서의 역할 및 다양한 문서의 종류, 문서의 효력발생시기 등에 대해 학습한다.
2. 성공적인 문서작성방법을 익힐 수 있다.
3. 공문서인 기안문과 시행문을 작성할 수 있고 결재방식에 따라 문서를 처리할 수 있다.
4. 사내문서, 사외문서, 보고서 등을 작성할 수 있다.

1 문서의 의의

1) 문서의 정의

문서란, 문자나 기호 등으로 인간의 의사 또는 사물의 상태, 관계 또는 현상 등을 지면을 이용해 표시한 기록을 말한다. 그러나 광의(廣義)로 보면, 지면에 한하지 않고 계속해서 보존할 수 있는 물체, 즉 목판 · 석재 등도 문서의 대상이 되며, 문자 이외의 암호, 그림, 사진, 지도, 도화, 음성 녹음한 테이프 등도 이에 포함된다.

2) 문서의 필요성

문서가 필요한 이유를 정리하면 보면 다음과 같다.

- 복잡한 내용의 체계적인 정리
- 사무처리 결과의 증빙자료
- 사무처리의 형식상·체계상의 필요
- 사무처리를 위한 의사소통
- 사무처리 결과의 보존, 정보원으로 활용

3) 문서의 기능

의사 전달	의사 보존
• 작업을 명령하고 전달함 • 결정, 승인을 구함 • 연락, 통지, 양해를 구함 • 재계약을 체결 • 조사결과와 의견을 기록 • 어떤 사항의 요구와 의뢰를 함	• 판정처리를 위한 기록 • 역사적 사실 기록 • 계산, 분석을 위한 수치, 기술을 선택·정리 • 계획, 실적, 경과를 나타내고 비교·조회 • 사내·외의 증거물건을 활용 • 업무사항을 분류·구분

4) 문서의 종류

(1) 작성주체에 의한 분류

① 공문서

공문서(公文書)는 일반적으로 행정기관 또는 공무원이 그 직무상 작성 또는 접수한 문서로 행정기관 내부 또는 상호 간이나 대외적으로 공무상 작성 또는 시행되는 문서 및 행정기관이 접수한 모든 문서를 말한다. 따라서 그 내용이 개인의 의사표시라도 문서의 작성 명의가 공무소 또는 공무원일 때에 그 문서는 공문서라 할 수 있다.

② 사문서

사문서(私文書)는 개인의 사적인 목적을 위하여 작성된 문서를 말한다. 그러나 이러한 사문서도 행정기관에 제출하여 접수된 것은 공문서가 된다. 따라서 공문서에 관한 규정에 따라 취급되어져야 하며, 그 문서를 제출한 사람도 접수된 문서를 임의로 회수하여 갈 수 없다.

(2) 유통대상에 의한 분류

① 대내문서

대내문서(對內文書)는 사내문서(社內文書)라고도 하며, 조직 내부에서 지시, 명령, 보고, 협조 등을 위하여 발생시키는 문서를 의미한다.

② 대외문서

대외문서(對外文書)는 사외문서(社外文書)라고도 하는데, 일반인이나 단체 및 다른 행정기관에 수발하는 문서를 말한다.

③ 전자문서

전산망을 활용하여 작성・시행되거나 접수되는 문서 이외에 전자우편(e-mail)이나 인터넷을 통한 기록물 및 전산망을 통하여 이루어지는 채팅(chatting)의 내용도 전자문서에 포함시킨다.

(3) 처리단계에 의한 분류

① 접수문서

내부기관 또는 외부기관에서 접수되는 문서를 말한다.

② 선람문서

선결문서라고도 하며, 공문이 시행되기 전에 미리 결재를 얻는 문서를 말한다.

③ 기안문서

결재문서라고도 하며, 사전에 결재권자의 결재를 얻기 위하여 기안서식에 따라 사무처리 초안을 기재한 문서이다.

④ 시행문서

발송문서라고도 하며, 기안문서의 내용을 시행하기 위하여 규정된 서식에 의해 작성한 문서이다.

⑤ 완결문서

기안 후 결재를 거친 다음 시행목적에 따라 완결된 문서를 말한다.

⑥ 보관문서

처리가 끝난 완결문서로서 보관되어질 문서를 말한다.

⑦ 보존문서

자료로서의 가치가 있으므로 보존을 필요로 하는 문서이다.

⑧ 폐기문서

보존기간이 종료되어서 문서로서의 가치를 상실하여 폐기처분되어야 하는 문서를 말한다.

⑨ 마이크로필름(microfilm)문서

지면이 아닌 마이크로필름에 중요한 내용의 문서나 영구보존의 필요성이 있는 문서를 담아 놓은 것을 말한다.

5) 문서의 성립과 효력발생

(1) 문서의 성립

- 다른 법령에 특별한 규정이 있는 경우를 제외하고는 당해 문서에 대한 결재가 있음으로써 성립한다(사무관리규정 제8조 제1항).
- '결재권자'라 함은 기관의 장 및 위임전결규정에 의하여 기관의 장으로부터 결재권을 위임받은 자를 말한다(사무관리규정 시행규칙 제2조).

(2) 효력발생시기

① 일반문서

다른 법령에 특별한 규정이 있는 경우를 제외하고는 수신자에게 도달됨으로써 효력을 발생한다(규정 제8조 제2항).

② 공고문서

다른 법령 및 공고문서에 특별히 규정 또는 명시되어 있는 경우를 제외하고는 그 고시 또는 공고가 있은 후 5일이 경과한 날부터 효력을 발생한다(규정 제8조 제2항).

③ 전자문서

수신자의 컴퓨터 파일에 기록되는 때부터 효력을 발생한다.

2 문서의 작성

1) 문서작성의 기본 원칙

문서를 작성할 때에는 정확한 정보와 적절한 용어의 선택으로 상대방이 문서의 내용을 쉽게 이용하고 그에 따른 적절한 조치를 취할 수 있게 함이 중요하며, 그럼으로써 원활한 업무관계를 이루는 데 도움이 된다. 따라서 정확성, 용이성, 신속성, 경제성을 갖춘 문서를 작성해야 하며 이를 위해서는 다음 사항에 유의하여야 한다.

(1) 정확성

- 긍정문으로 작성한다.
- 정확하고 객관적인 표현과 문장을 사용한다.
- 육하원칙에 의거하여 작성한다.
- 어려운 한자 또는 외래어를 피한다.

(2) 용이성

- 문장은 짧고 간결하게 쓴다.
- 항목구분을 명확하게 한다.
- 행을 적당히 나눈다.
- 한 번 읽어서 내용의 취지를 이해할 수 있도록 간단한 표제를 붙인다.
- 문제점과 결론을 먼저 쓴다.
- 1문서 1건주의로 다루기 쉽게 한다.
- 적절한 경어를 사용한다.
- 문장부호를 정확히 사용한다.

(3) 신속성

신속한 작성이 되기 위해서는 문서의 표준화가 선행되어야 한다. 표준화를 바탕으로 하여 반복적으로 발생되는 문서는 워드 프로세싱을 이용하여 빠르게 작성할 수 있다.

① 상례문 시스템

미리 표준문장을 작성해 놓고 거기에 필요한 사항만을 더하여 끝마치게 하는 방식이다.

② 패러그래프 시스템(paragraph system)

기업에서 가장 많이 쓰는 문자를 모아서 그것을 분류·정리하고 각각의 표현 구절마다 코드를 붙여서 이 코드를 조합하여 문장을 조립하는 방식이다.

(4) 경제성

- 용지의 규격, 지질을 표준화하며 서식을 통일한다.
- 불필요한 여백을 두지 않는다.

2) 문서작성의 형식

(1) 용지의 규격

문서의 규격을 표준화함으로써 문서의 작성·편철·보존이 용이하다. 그러므로 용지의 규격은 물론 지질 및 중량의 결정기준까지도 사무관리규정에 명시하고 있다.

기본규격 : 한국공업규격 A4용지(210×297mm)

(2) 용지의 여백

용지의 여백은 문서의 편철 및 관리상의 필요에 따라 일정하게 두며, 문서의 편철이나 용도 등을 고려하여 여백을 다르게 둘 수 있다. 문서작성 시의 기본적인 여백은 위쪽 3cm, 왼쪽 2cm, 오른쪽 1.5cm, 아래쪽 1.5cm이다.

(3) 용지 및 글자의 색채

용지의 색채는 흰색으로 하고, 글자는 검은색이나 푸른색을 원칙으로 한다. 다만, 도표의 작성이나, 수정·주의환기 등의 특별한 표시를 할 때는 다른 색을 사용할 수 있다.

용지의 여백

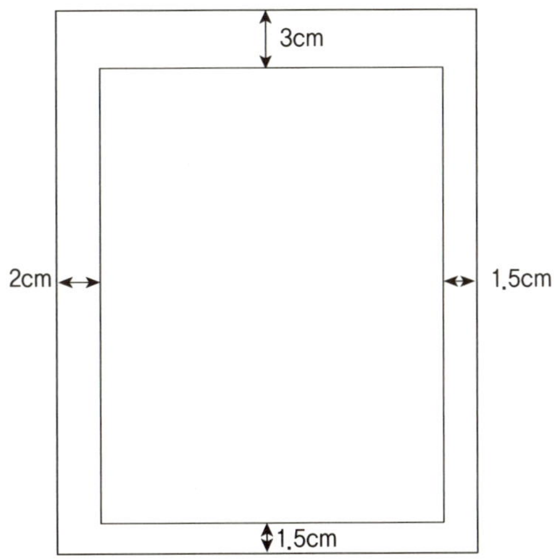

(4) 문서의 수정

- 문서의 일부분을 삭제 또는 수정할 때는 원안의 글자를 알 수 있도록 삭제 또는 수정하는 글자의 중앙에 가로로 두 선을 그어 삭제 또는 수정하고, 삭제 또는 수정한 자가 그곳에 서명·날인하여야 한다.
- 문서의 중요한 내용을 삭제 또는 수정할 때는 문서의 여백에 삭제 또는 수정한 자수를 표시하고 서명 또는 날인하여야 한다.
- 다만, 시행문을 정정한 경우에는 문서의 여백에 정정한 자수를 표시하고 관인(官印)을 찍어야 한다.

(5) 문서의 용어

- 글자 : 문서는 쉽고 간명하게 한글로 작성하되 가로로 쓰는 것이 좋다.
- 숫자 : 문서에 사용하는 숫자는 아라비아 숫자를 사용하며, 천 단위마다 반점(,)을 표시한다.
- 연호 : 서기 연호를 쓰되 '서기'는 표시하지 않는다.
- 날짜 : 숫자로 표기하되 연, 월, 일의 글자는 생략하고 그 자리에 온점(.)을 찍어

간략하게 표시한다.

- 시간 : 시간은 24시각제에 따라 숫자로 표기하되 시, 분의 글자는 생략하고 그 사이에 쌍점(:)을 찍어 표시한다.
- 금액 : 문서나 유가증권 등에 금액을 표시할 때에는 숫자로 표기하고 그 옆에 괄호를 넣어 한글로 표기한다. 유의할 점은 원화를 나타내는 ₩ 기호와 숫자 사이, 또는 한글로 표기한 금액의 바로 뒤에나 중간에 숫자나 글자를 삽입할 수 있는 공간을 두지 않는다는 것이다.

  (예) ₩235,434(금이십삼만오천사백삼십사원)

(6) 문서의 면 표시

- 전후관계를 명백히 하여야 할 필요가 있는 문서가 2면 이상으로 이루어진 때에는 문서의 아래 중앙에 전체 면의 수와 그 면의 일련번호를 붙임표(-)로 이어 기입한다.
- 첨부물의 면 표시는 각 첨부물별로 면 표시를 따로 하며, 전체 면의 수는 생략하고 일련번호만을 기입한다.

3 공문서 작성 및 결재 방식

1) 문서의 기안

기안이란 조직의 의사를 결정하기 위하여 문안을 작성하는 것을 말하는 것으로 조직의 내부에서 비롯되는 경우와 외부로부터 받은 문서에 대해 행해지는 두 가지의 경우가 있다.

공문서 서식

발 신 기 관 명

수신자 ×
(경유) ×
제 목 ×

×××1. ※ (본문내용) ○○○ ________________
________ ○.
××××가. ※ ○○○ ________ ○.
×××××1) ※ ________________
________ ○.
×××××2) ※ ________________
________ ○.
××××나. ※ ○○○ ________ ○.
×××2. ※ ○○○ ________ .
붙임 ○○○ ________ ○부. ×끝.

발 신 명 의 | 관인생략 |

수신자 ○, ○.

기안자(직위/직급) 서명 검토자(직위/직급) 서명 결재권자(직위/직급) 서명
협조자(직위/직급) 서명
시행 처리과명-일련번호(시행일자) 접수 처리과명-일련번호(접수일자)
우 주소 / 홈페이지 주소
전화( ) 전송( ) / 담당자 전자우편주소 / 공개구분

×는 2타(한글 1자), ※는 1타를 띄움

공문서의 예

한국자동차공업협동조합

수신자　수신자 참조(총무부)
(경 유)
제 목　제40회 정기총회 개최 안내

1. 귀사의 무궁한 발전을 기원합니다.

2. 제 40회 정기총회를 다음과 같이 개최하고자 하오니 조합원 대표께서는 바쁘시더라도 필히 참석하여 주시기 바랍니다. 부득이한 사정으로 참석하지 못할 경우에는 대리참석이 가능합니다. 또한 사전 자료 배포를 위하여 참석여부 확인이 필요하오니 본 공문을 받는 즉시 조합에 알려 주시기 바랍니다. 업체 대표 여러분의 참여를 부탁드립니다.

다　음

가. 총회일시 : 2015년 2월 26일(木) 10:00-14:30(오찬 포함)
나. 장　　소 : 센트럴씨티호텔 25층 (체리홀/☎6282-2000)
다. 회　　순 : 별첨 참조
라. 기　　타 : 1) 대리인 참석시 별첨 '위임장'을 총회 당일 접수창구에 제출 바람.
2) 정기총회 종료 후 오찬 및 기념품 제공함.
3) 총회 당일 행사 시작시간 20분전까지 착석 바람.
4) 참석여부 : 관리운영팀 장미선 대리(☎587-0014).

붙임 1. 정기총회 회순 1부.
2. 위임장 1부.
3. 회의장 약도 1부. 끝.

한국자동차공업협동조합 이사장　직인생략

수신자 대림자동차, 한일모터스, 한라공조, 현대모비스, 대원산업, 동양기전, 평화산업.

담당 김영수　　이사 이준근　　전무 이만철　　이사장 홍길동
협조 기획조사팀장 한갑수
시행 관리운영팀-14 (2009. 2. 10.)　접수
우 131-032 서울 서초구 서초동 1638-3 / www.daps.org
전화 (02)777-0303 / 전송 (02)777-2425 / ysookim@naver.com / 공개

2) 기안문서의 작성

기안문서의 구성요소와 요소별 작성방법은 다음과 같다.

두문	발신기관명, 수신자(참조), 경유
본문	제목, 내용, 붙임
결문	• 발신명의 • 기안자, 검토자, 협조자, 결재권자의 직위/직급 및 서명 • 생산등록번호와 시행일자, 접수등록번호와 접수일자 • 발신기관의 우편번호, 주소, 홈페이지 주소 • 발신기관의 전화번호, 모사전송번호, 담당자의 이메일 주소, 공개 여부

① 발신기관명

그 문서를 기안한 부서가 속한 행정기관명을 기재한다.

② 수신자

수신자명 또는 수신자 기호를 먼저 쓰고, 이어서 괄호, 즉 ( ) 안에는 참조, 즉 처리할 자가 속한 보조기관을 쓴다.

수신기관이 두 군데 이상인 경우에는 수신자란에 '수신자 참조'라고 쓰고 발신명의 아래에 수신처란을 따로 만들어서 수신자명 또는 수신자 기호를 표시한다.

③ 경유

경유기관이 있는 경우에는 "이 문서는 경유기관의 장은 ○○○이고 최종 수신기관의 장은 ○○○입니다"라고 기입하고 경유 기관의 장은 제목란에 "경유 문서의 이송"이라고 표시해 순차적으로 이송해야 한다.

④ 제목

제목은 문서의 내용을 이해하기 쉽게 간단명료하게 붙이는 것이 좋다. 문서의 성격을 파악하기 쉽게 보고, 통지, 품의, 의뢰, 개최 등의 표현을 사용하는 것이 좋다.

⑤ 발신명의

행정기관 또는 행정기관의 장의 명의를 기재하고, 보조기관 상호 간에 발신하는 문서는 그 보조기관의 명의를 표시한다.

⑥ 기안자, 검토자, 협조자, 결재권자의 직위/직급

각 해당자의 직위가 있는 경우에는 직위를 기재하고, 없는 경우에는 직급을 기재한다.

⑦ 시행처리과명, 일련번호(시행일자), 접수처리과명, 일련번호(접수일자)

처리과명을 기재하고 일련번호는 연도별 일련번호를 기재한다. 시행일자와 접수일자란에는 연월일을 온점(.)을 찍어 숫자로 기재한다.

⑧ 우편번호 및 주소

'우'라고 쓴 후 우편번호를 기재한 다음, 행정기관의 주소를 기재한다.

⑨ 홈페이지 주소

행정기관의 홈페이지 주소를 기재한다.

⑩ 전화/전송

전화번호와 모사전송번호를 각각 기재하고 괄호, 즉 ( ) 안에는 지역번호를 기재한다. 내부 문서인 경우에는 구내전화번호를 기재한다.

⑪ 담당자 이메일주소

담당자의 이메일 주소를 기재한다.

⑫ 공개구분

공개, 부분공개, 비공개로 구분하여 표시한다.

3) 문서의 결재

문서의 결재란 당해 사안에 대해서 기관의 의사를 결정할 권한을 가진 사람(결재권자는 주로 기관의 장)이 직접 그 의사를 결정하는 행위를 말한다. 결재의 종류에는 정규결재, 전결, 대결 등이 있다.

① 정규결재

기안작성자로부터 최고결재권자(기관장)까지 순차적으로 결재를 하는 형태이다.

② 전결

사무처리의 신속과 능률을 기할 목적으로 기관장으로부터 업무의 내용에 따라서 결재권한을 위임받은 사람이 행하는 결재를 말한다. 전결권자는 그 직무를 수행하기 위해 필요한 권한을 가지며 위임된 전결사항에 대해서 책임을 진다.

③ 대결

조직 내부의 결재권자가 존재하지 않거나 출장, 휴가, 기타 사유로 상당한 기간 부재중일 때 긴급한 문서 결재를 위해 결재권자를 대행할 수 있는 사람이 행하는 결재를 말한다.

4) 문서의 시행

결재를 받은 문서 중 발신을 해야 할 문서에 대해 수신자별로 시행문을 작성한다. 문서의 시행이란 기안문서의 결재가 완료된 후에 결재문서의 내용을 내·외부에 알리거나 결정된 의사대로 사무를 수행함으로써 문서의 효력을 발생케 하는 일련의 절차를 말한다.

2003년에 기안문과 시행문의 양식이 통합되었으며 기안을 하여 결재를 마친 문서가 기안문이고 이를 복사하여 관인을 찍은 것이 시행문이다.

관인(직인)은 행정기관의 장의 명의로 발송·교부되는 문서에 사용되는 직인의 총칭이다. 전자문서에는 관인을 찍지 않으며 경미한 내용의 문서에도 관인을 생략할 수 있다. 이처럼 관인을 생략하는 경우 발신명의의 오른쪽에 '관인생략'을 표시한다.

4 사문서 작성

1) 사내문서

사내문서는 한 회사 내의 부(部)나 과(課) 사이 또는 본사와 지사 간의 연락이나 통지를 하기 위한 문서이다. 사내문서는 간단명료하게 육하원칙에 따라 작성하며 인사말은 생략하는 경우가 많다.

2) 사외문서

사외문서는 그 조직의 의사를 대표하는 문서로 의사 전달의 목적 이외에도 회사의 이미지와도 직결되므로 일정한 형식을 갖추고 예의가 담겨져 있는 문서로 작성되어야 하며, 사내문서보다 좀 더 격식을 갖추어 작성하여야 한다.

사외문서의 종류에는 안내장, 통지서, 의뢰서, 조회서, 승낙서, 감사장, 회답장, 초대장, 인사장, 축하문, 소개장, 추천서 등이 있다.

(1) 사외문서의 작성

사외문서는 두문 · 본문 · 부기로 이루어진다. 두문에는 문서번호 · 발신연월일 · 수신자명 · 발신자명의 항목이 있고, 본문에는 제목 · 전문 · 주문 · 말문이 있다. 부기에는 추신 · 첨부물 · 담당자의 직위와 성명의 항목이 있다.

(2) 두문

① 문서번호

문서번호는 생략하고 기재하지 않는 경우가 많으나 관공서 앞으로 보내는 문서의 경우는 문서의 왼쪽 상단에 표시한다.

② 발신연월일

발신하는 날짜를 기입한다. 발신연월일은 문서번호와 같은 줄의 문서 상단 오른쪽에 기입하며, 연월일의 글자는 생략하고 온점(.)으로 대신한다.

③ 수신자명

사외문서는 수신자명에 주소를 함께 기재하는 경우가 많으나 주소는 생략해도 된다. 그러나 수신자명은 약자로 쓰지 말고 정확하게 기재한다. 수신자명에서 주소와 회사명, 수신자명은 각각 행을 다르게 하고, 회사명은 주소보다 한 글자 들여서 입력하고, 수신자명도 회사명보다 한 글자 들여서 입력한다.

수신자명에 붙이는 경칭은 다음과 같다.

수신자	경칭	예
관공서, 회사 등 단체인 경우	귀중	대한물산 주식회사 귀중
직명 또는 개인명을 붙인 직함의 경우	귀하	영업부장 귀하 정영수 총무과장 귀하
다수의 개인이나 법인으로 같은 문서를 받을 경우	각위 제위	주주 각위, 조합원 제위
개인(성명을 썼을 경우)	님 선생님	강재숙 님 김종수 선생님

④ 발신자명

발신자명은 그 문서의 내용에 책임을 지는 발신자의 부서명, 직명, 성명을 기재한다. 사외문서에서는 발신자의 주소를 함께 기재하거나 아니면 이를 생략하는 경우도 있다.

(3) 본문

① 제목

본문의 내용을 간략하게 간추려서 그 문서의 내용을 한눈에 파악할 수 있게 붙인다.

② 전문

전문은 용건을 시작하기 전에 하는 간단한 인사말이다.

③ 주문

문서의 핵심에 해당하는 부분으로 전하고자 하는 내용을 간결하고 명확하게 나타낸다. 전문이 끝난 후 행을 바꾸어 "다름이 아니오라", "알리고자 하는 말씀은 다름이 아니고", "알려 드리고자 하는 바는" 등의 표현으로 시작한다. 주문의 내용을 알기 쉽게 표현하기 위하여 "다음", "아래" 등으로 나타내는 '별기'란을 사용하기도 한다.

④ 말문

문장을 요약해서 마무리짓는 역할을 하는 것으로 행을 바꾸어서 "우선", "일단"으로 시작하여 "~해 주시면 감사하겠습니다" 등으로 끝내는 것이 일반적이다.

(4) 부기(첨기, 첨문)

부기(附記)는 본문내용에 보충하여 쓰는 부분으로 추신, 첨부물, 담당자의 직위 및 성명으로 구분된다.

① 추신

본문에서 빠진 것을 보충하거나 본문내용 중의 일부를 다시 강조하기 위해서 기록하는 부분으로 본문이 끝나는 곳에서 2~3행 띄어서 추신이라고 쓰고 추가사항을 쓴다.

② 첨부물

통신문에 동봉하여 보낼 문서가 있을 경우에 그 문서의 명칭과 수량을 기입한다.

그리고 첨부물이 많을 경우에는 첨부물 번호를 매긴다.

③ 담당자의 직위 및 성명

문서의 오른쪽 아래 여백에 담당자의 직위명과 성명을 기록한다. 이때 상용문서의 발신인은 그 문서를 실제로 처리하는 담당자와 일치하지 않는 경우가 대부분이다. 예를 들어 발신인은 대표이사이지만, 실제 담당자는 총무부장인 경우이다. 그러므로 문서의 발신자와 수신자 간의 사무연락상의 편의를 도모하기 위하여 실제 담당자의 직위명과 성명을 기재한다.

④ 이상

이상은 담당자의 직위와 성명의 바로 위 오른쪽 끝에 쓰며, 문서의 내용이 끝났음을 나타낸다.

3) 보고서

보고서를 작성할 때는 다음에 유의한다.

- 보고서를 읽는 대상을 생각하고 작성한다. 업무가 바쁜 상사라면 한눈에 결론이 이해되도록 작성하고 문장은 가능한 짧게 한다. 이론을 좋아하는 상사라면 논리정연하게 문장을 전개한다.
- 문서는 가능한 소제목을 붙인다.
- 결론을 앞에 쓰고 경위나 설명을 뒤에 쓴다.
- 사실과 의견, 추측과 인용 등을 명확히 구분한다.
- 도표나 그래프 등 시각적 표현방법을 활용한다.

1 아래의 내용을 기초로 각각의 기안문과 시행문을 작성해 보자.

내용 1

발신기관 : 한국비서협회　　　　　생산등록번호 : 135
수신기관 : 평화은행, 미래은행, 우리증권, 두남산업(주), 제일화학(주), 영성통신(주)
주소　　 : 서울특별시 서대문구 대신동 이화길 54-3 (우편번호 321-159)
문서번호 : 총무 2245-92　　　　　전송번호 : (02)702-4049
시행일자 : 2015. 2. 10.　　　　　전화번호 : (02)702-4048
발신기관 기관장 : 협회장 (전성희)　　　홈페이지 : http://www.kaap.org
발신기관 협조자 : 대외협력부장 양혜민　참조 : 총무부
공개여부 : 공개
발신기관의 처리과 내의 보조기관 : 이사 (김두영) 부회장 (정성실)
발신기관 결재사항 : 부회장 전결사항
발신기관 처리과 : 관리운영팀　　　　기안자 : 본인이름
수신기관 접수일 : 2015. 2. 15.
제목 : 각자 설정
내용 :
본 협회에서는 귀사의 2015년도 연회비를 청구하오니, 협회의 원활한 운영을 위하여 조속한 시일 내에 납부하여 주시기 바랍니다. 아래의 내용에서 2015년도 연회비 납부방법과 아울러 전년도 회비 미납상황을 알려드립니다. 납부하지 못한 전년도 회비도 함께 납부하여 주시기 바랍니다.

연회비　 : 이십오만원(W250,000)
납부기일 : 2015. 3. 3. ~ 2015. 3. 31.
납부방법 : 지로 납부 (지로용지 동봉)
미납상황 : 전년도 연회비 미납자 명단 참고

붙임 : 은행지로용지 1부 / 전년도 연회비 미납자 명단 1부

내용 2

생산등록번호 :	14
시행일자 :	2015년 4월 1일
공개구분 :	공개
발신기관 :	미래중앙연수원(기관장 : 원장)
주소 :	서울 서초구 남부순환로 1638(우 131-032)
홈페이지 :	http://www.daps.org
전화번호 :	(02)777-0303
전송번호 :	(02)777-2425
발신기관 처리과 :	교육개발1팀
발신기관 담당자 :	본인이름
발신기관의 처리과 내 보조기관 :	이사(손영철), 부원장(김진수), 원장(김희숙)
발신기관의 결재사항 :	원장 결재사항
발신기관의 협조자 :	없음
수신기관 :	한국대학교, 미래개발(주), 미래그룹 (수신기관의 처리과 : 교육팀)

제목 : 2015년 미래 한국 직업전문인 교육과정 결과보고

내용 : 당 기관에서는 2000년부터 한국대학교 여학생을 대상으로 하는 '미래 한국 직업전문인 교육'을 실시하고 있습니다. 이는 학생들에게 현장실습 경험과 실무적 취업훈련 기회를 갖게 하기 위해 기획된 제도로서 1년에 5차 과정으로 구성하여 해마다 200명을 교육합니다. 올해에도 다음과 같이 교육과정을 실시하여 좋은 성과를 거두었습니다. '2015년 미래 한국 직업전문인 교육'의 교육결과 및 의견을 보고하오니 이를 참고하시고 교육과정 개선을 위한 여러분의 고견을 보내주시기 바랍니다.

교육과정명 :	2015 미래 한국 직업전문인 교육
시행처 :	미래중앙연수원
교육기간 :	2015년 6월 28일(목)~7월 28일(토) (5차 과정/각 3일간)
교육대상 :	한국대학교 3학년 재학생 200명
교육결과 :	붙임 참조

붙임 : 결과보고 및 종합의견 1부 / 교육수료자 면담 및 평가 1부

2 다음의 결재방식을 구체적으로 설명해 보자.

1)

한국비서협회장				
담당 김수민	과장 박서진	부장 신기문	부회장 이철용	회장 홍길동
협조 기획조사팀장 강진국				

2)

한국비서협회장			
담당 김수민	과장 박서진	부장 신기문	부회장 전결 이철용
협조 기획조사팀장 강진국			

3)

한국비서협회장			
담당 김수민	과장 박서진	부장 신기문	부회장 대결 이철용
협조 기획조사팀장 강진국			

4)

한국비서협회장			
담당 김수민	과장 박서진	부장 대결 신기문	부회장 전결
협조 기획조사팀장 강진국			

3 다음의 내용을 기초로 축하 서신을 완성해 보자.

내용

귀사의 무궁한 발전을 기원합니다. 이번에 동경 사업본부장에 취임하시게 된 것을 진심으로 축하드립니다. 그동안 연마해 오신 경륜과 탁월한 능력으로 여러 어려움을 슬기롭게 극복하고 맡으신 막중한 과업을 달성하시리라 믿어 의심치 않습니다.

저희 또한 귀사에 도움이 되고자 최선을 다하고자 하오니 앞으로도 변함없는 지도와 성원을 부탁드립니다. 즉시 찾아뵙고 직접 축하드려야 함이 마땅하오나 먼저 서면으로 인사를 드립니다.

날짜 : 실습일자

수신인 :

GE Korea

한 상 진
社 長

한국 제너랄 일렉트릭
서울시 강남구 대치4로 942-1 미래와사람빌딩 17층 135-280
TEL: 528-0012 FAX: 528-0015
E-mail: cw.lee@geahk.ge.com

발신인 :

김 승 철
경영지원실/실장

KG I증권
www.kgieworld.co.kr

150-890 서울시 영등포구 여의서로 44-5

대표전화 3770 9000
직통전화 3770 9122
Fax 761 1845
email smlee@kgi-kr.com

KG I yesCall
02 3770 9200

4 다음 표에 올바른 경칭을 기입해 보자.

수신인	경칭	예
직위가 있는 수신인		대표이사 김홍수 ○○ 정영수 인사부장 ○○
관공서, 회사 등의 단체		(주) 대한물산 ○○
직위가 없는 수신인		강재숙 ○ 김종수 ○○○
다수의 개인이나 법인으로 동일 문서를 보낼 경우		주주 ○○ 조합원 ○○

5 아래의 내용을 기초로 영문 편지를 완성해 보자. 발신일은 실습일자로 하고 제목은 내용에 맞게 만들어 보자.

After seeing your fine facilities last week, our Representative, Mr. Howard Martin has recommended the Grand Hyatt Hotel as this year's conference site for our branch managers.

Please reserve your largest three-room executive suite for June 16 and 17, 2011. We shall need conference table arrangements using the 'U' formation for 20 persons for one room, space for large product displays in another, and an informal special meeting room.

An early confirmation of this reservation would be appreciated.

수신인 명함 :

GRAND HYATT SEOUL

Nan Sook Lee
Sales Manager

Grand Hyatt Seoul
747-7, Hannam-ro, Yongsan-Ku,
Seoul 140-210, Korea

Tel : (82)(2)799-8479(Direct)
(82)(2)797-1234 Ext.80479
Facsimile : (82)(2)798-6953(Hotel)
(82)(2)798-1606(Direct to Marketing)
Celkular Phone : 017-206-5179
E-mail:nslee@grandhyattseoul.com

발신인 명함 :

IBM

우 가 영
차장
Team Talent
인사부

한국아이비엠주식회사
467-12
135-700
3781-7709
3781-5193
011-898-7709
http://www.ibm.com/kr
e-mail : gywoo@kr.ibm.com

1) Full-block style로 영문 편지를 작성해 보자.

2) 위의 내용을 팩스 문서로 만들어 보자.

3) 봉투를 만들어 보자.

6 다음의 내용을 바탕으로 회의개최 통지문을 e-mail로 발송해 보자(수신인은 10명의 친구로 한다).

수신인 : 수도권 영업팀장
발신인 : 한진물산(주) 영업상무 김철민(본인의 이름을 담당자로 사용한다)
제목 : ○○○○년도 하계 영업전략 회의
일시 : ○○○○. 4. 20.(목), 14:00 ~ 16:00
장소 : 본사 4층 대회의실
안건 : ○○○○년도 이동전화 시장 분석 및 확대 방안 모색
가. 이동전화 시장의 통신사별 시장점유율 분석
나. ○○○○년도 하반기 이동전화 지원 방안 관련 정부 정책의 변화
다. 이동전화 시장 확대를 위한 마케팅 및 영업전략

1) e-mail로 발송한 후 인쇄하여 붙여 보자.

2) 위의 내용을 사내문서 형식으로 작성해 보자.

7 우리 회사의 주소가 이전되어 이전 안내문을 발송하려 한다.

수신인 : 협력업체 및 거래처 관계자
발신인 : 한양건설(주) 대표이사 허성도
발신일 : 오늘 날짜
이전장소주소 : 서울특별시 강남구 삼성로 124 무역센터 아셈타워 22층
(지하철 2호선 삼성역 5번 출구에서 도보로 2분)
전화 및 팩스 : 02-3444-9700 / 3444-1404 (이전과 동일)
업무개시일 : ○○○○년 9월 1일(월) 오전 9:00

위의 내용을 바탕으로 이전 안내문(약도 포함)을 작성해 보자.

8 다음 주 수요일인 5월 28일은 우리 회사 창립기념일로 휴무이다. 김 비서는 회사 홈페이지에 국문과 영문으로 회사 휴무를 알리는 내용을 올리려고 한다. 또한 주요 거래처에는 e-mail이나 팩스를 통해 오늘 중으로 안내문을 발송하고자 한다. 휴무 안내문을 국문과 영문으로 각각 작성해 보자.

9 아래의 내용을 바탕으로 초청장(국문/영문)을 카드 형태로 만들어 보자.

내용 : 바클레이스그룹(Barclays PLC)의 David Wright 회장은 바클레이즈은행(Barclays Bank PLC) 서울지점 개설 및 바클레이즈 캐피탈 증권(Barclays Capital Securities Ltd.) 서울지점의 확장을 축하하기 위한 리셉션을 개최할 예정이다.
일시 : ○○○○년 4월 11일(목요일) 오후 7:00
장소 : 신라호텔 2층 다이너스티홀 I
담당 : 이난숙
(전화 : 02)2126-2730 / 팩스 : 02)2126-2751 /
e-mail : nslee@barclays.com)

1) 초청장 Ⅰ(국문)

2) 초청장 Ⅱ(영문)

10 아래의 내용에 따라 보고서를 작성해 보자.

1) 다음의 내용을 기초로 조사보고서를 작성해 보자.

보고자 : 기획실(본인이름)
일자 : 실습일자
제목 : (각자 작성)
내용 :

1990년대 일본 경제는 단기적인 경기변동은 있었으나 전반적으로 성장세가 부진했으며 1997년에는 마이너스 성장을 기록하며 세계적인 경제 불안의 원인을 제공하였다. 2000년 이후 일본경제는 경기회복 국면에 있으나 성장세가 극히 미약하며 최근에는 그 회복세마저 둔화되고 있다.
2014년 3/4분기 성장률은 전기 대비 마이너스 성장을 기록한 것으로 추정되고 있다. 종합적인 경기상태를 나타내고 경기 동행지수는 2014년 11월 19개월 만에 분기점인 50%를 하회했다. 현재 자산시장은 하락세가 지속되고 있으며 주가도 한때 2만 엔 수준까지 상승했으나 세계적인 증시 침체의 여파로 2013년 말에는 급락을 보였다. 엔화 환율은 2012년 유로화 약세에도 불구하고 높은 수준에서 안정세를 보이다가 2013년 11월 말 이후 약세 기조가 굳어졌다.
고도 경제성장을 주도했던 일본형 경제시스템이 한계에 봉착하게 된 원인을 살펴보면 다음과 같다. 자산디플레이션 심화, 금융구조조정의 부진, 일본식 경영의 한계, 성장 잠재력 약화 등의 문제 등으로 일본 경제는 장기 불황에 빠지게 되었다.
일본 경제가 다음 경기 후퇴까지 만성적인 디플레이션 문제를 해결하기는 어려울 것으로 전망된다. 버블붕괴의 후유증이 아직도 존재하고 있는 가운데 다음 경기 후퇴기에 일본 금융시장이 상당한 충격을 받게 될 가능성이 있다. 더욱이 버블 후유증이 심한 비제조업은 IT화에도 부진해 미국형 신경제를 일본 경제에서 실현시키는 데 있어서 당분간 제약 요인으로 작용할 전망이다.

2) 다음 내용을 기초로 출장보고서를 작성해 보자(혼합그래프 활용).

출장자 : 상사이름
출장지 : 중국 북경
출장일 : ○○○○. ○. ○○. ~ ○. ○○.(5일간)
제목 : (각자 작성)

서울소주는 최근 중국사회에 불고 있는 한국가요, 드라마, 패션의 대유행, 이른바 한류 열풍을 타고 서울소주의 수요가 급증할 것이라고 판단해 기존 북경 위주에서 심양, 상해, 천진 등으로 판매망을 확대시키고 내년부터는 내륙지역까지 공략할 예정이다. 고객층도 지금까지는 현지 교민에 그쳤으나 20~30대의 중국인을 주요 소비대상으로 겨냥하고 있다.
서울소주의 지난해 총 수출액은 전년대비 46% 증가한 70만 8,000달러(5만 3,000상자)를 판매하였으며 올해는 이미 130만 달러(10만 4,000상자)를(2013

년 9월 현재) 판매하여 이미 작년보다 2배 이상의 매출을 올리고 있다. 연도별 판매량(1상자=700ml, 12본입)을 자세히 살펴보면 2009년 5,000상자(5,500달러), 2010년 1만 3,000상자(20만 달러), 2011년 3만 6,000상자(48만 달러), 2012년, 5만 3,000상자(70만 8,000달러)를 판매하였으며 2013년은 이미 9월 현재 10만 4,000상자(130만 달러)를 판매하고 있다. 특히 신상품 '참백세'의 선풍적인 인기와 새로운 현지 신상품의 출시에 힘입어 내년에는 31만 상자(400만 달러)를 계획하고 있으며, 2016년까지는 1,000만 달러를 판매해 일본 시장에 이어 중국 시장을 제2의 시장으로 만들 예정이다. 우선 북경, 심양지역을 중심으로 판매거점을 마련, 초기 3개월간 집중홍보하고, 2단계로 산둥, 상해, 톈진지역으로 확대시키며, 2018년에는 중국 내륙지역을 본격 공략할 방침이다.

중국에서 서울소주의 매출 증가 원인은 우선 당도를 낮춰 중국인의 음주습성에 적합하도록 배합을 재구성한 우수한 제품력 때문이다. 제품의 맛뿐 아니라 용기, 로고, 라벨, 디자인 등에서도 서양 위스키 제품에 비해 부족하지 않은 고급 이미지가 물씬 풍긴다. 그리고 가격 책정 면에 있어서도 중국 제품보다 10% 비싸게 책정한 고가격 정책을 사용했으며 할인판매를 강력히 막음으로써 철저한 브랜드관리를 하였다. 또한 획기적인 유통구조 개선도 중국 시장에서 적중했다. 현지에서는 전혀 생각하지도 못한, 제조업체가 직접 판촉에 나서는 한국식 영업방식 채택이 효과를 나타낸 것이다. 이처럼 중간상에게 충분한 이윤을 보장함으로써 탄탄한 유통경로를 구축할 수 있었다. 서울소주 등 소주 업체는 앞으로 중국 시장을 교두보로 삼아 대만, 홍콩 및 동남아지역까지 수출망을 확대할 계획이다.

실습평가서

실습을 하면서 느낀 점을 적어 보자.

1. 인상적인 부분

2. 어려운 부분

3. 개선된 부분

✣ 스스로의 평가

평가점수	실습내용
매우 잘함	
잘함	
보통	
노력 요망	
많은 노력이 요망됨	

Chapter 10

문서정리업무

Chapter

10 문서정리업무

Secretarial Practice

학습내용

1. 문서정리의 의의
2. 문서정리의 방법
3. 전자문서의 관리

학습목표

1. 문서정리의 의의와 원칙, 문서정리의 절차, 문서의 대출, 이관 및 보존, 폐기 등을 이해함으로써 매일 생산되는 다양한 문서를 정리할 수 있는 기본 원칙을 익힐 수 있다.
2. 다양한 문서정리방법을 학습함으로써 문서정리시스템을 구축·활용할 수 있다.
3. 전자문서를 효율적으로 관리할 수 있다.

1 문서정리의 의의

1) 문서정리의 필요성

(1) 문서정리의 정의

사무실에서 생산되거나 접수된 문서의 형식과 종류는 매우 다양하므로 적절한 기준에 의해 분류·정리하여 놓지 않으면 필요할 때 문서를 찾아 활용하기가 매우 어렵다. 그러므로 처리가 완결된 문서는 일정한 기준에 따라 분류·편철하여 보관·보존하고, 불필요하거나 정보의 가치가 없는 문서를 적시에 폐기하는 모든 과정을 문서의 정리(filing)라 한다.

(2) 문서정리의 목적

- 문서를 체계적으로 관리함으로써 필요한 문서의 색출을 신속하고 용이하게 한다.
- 일정한 기준에 의하여 문서를 관리함으로써 담당자 이외의 사람도 필요한 정보를 쉽게 찾을 수 있다.
- 기관의 의사결정에 필요한 정보를 효과적으로 이용할 수 있도록 한다.
- 문서의 체계적인 정리로 사무환경이 개선되고, 문서관리에 드는 비용을 절감할 수 있다.
- 불필요한 문서를 적기에 폐기함으로써 보관·보존문서의 관리를 효율화시킬 수 있다.

(3) 문서정리체제의 기본 원칙

문서정리체제를 효율적으로 유지·관리하기 위해서는 문서정리의 기본 원칙을 준수하여야 한다.

① 표준화된 문서정리방법

문서정리는 회사 전체에 걸쳐 단계적으로 혹은 동시에 실시하게 되므로 문서정리 방법에 대한 회사 내부의 규정을 제정하여 표준화시켜야 한다.

② 문서색출의 신속화와 용이화

원하는 문서를 신속하고 용이하게 찾을 수 있게 하여야 한다. 문서가 보관된 서류함이나 서랍의 위치를 누구나 알기 쉽도록 소재를 명시한다.

③ 문서의 적시 폐기

불필요한 문서를 보관하게 되면 자리를 많이 차지하여 보관비용이 증가할 뿐만 아니라 반드시 보관·관리해야 할 문서에도 지장을 준다. 따라서 일정기간이 지나서 쓸모가 없게 된 서류들은 수시로 정해진 규칙에 의하여 폐기하는 것을 습관화·제도화하여야 한다.

④ 부수(部數)의 제한

꼭 필요한 자료는 필요한 곳과 필요한 사람에게만 배포하도록 하며 원본이 명확하게 보관된 경우 불필요한 복사본을 가지고 있지 않도록 한다.

2) 문서정리의 과정

문서는 목적에 따라 작성된 후 필요한 곳으로 전달된다. 전달된 문서는 처리된 후 활용도에 따라 보관되거나 폐기된다. 문서는 처리가 끝난 후 다음의 과정에 따라 정리된다.

① 문서의 편철

문서의 내용에 관한 처리가 완결되면 불필요한 문서는 폐기하고 보존 또는 차후에 활용할 가치가 있는 문서는 묶어서 문서철을 만든다.

② 문서의 보관

문서철은 내용의 처리가 끝난 날이 속한 연도의 말일까지 각 부서의 관리책임하에 부서 내 문서보관함에 보관된다.

③ 문서의 보존

보관기간이 끝난 문서는 보존문서 기록대장에 등록한 다음 문서의 보존기간에 따라 문서처리과에서 폐기할 때까지 보존함이나 보존장소에 유지·관리한다.

④ 문서의 인계

처리과에서 보존기간이 끝난 문서는 보존문서 인계 및 이관서를 작성해서 문서과로 인계하고, 문서과에서는 보존기간이 만료될 때까지 보존해야 한다.

⑤ 문서의 이관

보존기간이 경과한 후에도 규정에 의거한 심의결과 폐기하지 않기로 결정한 문서를 문서관리 주관부서에 보존 요청한다.

⑥ 문서의 폐기

보존연한이 경과한 문서는 문서관리 주관부서 혹은 과에서 일괄 폐기한다.

3) 문서의 대출

보관 중인 문서는 사무처리상 필요에 따라 관계 부서나 관계 직원에게 대출해 주게 되며, 대출 여부나 대출기간은 문서의 성격과 중요도에 따라 다르다.

조직에 따라 대출절차에 다소 차이가 있을지라도 일반적인 문서의 대출절차는 다음과 같다.

- 소정의 용지에 대출문서의 제목이나 분류번호, 대출연월일, 반환 연월일, 대출자의 성명, 소속, 날인 등을 한 후 문서보관 책임자에게 대출을 신청한다.
- 문서를 대출하여 줄 때는 폴더 속의 한 장의 문서라도 대출될 때는 반드시 대출가이드를 작성하여 대출한 문서의 자리에 대신 끼워 둔다.
- 폴더 내 전체 문서가 대출될 때는 폴더 속의 내용물만 대출하도록 하고 원래의 폴더 속에는 대출가이드를 끼워 둔다.

대출된 문서는 예정된 날짜에 정확하게 반납될 수 있도록 티클링(tickling) 방법을 이용하면 효과적이다. 이 방법은 대출문서의 반환예정일을 쉽게 확인할 수 있도록 함으로써 문서가 차질 없이 반환되도록 촉구하는 제도이다.

- 티클러 파일함에 '월'을 나타내는 표지 12매와 '일'을 나타내는 표지 31매를 넣는다.
- 각 일별 안내 표지 뒤에 그날까지 반환이 예정된 문서대출카드를 끼워 둔다.
- 문서대출 담당자는 매일 그날 분의 대출카드를 확인하여 해당 문서를 반환하도록 연락을 취한다.
- 반환예정일이 연기되었을 때는 문서대출카드에 연기일을 기입하고 연기된 해당일 표지 뒤에 대출카드를 끼워 둔다.

대출 폴더와 티클러 파일

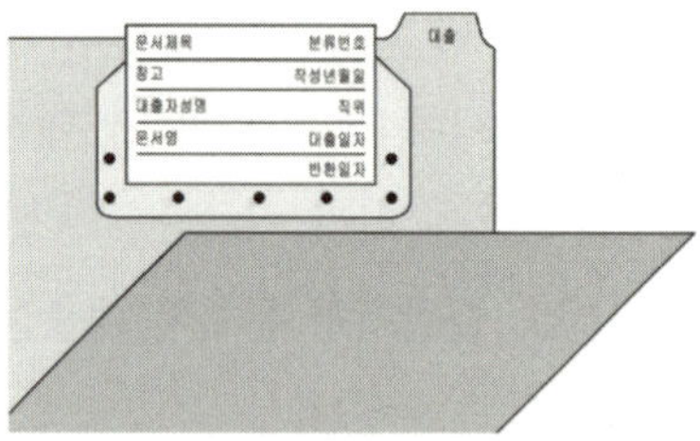

대출 폴더

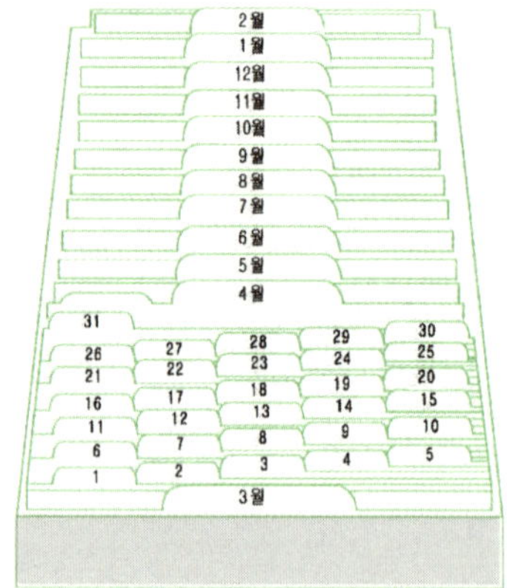

티클러 파일

- 문서가 회수되어 처리가 끝나면 티클러 파일함의 반환예정일에 끼워 두었던 대출카드를 티클러 파일에서 꺼내어 해당 폴더에 끼워 두어 다시 그 문서를 대출할 때 이용한다. 대출카드를 보면 대출내역을 알 수 있다.

최근에는 스마트기기나 컴퓨터의 알람 프로그램이 티클러 파일을 대신하는 경우가 많다.

4) 문서의 보존과 폐기

(1) 문서의 이관과 보존

보관 중인 문서는 시일이 지나면 이용률이 낮아지기 때문에 활용빈도가 높은 최근 문서들과는 별도로 관리하게 된다. 이렇게 이용빈도가 떨어진 문서를 보존단계로 옮기는 것을 '이관'이라고 한다. 보존문서의 관리 책임자는 보존문서 기록부를 준비하여 보존이 시작되는 시기부터 기록으로 남겨야 한다. 보존기간은 사무관리규정에 따르되 문서의 성격에 따라 일반적으로 1년, 3년, 5년, 10년, 영구보존 등으로 분류한다.

문서 보존기간	문서의 종류
영구보존 (복원 불가능)	• 정관, 중요 계약관계 서류 • 등기, 특허관계 • 주주총회관계 등등
10년 보존 (복원이 가능하나 비용이 많이 발생함)	• 세무관계 • 월차결산서, 상업장부관계 • 주주 명의부 관계 등등
3~5년 보존 (복원 가능하며 복원 비용이 적음)	• 주요 전표, 거래관계 • 문서의 수발신 기록 • 사원이동, 급료수당관계 등등
6개월~1년 보존 (복원의 필요성 없음)	• 왕복문서, 통지서류관계 • 일보, 월보관계 • 조사서, 참고서 관계

(2) 문서의 폐기

보존기간이 경과된 문서는 폐기처분해야 하며, 폐기할 때는 다음에 유의하여야 한다.

- 폐기대상 문서의 필요 여부는 사업 및 사무의 성격과 과거의 사례를 참고하여 판단한다.
- 폐기대상 문서가 어떤 예측할 수 없는 이례적인 사건이나 사정에 의해 재차 필요하게 되는 경우의 유무를 검토한다.

따라서 어떤 종류의 문서를 언제 폐기할 것인가 하는 문제는 매우 중요하므로 일단 폐기기준을 수립해 두는 동시에, 구체적으로 결정할 때는 책임자가 신중한 태도를 가져야 하며, 비밀문서는 반드시 문서 세단기를 이용하거나 소각한다.

문서를 폐기할 때는 보존문서 기록대장에 폐기사실을 빨간색으로 기입하고 폐기인을 날인한다.

5) 문서정리를 위한 용구

문서를 구분하여 정리하기 위해서는 적당한 용구를 필요로 한다. 일반 사무실에서 사용되고 있는 문서정리 용구를 살펴보면 다음과 같은 것이 있다.

(1) 파일 캐비닛(filing cabinet)

문서를 넣어 두는 서류함(file box)를 말하며, 2단식, 3단식, 4단식 등이 있다.

(2) 가이드(guide)

가이드는 폴더들을 그룹별로 구분하여 각 그룹별 폴더의 제일 앞에 끼워서 세워 두는 두꺼운 표식판을 말한다. 가이드의 아래쪽에는 구멍이 있어 파일 캐비닛의 쇠막대에 끼워 가이드가 빠지지 않도록 한다. 가이드의 돌출된 위쪽 끝부분을 탭(tab) 또는 귀, 또는 컷(cut)이라고 한다. 이때 1/4컷이라고 하면 컷 부분이 가이드 전체 길이의 1/4을 차지한다고 할 수 있다.

(3) 폴더(folder)

두꺼운 종이를 겹쳐서 그 사이에 문서를 넣어서 캐비닛 안에 세워 두기 위한 것이다. 행거식, 바인더식 등의 여러 가지로 되어 있어서 필요한 것을 선택하는 것이 좋다. 폴더는 관련 가이드의 뒤에 배치시키며, 최근 문서가 위에 오도록 철한다. 서류항목을 쉽게 찾을 수 있도록 커버 뒷면에 돌출 부분을 만들어 두는데 이를 귀 또는 컷(cut)이라고 부른다.

폴더를 취급할 때 주의해야 할 사항은 다음과 같다.

- 폴더 한 개에 넣는 문서는 80~100매 정도로 하고, 그 이상일 경우에는 분철하여 사용한다. 폴더는 두꺼운 종이로 되어 있지만 너무 많은 문서를 철하게 되면 휘어져서 취급하기가 곤란하다.
- 폴더의 표제 부분을 견출부라고 하는데, 검색할 때에는 견출부에 의지하므로 손상되지 않도록 한다.
- 1통의 문서가 여러 장으로 되어 있을 때는 풀이나 스테이플러로 왼쪽 윗부분을 철한다. 클립은 벗겨지기 쉽고, 핀은 손을 찌르거나 다른 문서가 같이 따라 나오게 하므로 사용하지 않는 것이 좋다.
- 종이의 크기가 큰 문서는 문서의 제목이 보이게 접어서 넣는다.
- 문서의 입출은 반드시 파일 단위로 꺼내어 사용한다. 그렇게 함으로써 문서를 꺼

내거나 집어넣을 때 찢어지는 것을 방지할 수 있으며 다른 폴더에 삽입하는 실수를 막을 수 있다.

- 캐비닛의 폴더는 항상 똑바로 세워 두도록 한다.

(4) 폴더 라벨(folder label)

폴더의 귀에 붙여서 폴더명을 기입하는 종이이다. 폴더에 넣어 둔 서류의 이름이나 제목명을 써서 붙이고 가이드별로 통일된 색깔의 것을 붙인다.

2 문서정리의 방법

1) 조직의 문서관리법

(1) 집중식 관리법

- 한 조직 내에 문서를 전담하는 부서에서 모든 문서를 보관·관리하는 체제로 분실의 우려가 없으며 어느 부서나 이용이 가능하다.
- 관련 문서를 한곳에서 보관하여 관련 부서의 문서 검색이 용이하다.
- 전문가에 의해 체계적이고 통일된 파일링체계를 따르며 더욱 정확하고 빠른 검색이 가능하다. 절차가 복잡하고 시간이 오래 걸린다.

(2) 분산식 관리법

- 각 부서에서 문서를 직접 보관·관리함으로써 기밀문서의 보안이 가능하다.
- 부서 내 사람들은 수시로 이용가능하며 집중식보다 빠르게 문서에 접근할 수 있다.
- 타 부서 사람들의 이용이 어려우며 문서의 분실 위험이 크다.
- 분산관리로 인해 체계적이고 통일된 관리의 어려움이 있다.

(3) 절충식 관리법

- 일정한도의 문서는 각 부서별로 분산관리하고 중요문서는 문서 주관부서에서 집중관리한다. 즉 단기보존문서는 각 해당 부서에서, 중요문서나 영구보존문서는 문서 주관부서에서 관리한다.
- 문서 주관부서에서는 모든 문서의 위치를 신속히 파악하기 위해 각 부서에 파일링되어 있는 문서의 색인을 관리해야 한다.
- 정부나 대기업에서 주로 사용하는 방식이다.

2) 문서정리의 순서

① 검사(inspecting)

- 문서가 파일을 하여도 괜찮은지 검사한다.
- 파일될 문서에 문서 정리인을 날인하고 담당자의 날인과 처리 연월일을 기입한다.

② 주제결정(indexing)

- 문서를 어떤 제목으로 철할 것인가를 결정한다.
- 대개 발신기관명이나 발신인 성명, 또는 주제나 지역적 위치 등으로 주제를 결정한다.

③ 주제표시(coding)

- 결정한 주제에 다른 사람도 알 수 있도록 컬러펜으로 밑줄을 긋는다.
- 문서내용 중에 주제가 없다면, 문서의 오른쪽 위의 여백에 제목을 따로 기재하고 밑줄을 그어 준다.
- 주제를 결정하는 과정에서 해당 문서가 다른 주제로도 요구될 것 같은 경우에는 주된 주제의 폴더에 원본을 넣어 두고, 관계가 적은 주제의 폴더에는 복사본 또는 상호 참조표를 넣어 둔다.
- 상호참조를 위한 제목에는 밑줄을 그어 주고 옆에 x 표시를 한다.

④ **분류**(sorting)

- 주제를 결정한 뒤 체계적인 문서분류법에 의해 문서를 가나다순 또는 번호순으로 배열하는 것을 분류라고 한다.

⑤ **저장**(storing)

- 분류된 문서를 저장하기 위해서 서류함 외부의 색인표를 보고 적절한 서랍을 연다.
- 가이드와 폴더의 표제를 보고 해당 폴더를 찾아 바른 위치에 넣는다.

참고 ○ 상호참조표

하나의 문서는 한곳에만 보관되는 것이 당연하지만 실제로는 문서의 내용이나 특성에 따라 두 개 이상의 항목에 해당하거나 두 개 이상의 제목으로 요청되는 경우가 있다. 이런 경우를 위하여 주된 제목의 폴더에 원본을 넣고, 관계가 적은 편 제목의 폴더에는 복사본이나 상호참조표를 넣어둠으로써 어느 경우라도 검색이 가능하게 한다. 상호 참조를 위한 문서 제목에는 밑줄을 긋고 옆에 X로 표시한다. 다음은 상호참조표의 예이다.

<table>
<tr><th colspan="6">문서참조표</th></tr>
<tr><td>분류번호</td><td></td><td>기능 명칭</td><td></td><td>참조
분류번호</td><td></td></tr>
<tr><td>발신</td><td></td><td>접수
연월일</td><td colspan="3"></td></tr>
<tr><td>내용</td><td colspan="5"></td></tr>
</table>

3) 문서정리방법

문서를 분류하여 정리하는 방법으로 가장 많이 사용되는 방법으로는 문서의 발신자나 발신지역, 문서의 주제 등을 기준으로 하여 분류하는 가나다식 문서정리방법과 번호를 지정하여 번호순으로 배열하는 방법이 있다.

(1) 가나다식(명칭별) 문서정리방법

가나다식 문서정리방법(alphabetic filing system)은 거래처의 상호별, 대표자별, 지역별, 장소별로 분류하여 정리하는 방법으로 왕복문서의 파일링에 이용하며 쉽고 빠르다는 장점이 있다. 한글이나 알파벳 순으로 배열하는 이 방법은 상호나 대표자의 명칭별로 정리하는 방법뿐 아니라, 지역별 분류 시에는 지역과 장소의 명칭, 주제별 정리 시에는 문서의 주제 명칭별로 정리되며, 모든 문서배열의 기초를 형성한다.

① 명칭별 분류법

거래 회사명이나 성명의 첫머리 글자를 기준으로 가나다 순 또는 알파벳 순으로 분류한다.

장점	단점
• 동일한 개인 혹은 회사에 관한 문서가 한 곳에 집중된다. • 직접적인 정리와 참조가 가능하며 색인이 불필요하다. • 가이드나 폴더의 배열방식이 단순하다. • 잡건의 처리가 용이하다.	• 비슷한 명칭이 밀집되어 구분하는 데 지장이 있다. • 명칭 특히 조직명의 표시방법과 관련하여 문서가 분산된다.

- 가이드판 : 폴더들을 그룹별로 구분해 각 그룹별 폴더의 제일 앞에 끼워서 세워 두는 두꺼운 표지판을 말한다. 가이드는 필요한 자료를 쉽게 찾을 수 있게 하며 폴더가 구부러지거나 처지는 것을 막아 주는 역할도 한다.
- 개별 폴더 : 두꺼운 종이를 겹쳐서 그 사이에 문서를 넣을 수 있도록 한 것을 폴더라고 한다. 각 개별 폴더에는 내용상 관계가 있는 문서를 한곳으로 통합시켜 파일링한다. 폴더는 관련 가이드의 뒤에 배치하며, 최근 문서가 위에 오도록 한다.
- 잡 폴더 : 아직 단독 폴더로 독립되기에는 문서의 양이 적은 기타 등등의 문서를 보관하는 폴더를 말한다. 아래 그림의 경우에서는 강도희~김진숙 이외의 '가'에 들어갈 다양한 문서가 보관되는 곳이다.
- 대출 폴더 : 대출된 폴더 자리에 끼워 두는 표식으로 누가 언제 빌려 갔는지, 언제 돌려받는지 등의 내용이 표시된다.

명칭별 문서정리방법

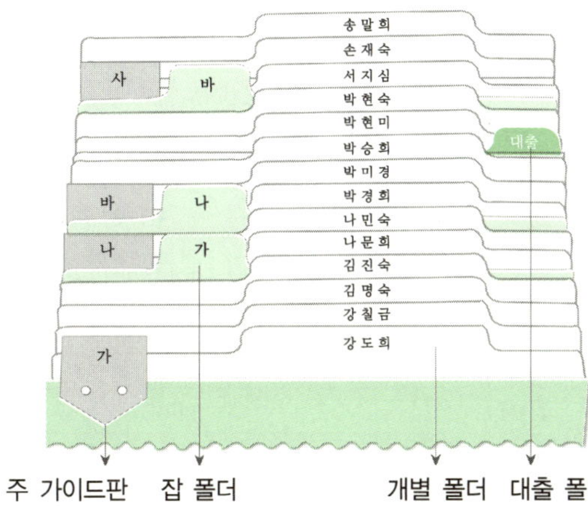

② 주제별 문서정리방법

주제별 분류법(subject filing system)은 문서의 내용에서 주제를 결정하고 이 주제를 토대로 하여 문서를 분류·정리하는 방법이다. 그러나 주제는 문서의 내용에 따라 결정되므로 분류하는 사람에 따라 다른 주제를 선택할 수 있기 때문에 혼란이 있을 수 있다. 따라서 이 방법을 사용할 때에는 미리 주제 결정방식과 용어 분류 기준표를 만들어 통일시키는 것이 좋다.

주제별 정리방법은 거래 상대방이 없는 자료의 분류에 주로 활용되며 다음과 같은 경우에 많이 사용된다.

- 개인명 또는 조직명으로 언급되지 않은 문서를 파일링하는 경우
- 문서가 차후에 개인명보다 주제에 의하여 요청될 것 같은 경우
- 조직활동 또는 상품에 관한 기록인 경우
- 문서가 소분류로 구분되는 경우

장점	단점
• 같은 종류의 주제나 활동에 관련된 문서를 한곳에 모을 수 있다. • 서류가 많아져도 무한하게 확장할 수 있다.	• 분류가 어렵다. • 적절한 주제를 잡아 분류하기가 어려우므로 어떤 관점으로도 찾을 수 있도록 상호 참조표(cross reference sheet)를 작성해야 한다. • 잡건의 취급이 어렵다. • 색인카드(index card)가 필요하다.

주제별 문서정리방법(백과사전식 배열법)

대분류(제1차 분류)		중분류(제2차 분류)		소분류(제3차 분류)	
기호	주제	기호	주제	기호	주제
000	총괄(총기)	200	인사 총괄(총기)	210	인사 총무 총괄(총기)
100	총무	210	인사 총무 →	211	인사 계획
200	인사 →	220	급여	212	채용
300	경리	230	복무	213	전직, 전보
400	구매	240	노무	214	고과
500	창고	250	교육 · 훈련	215	휴직, 복직
600	생산	260	위생	216	상벌
700	판매	270	안전	217	퇴직
800	(여분)	280	후생	218	(여분)
900	(여분)	290	보험	219	(여분)

주제별 문서정리방법(사전식 배열방법)

③ 지역별 문서정리방법

거래처의 지역이나 범위에 따라 가나다 순으로 분류하는 방법으로 여러 지역에 걸쳐 지점을 갖춘 기업에서 유용하다. 지역별 문서정리방법(geographic filing system)은 먼저 장소에 따라서, 다음은 명칭 혹은 항목에 따라서 문서를 한글 혹은 알파벳 순으로 배열하는 방법으로 장소적 구분이 전제되는 거래에 적합하다.

지역별 문서정리방법의 특징은 다음과 같다.

장점	단점
• 장소에 따라서 문서가 한데로 모여진다. • 직접적인 정리와 참조가 가능하다. • 잡건의 처리가 가능하다.	• 거래처의 명칭과 지역의 명칭을 같이 알아야 한다. • 거래처의 주소가 기재된 색인카드에 의존해야 한다. • 지역별로 분류한 다음에 한글 순이나 알파벳 순으로 구분해야 하기 때문에 착오를 일으키기 쉽고 많은 노력이 필요하다.

(2) 번호식 문서정리방법

번호식 문서정리방법(numeric filing system)은 파일의 표제에 글자 대신 번호를 기입하여 번호 순으로 정리하는 것이다. 따라서 가나다식 문서정리방법이 직접적으로 정리하는 방법인 데 반하여 이 방법은 간접적인 방법이라고 할 수 있다. 이 방법은 파일링의 확장이 수월하고 업무내용보다는 번호로 참조되는 경우에 효과적이다. 예를 들어, 같은 이름을 가진 사람들이 여러 명일 경우에 업무처리에 혼선이 생길 수 있으나, 이들 각자에게 번호를 부여하면 업무처리에 있어 발생할 수 있는 문제점을 없앨 수 있다.

이 분류법은 문서를 찾기 전에 가나다 순으로 되어 있는 색인카드를 먼저 보아야 하는 불편함이 있으나 다음과 같은 경우에 사용하면 편리하다.

- 장기간에 걸쳐 부정기적인 시기에 빈번히 사용되는 경우 : 병원에서 의료보험카드번호로 분류하는 경우
- 광범위한 상호 참조를 해야 하는 계약, 특정 사건
- 명칭보다 번호를 기준으로 하는 업무 : 보험회사에서 보험증서번호로 분류하는 경우
- 보안이나 기밀을 유지해야 하는 업무인 경우
- 빠른 속도로 보관대상 문서가 늘어나는 경우

번호식 문서정리방법의 특징은 다음과 같다.

장점	단점
• 문서를 찾을 때 명칭이나 문서의 내용이 언급되지 않는다. • 새 파일을 만들어야 할 경우에 무한하게 확장할 수 있다. • 문서가 일련번호로 정리되기 때문에 찾기 쉽다. • 보관대상문서가 가진 고유번호(전화번호, 회원번호, 주민등록번호, 자동차번호 등)를 파일번호로 사용할 수 있다. • 카드 색인이 그대로 거래처의 목록표가 된다.	• 간접적인 정리방법이다. • 인건비, 비용이 많이 든다.

3 전자문서의 관리

오늘날의 사무실에서는 종이문서뿐 아니라 사진, 그림, 영상 등 다양한 멀티미디어 자료들이 활용되고 있다. 따라서 오늘날의 조직들은 다양한 매체의 정보들을 전자문서화하여 관리하는 것이 일반적이다.

1) 전자문서

전자문서란 컴퓨터 등 정보처리능력을 가진 장치에 의하여 전자적인 형태로 생성, 전송 또는 저장될 수 있는 형태의 자료 또는 정보를 말하는 것이다. 전자문서의 형태는 다음의 요건을 갖추어야 일반문서의 기록 또는 자료의 보관에 갈음할 수 있다.

- 전자문서의 내용을 열람할 수 있어야 한다.
- 전자문서가 작성·송신·수신 시의 형태 또는 그와 같이 재현될 수 있는 형태로 보존되어야 한다.
- 전자문서의 작성자, 송신자 및 송신·수신 일시에 관한 사항을 포함하는 경우 그 부분도 보존되어 있어야 한다.

2) 전자문서의 처리과정 및 보관

전자문서는 문서가 작성되고 처리되어 의사결정되는 과정까지의 단계를 전산화함으로써 결재과정에서 시간 낭비를 줄일 수 있다. 또한 온라인을 통한 문서의 수・발신 및 배부가 처리되므로 불필요한 처리과정이 중복되거나 문서 수발에 따른 인력, 시간, 비용을 절감할 수 있다.

문서의 보관단계에서도 문서를 대용량의 전자매체에 데이터베이스 형식으로 저장・보관함으로써 효율적인 저장 공간 활용이 가능하고 신속하고 정확하게 검색할 수 있다.

도입 사례

사무실에서 생산되거나 접수된 문서의 형식과 종류는 매우 다양하므로 적절한 기준에 의해 분류·정리하여 놓지 않으면 필요할 때 문서를 찾아 활용하기가 매우 어렵다. 즉 문서정리(filing)는 시스템만 잘 갖추어 두면 서류를 정리하고 찾는 데 걸리는 시간을 단축할 수 있다. 이 방식을 이용하여 컴퓨터 하드디스크도 관리하면 자료를 쉽게 찾을 수 있다.

1 문서정리의 목적을 정리해 보자.

....

....

....

2 다음 그림을 보고 문서의 순환과정을 설명해 보자. 또한 각 용어의 의미를 설명해 보자.

문서의 순환과정

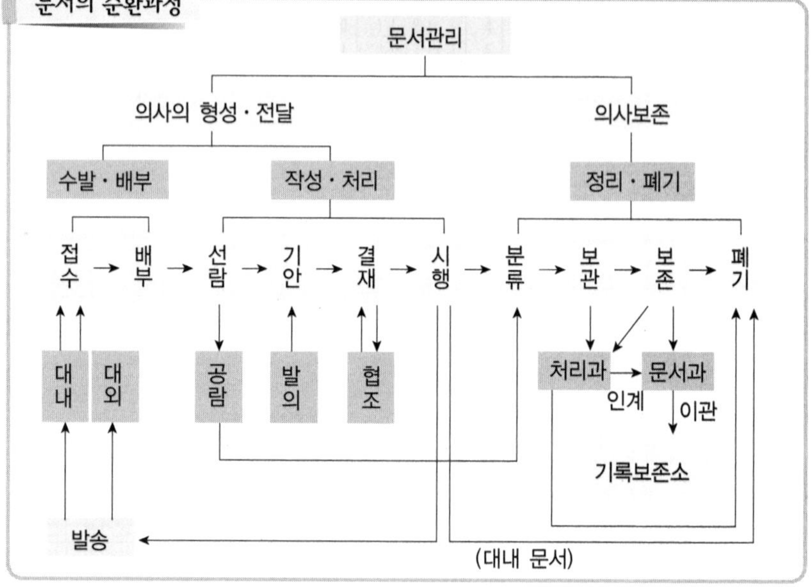

접수	
배부	
선람	
기안	
결재	
시행	
분류	
보관	
보존	
폐기	
이관	

3 요즘은 휴대폰이나 카메라를 이용해 사진을 쉽게 촬영한다. 자신의 전자앨범을 어떻게 정리해 두고 있는지 정리방식을 그림으로 그려 보자.

4 다음의 내용을 읽고 질문에 답해 보자.

> 김양희 비서는 입사한 지 일개월이 지났으며, 영업 상무와 마케팅 상무를 보좌하고 있다. 비서업무에 큰 어려움 없이 잘 적응해 가고 있으나, 한 가지 큰 문제를 어떻게 해결해야 할지 난감하였다. 문제는 상무님이 찾는 서류를 빨리 찾아 드리지 못한다는 것이다. 김 비서의 책상 옆에는 4단식 서류함(file box)이 두 개 있는데 각 서류함에는 서류가 가득 들어 있다. 전임 비서가 자료를 어떻게 분류하여 정리(filing)했는지에 대한 정보가 거의 없다.
>
> 김 비서가 일하고 있는 회사는 소, 돼지, 개, 고양이의 동물 사료를 제조·판매하는 회사인데 제품의 종류가 매우 많을 뿐 아니라 전국에 걸쳐 100개 이상의 판매 대리점을 갖고 있다. 이 이외에도 다양한 서식의 문서들이 하루에도 수십 건씩 쏟아지고 있다.

1) 김양희 비서가 문서를 효율적으로 관리하기 위해 어떤 문서정리방법을 이용하는 것이 좋을지 생각해 보자.

2) 김양희 비서가 개선한 Filing system을 그림으로 그려 보자.

5 다음은 명칭별 문서정리방법의 예이다. 화살표(↓) 밑에 문서정리 용구의 이름과 용도를 적어 보자.

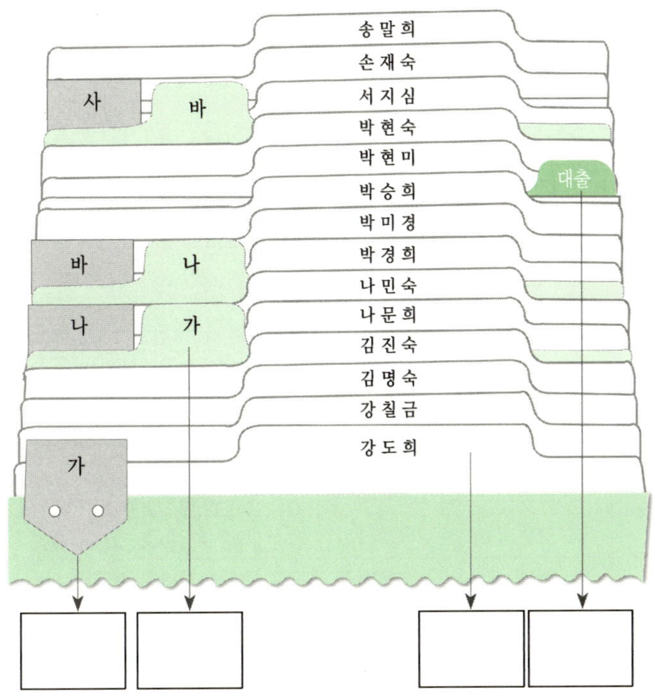

6 다음은 우리 회사와 거래하는 기업명이다. 어느 분류법이 적당한지 설명한 후 그림으로 그려 보자(가이드, 개별 폴더, 잡 폴더 등을 그려 넣어 완성해 보자).

- (주)롯데물산
- (주)메디프론티어
- 이수그룹
- (주)골드에셋투자자문
- 캡택주식회사
- (주)바이오폴라
- 명성출판사
- (주)한국콘베어공업
- (주)코스메틱케어코리아
- (주)방태산업
- (주)행남특수인쇄
- (주)미락냉장
- (주)한영캉가루
- (주)금성종합건설
- (주)파소나기
- 신무림제지주식회사
- (주)수상식품
- 웰커뮤니케이션

7 다음의 표를 보고 문서정리방식을 설명해 보자.

대분류(제1차 분류)		중분류(제2차 분류)		소분류(제3차 분류)	
기호	주제	기호	주제	기호	주제
000	총괄(총기)	200	인사 총괄(총기)	210	인사 총무 총괄(총기)
100	총무	210	인사 총무 →	211	인사 계획
200	인사 →	220	급여	212	채용
300	경리	230	복부	213	전직, 전보
400	구매	240	노무	214	고과
500	창고	250	교육 · 훈련	215	휴직, 복직
600	생산	260	위생	216	상벌
700	판매	270	안전	217	퇴직
800	(여분)	280	후생	218	(여분)
900	(여분)	290	보험		

8 위 표에서 '210 인사 총무' 부분만을 컴퓨터 화면에 띄워 보았다. ⬚ 안에 있는 항목들이 가이드인지, 잡 폴더인지, 개별 폴더인지 표시해 보자.

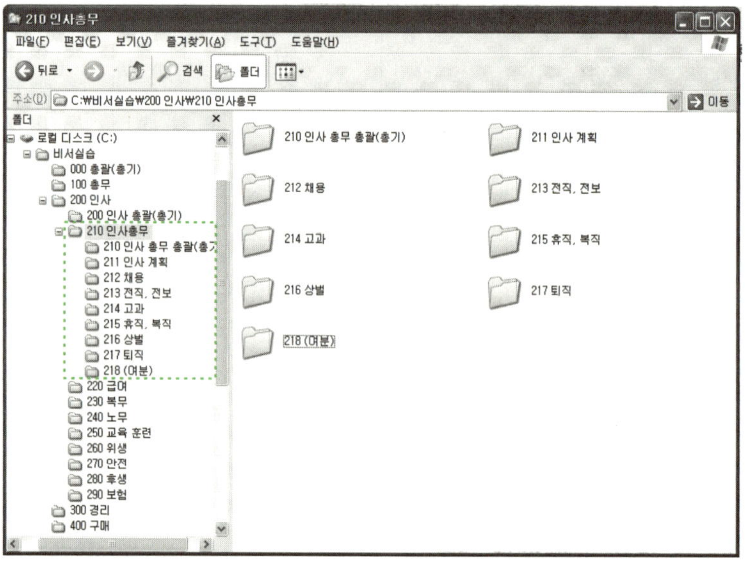

9 우리 회사는 컴퓨터 부품을 공급하는 회사이다. 부품의 종류가 매우 많아 부품과 관련된 문서는 부품모델로 보관되고 있다. 한편 제품의 판매에 관한 문서는 판매 영업소 지역별로도 보관되고 있다. 따라서 동일한 문서가 2개의 파일에 보관되는 경우가 많다. 이 문제를 해결할 수 있는 방법은 무엇인가?

10 사무실의 문서는 사유물이 아니므로 대출한 경우에는 예정된 날짜에 정확하게 문서관리자에게 돌려주어야 한다. 그러나 때로 문서를 대출한 사람이 반납기일을 잊거나 문서취급 담당자가 반환 예정일을 잊는 경우도 있다. 이러한 경우를 예방하기 위해 대출 폴더와 티클링 카드를 어떻게 활용하는 것이 좋을지 논의해 보자.

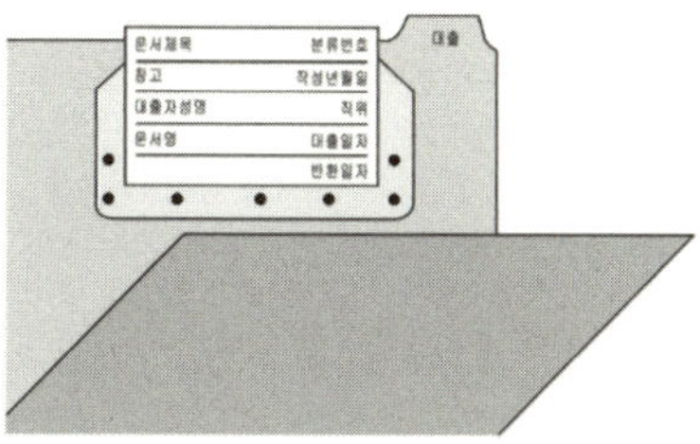

대출 폴더

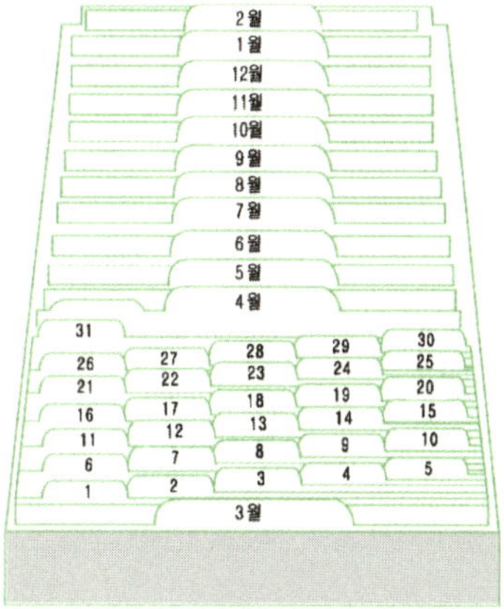

티클러 파일

10 현직 비서들이 문서정리를 어떻게 하고 있는지 조사한 후 발표해 보자(사용하고 있는 문서정리방식, 장·단점, 어려운 점, 개선이 필요한 점 등).

실습평가서

실습을 하면서 느낀 점을 적어 보자.

1. 인상적인 부분

2. 어려운 부분

3. 개선된 부분

✣ 스스로의 평가

평가점수	실습내용
매우 잘함	
잘함	
보통	
노력 요망	
많은 노력이 요망됨	

Chapter 11

문서수발신업무

Chapter

11 문서수발신업무

학습내용

1. 문서의 수신
2. 문서의 발신
3. 전자결재시스템의 활용

학습목표

1. 문서의 접수·배부 등의 문서수신업무를 효율적으로 처리할 수 있다.
2. 문서의 종류에 따라 발신방법을 결정할 수 있으며 우편제도를 활용할 수 있다.
3. 전자결재시스템의 활용을 통해 결재에 걸리는 시간을 최소화할 수 있을 뿐 아니라 사무처리의 투명성을 높일 수 있다.

1 문서의 수신

1) 문서의 접수 및 배부업무

문서의 접수방법은 조직의 규모와 특성에 따라 달라진다. 일반적으로 수신된 우편물은 문서 접수 대장에 기록된 뒤 해당 부서나 수신자에게 전달한다. 그러나 수신인이 명시되지 않은 우편물은 개봉하여 내용을 확인한 후에 관계 부서로 보낸다.

비서는 수신된 문서를 즉시 개봉하여 내용을 파악하도록 하며, 아침의 우편물 처리는 상사의 출근 전에 하는 것이 바람직하다.

비서의 우편물 처리 권한은 상사로부터 어느 정도의 신임과 권한을 받았는지에 따라 차이가 있다. 우편물을 분류만 할 수 있는 경우도 있지만, 신임을 받는 비서라면 우편물을 개봉해서 내용을 직접 읽어 보고 답신을 보낸다든지 연락을 취한다든지 등의 업무처리를 할 수 있다. 수신된 우편물의 처리과정은 다음 순서와 같다.

① 개봉

- 수신 우편물은 즉시 개봉을 한다. 이때 편지는 페이퍼 나이프(paper knife)를 이용하여 주의해서 개봉한다.
- 상사 개인에게 온 편지나 재정 관련 우편물, 그리고 봉투에 친전(親展), 사신(私信), Personal & Private, Confidential 등의 표시가 있는 우편물은 개봉하지 않고 전달한다. 그러나 실수로 개봉했을 때는 테이프로 다시 봉하고 '죄송합니다. 실수로 개봉하였습니다'라는 메모를 붙여 전달한다.
- 우편물 개봉 시 동봉물이 남아 있는지 확인을 해야 한다. 그리고 편지내용에는 동봉물이 있다고 기재되어 있는데 동봉물이 첨부되지 않은 경우 '동봉물이 첨부되지 않았으며 상대방에게 다시 요청한다'는 메모를 우편물과 함께 상사에게 전달한다.

② 접수일부인(date stamp)

- 수신 우편물은 도착날짜가 매우 중요하다.
- 공문서는 문서 주관부서에서 접수일자와 시간을 기록하지만, 공문서가 아닌 경우에는 서류의 여백에 접수일부인을 찍어서 후일 참고하도록 한다.
- 접수일부인은 회신을 빨리 하도록 재촉하기도 하고 회람을 빨리 끝내도록 하기도 한다.
- 우편물 발송일자와 수신일자 간에 차이가 클 경우 답신이 늦어진 것에 대해 해명이 가능하고, 차후 참조할 경우에도 문서의 도착날짜 확인이 가능하다.

③ 읽기

- 우편물을 읽으면서, 면담이나 회의 일시, 마감기일 등을 일정표에 표시한다.
- 우편물 내용 중 숫자, 일시 등이 정확한지 확인해 본다.
- 우편물을 읽어 보고 관련 서류가 필요할 것으로 예상되면 미리 그 서류를 찾아 우편물과 함께 상사에게 보고한다.

- 우편물의 내용을 충분히 이해하고 소화하여 부여된 권한 내에서 적절한 업무처리를 한다.
- 기밀서류를 보게 되더라도 발설해서는 안 된다.
- 수신된 문서는 내용에 따라 상사에게 전달할 것, 관계 부서로 보낼 것, 대리로 처리할 것, 폐기할 것 등으로 나누어 처리한다.

구분	내용
업무 관련 우편물	•고객 또는 거래처로부터 온 우편물 •공공기관에서 온 우편물 •자사에서 온 우편물 등
사적인 우편물	•교우 또는 친분관계가 있는 사람으로부터 온 우편물 •재정 관련 우편물 등
기타 우편물	•정기구독하고 있는 신문, 주간지, 월간지, 학술간행물, 뉴스레터 •잡지, 카탈로그, 공고전단, 안내책자 등 상사가 관심을 두고 있는 분야의 우편물

④ 전달

- 우편물을 상사에게 드릴 때는 우편물 목록을 만들어 우편물의 맨 위에 놓는다. 상사는 우편물 리스트만을 보고도 어떤 우편물이 왔는지, 어떤 내용인지를 한눈에 파악할 수 있어 시간을 효율적으로 관리할 수 있게 된다.
- 우편물을 상사에게 드릴 때는 긴급서신, 중요서신, 개봉하지 않은 서신을 위에 놓고 신문이나 정기간행물 등을 밑에 놓는다.
- 크기가 작은 우편물은 위에, 큰 것은 뒤에 놓는다.

2) 상사 부재 중의 우편물 처리

상사가 출장 등의 이유로 사무실을 비우게 될 경우 비서는 수신된 우편물을 종류에 따라 분류하고 그에 적절한 처리를 한다.

- 상사에게 보내거나 상사가 돌아올 때까지 보관해야 하는 우편물
- 상사의 업무 대행자가 처리해야 할 우편물
- 비서가 처리해야 하는 우편물

우편물의 종류	처리방법
개인 우편물	•개봉하지 않고 상사의 책상 위에 놓아둔다. •장기 출장인 경우 출장지로 보내기도 한다.
대외비 및 특수취급 우편물	개봉하지 않고 상사의 대리인에게 전달한다. 전달 시 발신인과 수신날짜를 적어 둔다.
일반 업무용 우편물	•개봉하여 일부인을 찍고 복사를 한 후에 사본은 상사의 대리인에게 전해 준다. •개봉한 편지는 일부인 옆에 전달자의 이름을 써놓고 서류철에 끼워 둔다. 이때 상사 업무 대행자가 서신과 관련하여 처리된 내용이 있는 경우는 함께 철해 둔다. •장기 출장이거나 급한 용건의 우편물인 경우는 출장지의 상사에게 보낸다.
상사의 회신을 요하는 우편물	•관계자료나 서류를 찾아 첨부해 두고 경우에 따라 비서가 초안을 작성해 둔다. •상사가 귀사한 후에 회신을 한다는 메일을 보내기도 한다.
신문 및 정기간행물	모아 둔다.

3) 봉투의 처리

수신된 우편물의 봉투는 하루 정도 보관한 후 폐기한다. 그러나 다음의 경우에는 보관해야 한다.

- 편지 속의 발신인 주소와 봉투의 주소가 다를 때
- 편지 속에 발신인의 성명과 주소가 없을 때
- 첨부되어야 할 동봉물이 보이지 않을 때
- 편지 봉투에 찍힌 소인날짜와 편지 안에 찍힌 발신날짜 간에 차이가 날 때
- 잘못 배달된 편지가 회송되어 와서 이쪽에서 회신이 늦어지게 되는 이유가 될 때
- 봉투에 수신인 회사 주소가 잘못 적혀 있을 때
- 발신인 주소가 변경되었을 때
- 소인이 찍힌 입찰이나 계약서 등 서류 봉투를 법적 증거로 이용할 수 있을 때

2 문서의 발신

1) 우편물의 발신

발신하는 모든 문서는 내용의 중요 여부에 관계없이 반드시 복사본을 만들어 편철을 해서 보관해야 한다. 또한 비밀을 요하는 문서는 항상 봉투에 넣어서 직접 전달하도록 하고, 이때 수령인이나 인수자의 서명을 받는다.

우편물을 발신할 때 유의할 사항은 다음과 같다.

- 우편물의 수신인의 주소와 내용물의 수신인의 주소가 동일한지 수차 확인한다. 특히, 같은 내용의 문서를 여러 기관으로 발신할 경우 각별히 주의를 한다.
- 동봉물이 있는 경우 첨부되었는지 확인하여 동봉물이 다른 봉투에 들어가는 일이 없도록 한다.
- 친전(personal & confidential), 속달(express), 등기(registered) 등이 표시된 우편물은 일반 우편물과 구별되도록 하고, '친전' 우편물은 확실하게 봉해야 한다.
- 초대장같이 행사의 참석을 요청하는 내용이거나 마감기한, 통보일자 등 시간적 제약이 있는 내용을 담고 있는 문서는 시간적 여유를 충분히 두고 발송한다.
- 평소 우편제도를 숙지하여 항시 요금을 절약할 수 있는 방법을 이용토록 한다.
- 창 달린 봉투(window envelope)를 사용할 때에는 수신자의 주소와 성명이 잘 보이도록 문서를 접어서 넣는다.
- 평소 주요 우편물의 발신부를 만들어 기록해 두면 업무에 참고가 되어 편리하다.

2) 우편물의 종류

우편물의 종류	내용	사용 예
친전(親展) (personal & confidential)	• 받는 이가 손수 펴보기를 바란다는 뜻 • 편지 봉투에 글로 쓰거나 도장을 찍음	기밀 문서, 개인적인 우편물 등
등기 (registered)	• 우편물마다 접수번호를 부여하고 접수한 때로부터 배달되기까지의 취급과정을 기록하여 송달의 확실성을 보장하기 위한 우편제도	중요서류, 분실되면 안 되는 중요한 물품 등

빠른우편 (special delivery)	• 접수한 날의 다음 근무 날에 배달 • 전국 어디서나 이용이 가능	급하게 우편을 보내야 하는 경우
배달증명 (certified mail)	• 배달증명을 통해 발송물이 안전하게 배달되었음을 확인할 수 있음 • 등기우편인 경우에만 해당	
소포	• 물건을 조그마하게 포장해서 보내는 우편 또는 그 우편물	
요금별납우편	• 동일한 우편물을 다량 발송하는 경우 • 일일이 우표를 붙이지 않고 우편물 표면에 "후납"을 표시 • 요금은 별도 납부하는 서비스	동일한 다량의 우편물로 청구서나 초청장 등

3) 우편제도

우편제도를 잘 알아두면 업무에 편리하게 활용할 수 있다.

참고

비서는 우편제도에 대해 알고 있어야 한다. 문서발송 시 문서의 중요도, 배달에 소요되는 시간 등을 고려해 가장 적합한 우편방법을 선택할 수 있어야 한다. 예를 들어 신속히 배달되어야 하는 중요한 서류는 '등기속달'을 이용하면 빠르고 안전하게 상대방에게 전달된다. 우리가 서류를 접수할 때 ○월 ○일자 우체국 소인까지 유효함이라고 적혀 있으면 우체국 소인이 찍히는 날짜가 기준임을 알 수 있다. 당일 늦은 시간에 우편물을 일반우편으로 접수하면 소인이 다음 날 찍힐 수도 있으므로 이런 경우 소인날짜가 중요한 경우는 직접 우체국에 방문하여 등기 등의 특수취급 우편방식을 이용해 소인의 날짜를 확인하는 것이 좋다.

오늘날 많은 문서들이 이메일이나 팩스 등을 이용하여 전송되는 경우가 많아지면서 우체국을 이용하는 경우가 줄기는 하였으나 중요한 서류나 계약서 등은 우편을 이용하여 송수신되는 경우가 많으므로 우편제도에 대해 알아두어 이와 같은 문제가 발생하지 않도록 한다. 특히 계약서, 내용증명 서류 등 주요 문서들은 언제 보냈는지와 언제 받았는지가 법적인 문제 발생 시에 매우 중요하다. 따라서 이런 경우는 발송과 배송이 명확히 표시되는 우편방법을 택해야 할 뿐 아니라 이를 증명해 줄 봉투, 우체국에서 발급받은 영수증 등을 반드시 보관하고 있어야 한다.

특히 초보비서들은 중요한 서류와 그렇지 않은 서류를 구분하기 어려운 경우가 있다. 이럴 경우는 상사나 문서담당자에게 확인하여 문서의 중요도에 따라 처리하도록 한다.

(1) 국내특급우편

등기 취급을 전제로 국내특급우편 취급 지역 상호 간에 수발하는 긴급을 요하는 우편물로서 약속한 시간 내에 신속히 배달하는 특수취급제도이다(예 : 당일특급, 익일오전특급, 익일특급 등).

(2) 민원우편

각종 민원서류를 관계 기관에 직접 나가지 않고 우편 또는 전신으로 신청하면 일반우편물에 우선하여 송달하여 주는 특별등기 취급 서비스이다.

(3) 국제특급우편(EMS)

EMS(Express Mail Service)란 서신, 서류나 소포 등을 가장 빠르고 안전하게 외국으로 배달해 주는 국제우편 서비스이다.

(4) 국제초특급우편

국제우편 서비스 중 실물을 가장 빠르게 전달하고 배달결과를 자동으로 발송인에게 알려 주는 서비스이다. 정해진 기간 내에 우편물이 배달되지 않은 경우에는 납부한 우편요금을 모두 돌려받을 수 있다.

(5) 전자우편

편지내용문과 주소록을 USB에 담아 우체국 또는 인터넷우체국(www.epost.go.kr)을 통해 접수하면 내용문을 출력하여 봉투에 넣어 배달해 주는 서비스이다. 주주총회, 정기총회, 동창회 등의 모임안내, 경조 인사, 창업 등 신규 사업 안내와 관련된 홍보물 등 동일한 내용의 우편물을 다량 발송할 때 이용하면 편리하다.

(6) 국내 및 국제 항공 특급송 · 배달 서비스

전 세계적으로 자체적인 네트워크를 통해 서류 및 소화물, 중대형 화물을 발송인의 책상에서 수취인의 책상까지(desk-to-desk) 신속·정확하고 안전하게 배달하여 주는 국제 민간 우편 서비스(courier service)로 DHL, UPS, Federal Express 같은 다국적인 회사와 국내에는 한진택배, 대한통운택배 이외에도 다수의 회사가 있다. DHL에서 제공하는 있는 대표적인 서비스의 종류는 다음과 같다.

① 상업서류 특급송달 서비스

서류의 무게나 크기에 관계없이 국내나 해외로 신속하게 보내야 할 경우에 이용할 수 있는 서비스로 주로 A4 사이즈의 소량 서류를 발송할 때 이용한다.

② 샘플/소화물 및 대량 화물 특급송달 서비스

국가 간 수출입 및 제반 상거래에 관련된 각종 샘플, 부품 및 원부자재, 완제품 및 개인 선물용품을 보낼 때 직접 방문 접수하여 포장한 후 세관 통관, 운송 등의 업무를 대행하여 주는 서비스이다.

③ 점보 주니어 및 점보 박스 서비스

발송물 무게에 관계없이 서비스 지역에 따라 규격 박스당 단일 요율을 적용하는 서비스로 대량의 서류, 카탈로그, 책자, 각종 부품, 원단 등을 발송할 때 사용하면 효과적이다.

전자결재시스템의 활용

전자결재시스템은 온라인을 통해 문서의 승인이나 신고 등의 업무처리를 하는 시스템으로 결재에 소요되는 시간을 최소화하고 문서관리의 효율성을 증대시킨다. 전자결재시스템을 이용하면 미리 설정된 결재라인에 따라 자동으로 결재 파일을 다음 결재선으로 넘겨 준다. 또한 결재가 끝난 문서들을 체계적으로 관리할 수 있고 저장된 결재문서들을 다시 불러내어 재가공할 수 있으므로 기안서를 재작성하는 번거로움을 줄여 준다.

전자결재시스템을 활용했을 때의 장점은 문서양식을 단순화시키고 문서작성과 유통을 표준화시켜 줄 뿐 아니라 문서작성자의 실명제를 통해 사무처리의 투명성과 신중성을 높여 준다는 점이다.

도입 사례

이 비서는 부영산업 회장님께 공장설립과 관련된 상사의 서신을 발송했다. 편지 내용이 컴퓨터에 저장되어 있으므로 이 비서는 상사의 서명이 들어간 편지를 복사하지 않고 우편으로 발송했다. 며칠 뒤 상사가 부영산업으로 보낸 서신을 가져오라고 해서 컴퓨터에 저장된 내용을 인쇄하여 드렸다. 상사는 인쇄물을 보고 자신이 서명도하지 않은 편지를 내보냈냐며 화를 내셨다. 이 비서가 자초지정을 말씀드렸더니 더욱 화를 내셨다.

☞ 유의점 : 비서는 발신문서 최종본의 사본을 가지고 있어야 한다. 즉, 이 경우 상사의 서명이 있는 서신을 복사한 후 원본을 발송하고 사본은 보관해 두어야 한다.

1 상사는 김 비서에게 우편물관리에 대한 모든 권한을 주어 김 비서는 상사에게 오는 모든 우편물을 개봉하고 중요한 내용에는 밑줄을 긋고 필요한 내용은 다이어리에 기록한다. 상사는 오늘 아침 수신된 우편물을 훑어본 후에 어제 동경으로 보낸 팩스를 가져오라고 한다. 상사가 어제 보낸 팩스에 대한 답변이 온 것 같다. 무엇이 잘못되었는지 생각해 보자.

2 사장님은 오늘 오전에 체결된 계약서를 미국 메릴랜드(Maryland) 지사로 보내라고 하시며 내일 오후 6시 전까지 메릴랜드 서영훈 지사장이 받아볼 수 있도록 하라고 하셨다. 이 경우에 알맞은 우편방법은 무엇인가? 또한 계약서와 같이 중요한 서류를 우편으로 발송할 때 비서가 유의해야 할 점이 무엇인지 적어 보자.

사례

김 비서는 어제 파리 지사에서 보낸 문서를 개봉한 후에 접수일부인(date stamp)을 찍어서 접수일자와 시간을 기록하였다. 차후 문서를 참조할 경우 우편물의 도착일자를 확인하기 위해서이다. 또한 봉투에 찍힌 소인날짜와 봉투 안의 서류에 적힌 날짜에 차이가 많이 나서 봉투를 버리지 않고 서류와 함께 묶어 두었다. 또한 상사에게도 이 부분에 대해서 보고를 하였다.

총무부의 문서 담당자에게 물어보니 분명 어제 수신된 우편물이라고 하여, 우체국에 연락하여 배송과정을 조회할 수 있는지 확인해 보니 국제 등기나 EMS 등은 배달 추적이 가능하지만 일반 항공우편은 배달 추적이 되지 않아 배송 지연 이유를 확인할 수 없다고 했다. 이런 경우 문제가 발생했을 때 과연 누구의 책임인가?

☞ 유의점 : 우편물의 분실, 지체 등으로 큰 손해를 입은 경우 어떻게 할 것인가? 위의 경우 파리 지사 지사장의 비서는 우편물 발송 후 도착 여부를 확인했어야 하는데 확인하지 않은 것 같다. 또한 중요한 우편물인 경우는 '등기' 등 특수취급 우편방식을 택했어야 하는데 일반 항공우편으로 발송을 하다 보니 어디서 서류가 지체되었는지 파악하기가 힘든 상황이다. 일반 항공우편의 경우 배달 추적이 불가능하므로 이 경우 잘못을 확인하기가 어렵다. 우체국에서도 일반 우편물의 경우 책임을 지지 않는다.

3 입사한 지 며칠이 안 된 이정아 비서는 우편물의 봉투를 어떻게 처리해야 할지 몰라서 큰 상자 안에 보관하고 있다. 어느날 사장님이 이 비서 책상 옆의 상자를 보고 무엇인지 물어보셨다. 우편물의 봉투를 보관하고 있다고 말씀드리자 "그걸 왜 보관하지?" 하신다. 상사에게 오는 많은 우편물들의 봉투는 어떻게 처리하는 것이 좋은지 생각해 보자.

4 다음은 상사가 오늘 중으로 발송하라고 지시한 서신의 초고이다. 이 서신을 Full block style로 완성해 발송해 보자.

January 7, 2004

Ms. Ellie Yang
Chief Finance Officer
Barclays Capital
5 The North Colonnade
Canary Wharf
London E14 4BB

Dear Ellie,
I am pleased to announce that Sarah Dunnell has relocated to Asia on a 2 year secondment to join the finance team. Sarah is a tax expert and will report to me covering all the regions tax issues. This was a key appointment for the finance team in the region and this will strengthen our tax capabilities.

Best regards,
Please join me in welcoming Sarah to Asia.

cc : Mr. Christopher D. Leap
Ms. James Clinton

bcc : Ms. Janice Lee

David Wright
Chairman

1) 수신인과 cc(carboy copy)에게 보내는 서신을 작성해 보자.

2) bcc(blind carbon copy)에게 보내는 서신을 작성해 보자.

5 다음은 우편물의 종류이다. 각 우편물의 취급방식을 설명해 보고 어떤 경우에 이용하는 것이 좋은지 구체적인 예를 들어 보자.

우편물의 종류	내용	사용 예
친전(親展) (personal & confidential)		
등기(registered)		
빠른우편(special delivery)		
배달증명(certified mail)		
국제특급우편(EMS)		
항공특급우편(DHL, UPS 등)		
소포		
요금별납우편		

6 주주총회 통지서와 같이 동일한 내용을 각기 다른 주소로 대량 발송할 때 사용하는 우편방법으로는 무엇이 좋은지 알아보자.

7 최근 많은 기업들이 전자결재시스템을 도입하고 있지만 아직도 전통적인 결재방식을 이용하는 기업들도 여전히 많다. 결재시스템에 따라 상사를 보좌하는 비서의 업무에 어떠한 차이가 있는지 현직 비서들을 면담한 후 각각의 특징과 장·단점, 결재시스템방식이 비서업무에 미치는 영향을 비교하여 정리해 보자.

실습평가서

실습을 하면서 느낀 점을 적어 보자.

1. 인상적인 부분

2. 어려운 부분

3. 개선된 부분

✣ 스스로의 평가

평가점수	실습 내용
매우 잘함	
잘함	
보통	
노력 요망	
많은 노력이 요망됨	

Chapter 12

취업준비

Chapter

12 취업준비

학습내용

1. 취업전략
2. 취업서류
3. 면접준비

학습목표

1. 비서·사무직 취업을 위한 자신의 취업전략을 세워 그에 맞추어 취업준비를 할 수 있다.
2. 이력서, 자기소개서 등의 취업서류를 완성할 수 있다.
3. 면접에서 인성과 능력을 갖춘 인재임을 보여 수 있다.

1 취업전략

최근 기업들이 스펙(Specification, 직장을 구하는 사람들 사이에서 학력·학점·토익점수 따위를 합한 것을 이르는 말)을 중요시하던 기존의 채용방식을 심층면접, 인·적성검사 등으로 바꾸고 있다. 그러나 기업들이 말하는 '스펙 초월'이란 스펙을 안 보는 것이 아니라 스펙 이상의 것을 보는 면이 강하다. 취업전형에 서류전형이 있기 때문에 구직자들은 학점, 공인외국어자격, 어학연수, 봉사활동, 동아리, 인턴 경험 등을 갖추지 않을 수는 없다. 취업여건이 어렵고 조건이 복잡하다 하더라도, 능력 있고 성실한 취업준비자에게는 기회가 주어지는 법이다. 비서·사무직 취업을 위해 알아두어야 할 취업전략 및 준비는 다음과 같다.

1) 진로경로 설정

대학 입학 초부터 자신이 취업할 분야를 구체적으로 설정해 두어야 한다. 구체적인 회사명까지는 어렵다고 하더라도 취업업체 및 직무, 역량, 자질, 자격증, 산업체 현장실습, 인턴십 등을 설계하는 것이 필요하다.

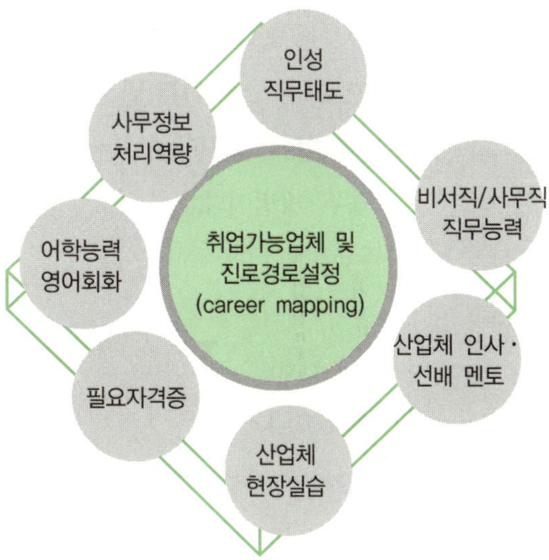

자신이 근무하고 싶은 기업에 대한 사전 확인사항은 다음과 같다.

- 근무지 : 자신의 환경과 여건 고려
- 근무조건 : 근무시간, 지리적 조건, 소음공해 등의 환경
- 업무의 특성 : 업종별 업무특성 파악
- 안정성 : 기업의 재무구조나 규모, 역사, 자기자본비율 등
- 장래성 : 전공을 살릴 수 있는지의 여부, 직업 자체가 갖는 전문성과 장래성
- 기업철학 및 조직문화 : 경영인 철학, 조직 분위기, 상하 간의 의사소통

2) 취업정보수집

비서・사무직 채용방식은 공개채용, 추천채용, 인턴사원채용 등이 있는데, 입사시험 준비를 열심히 했다고 해도 취업정보를 잘 모르면 안 된다. 채용시기, 연령, 전공

학과 등 응시자격에 제한이 있어 채용기회를 놓칠 수도 있으니 주의하도록 해야 한다. 따라서 취업을 희망하는 기업체의 기업정보 및 채용정보에 대해서는 수시로 확인하고 대비해야 한다.

효율적인 정보수집은 학교 및 학과 취업담당 부서, 취업정보 사이트, 취업정보 카페나 블로그, 취업도서, 취업설명회, 취업특강 등에서 한다. 그 외, 선배 및 주변 인맥, 직접적인 현장조사, 취업동아리 등이 있다. 취업동아리의 경우는 서로에게 유익한 정보를 가지고 있는 경우가 많으므로 1주일에 한두 번 정도 정기적으로 만나 정보를 교류하는 것이 좋다. 최근에 해당 기업에 입사한 선배나 친지가 있으면 그들을 통해 생생한 각종 정보를 얻는 것도 좋은 방법이다.

〈취업정보 사이트〉

- 인크루트 htttp://www.incruit.com
- 파인드잡 htttp://www.findjob.co.kr
- 잡코리아 htttp://www.jobkorea.co.kr
- 사람인 htttp://www.saramin.co.kr
- 잡이스 htttp://www.jobis.co.kr
- 워크넷 http://www.work.go.kr/index.jsp
- 취업뽀개기 http://www.chippostudy.com

〈취업 커뮤니티〉

- 스펙업 http://www.specup.com
  스펙업 대학생 커뮤니티, 인턴, 공모전, 대외활동, 해외봉사, 취업정보, 아르바이트 정보
- 스펙업 블로그 http://blog.naver.com/specup_blog
  대학생 해외 인턴십 정보 커뮤니티 스펙업 블로그, 공모전, 대외활동, 채용정보
- 독하게 취업하는 사람들 http://cafe.naver.com/dokchi
  취업 커뮤니티, 대기업 취업, 공채, 인턴, 이력서, 인·적성, 면접, 채용정보 및 후기

- 닥치고 취업 http://cafe.naver.com/dakchi
- 취업뽀개기 http://cafe.daum.net/breakjob

3) 취업노트

평소 취업노트에는 자기소개와 이력서 등에 활용할 만한 내용들을 지속적으로 작성해 놓고 면접 등에 활용해도 효과적이다. 실제로 이러한 취업노트를 활용해 면접 시에 그에 대한 이야기와 더불어 자신이 입사하면 구체적으로 어떻게 해나가겠다는 비전을 제시할 수 있다. 따라서 평소에 취업노트를 활용하여 메모하는 습관을 길러야 한다.

〈기록항목〉

- 평소 교내활동, 학회활동, 동아리활동이나 취미 등의 항목들과 느낌 등을 정리해 둔다.
- 취업하고자 하는 목표기업의 정보를 수시로 적어 두면 서류작성뿐 아니라 면접 시에 유용한 도움이 된다.
- 선배 및 취업 컨설턴트 등의 연락처를 메모해 둔다. 취업준비활동 중에 필요한 사항들을 점검하거나 도움을 받을 수 있도록 연락처와 이름을 기록해 둔다.
- 취업준비와 관련된 일정을 적어 둔다. 예를 들면, 기업(취업)설명회나 채용박람회의 일정을 기록한다.
- 모범 이력서 샘플을 작성해 두고 수시로 참조할 수 있도록 한다. 또한 이력서, 자기소개서에 넣을 내용을 노트에 정리해 두면 서류작성 시 도움이 된다.
- 취업활동에 도움을 준 사람들의 연락처와 주소를 기입한다. 취업활동이 끝난 후 감사 인사를 잊지 않는다.

2 취업서류

1) 이력서

이력서에는 자신의 신상에 관한 내용과 학력·경력 등이 포함되어야 한다.

① 인적사항

- 성명, 생년월일, 연락처(주소, 전화번호, e-mail 주소 등)를 기입한다.
- 이력서 호주와의 관계 기입 시에는 호주의 입장에서 관계를 적도록 한다. 예를 들어 아버지가 호주이고 본인이 장녀일 경우에 호주와의 관계는 '장녀'가 된다.

② 학력 및 경력사항

- 이력서의 내용 중 가장 중요하고 핵심적인 사항으로 고등학교부터 기입하는 것이 일반적이다. 졸업날짜를 정확히 알아서 적는 성의 또한 필요하다.
- 아르바이트나 인턴사원 경험을 구체적으로, 기업체와 담당 부서 및 담당 업무내용까지 적는다.

③ 특기 및 상벌사항

- 보유하고 있는 자격사항을 기입한다.
- 수상내용을 기입한다. 지원 회사의 특성을 고려하여 관련된 수상내용을 기입한다. 외국어나 컴퓨터 자격증이 없는 경우에는 어학 동아리 활동이나 본인이 사용할 수 있는 컴퓨터 프로그램을 기입할 수 있다.

④ 봉사활동 내역

봉사활동을 한 경우 활동기관명, 기간, 봉사내용 등을 기입한다.

⑤ 사진 부착

- 활동적이며 이지적인 인재라는 확고한 생각을 줄 수 있는 사진이 좋다. 화장, 머리, 복장 등이 단정하며 예비 직장인다운 모습의 사진이 좋다.

- 자연스럽게 웃는 표정의 사진이 좋다.

2) 자기소개서

자기소개서는 지원자의 성장과정, 업무역량, 대인관계, 지원동기, 입사 후 포부 등을 중심으로 작성한다. 최근에는 기업마다 지원하는 업무 분야에 따라 요구하는 자기소개서의 내용이 다르며 글자 수까지 제한하는 경우가 많다. 제한된 지면에 자신의 생각과 경험을 모두 기술해야 하므로 문장력이 중요하다.

또한 자신의 경험을 중심으로 어떻게 노력해 왔는지, 앞으로의 계획이 명확한지 등을 객관적인 자료를 중심으로 자기소개서를 작성하면 훨씬 더 설득력 있고 생동감 있는 자기소개서가 된다.

① 자기소개서의 특징

- 자기소개서와 이력서는 다르다.

  이미 이력서에 있는 내용을 단순하게 부연설명하는 것이 자기소개서는 아니다. 이력서에 쓸 수 없었던 자신의 이야기를 적어 자신을 소개할 수 있도록 한다.

- 논리 정연해야 한다.

  일단 취업을 하게 되면 기획서·품의서 등 많은 글을 써야 하므로 평가자는 자기소개서를 통하여 그 사람의 논리 전개력을 평가하게 된다.

- 솔선수범과 협동심을 부각시켜야 한다.

  기업이 모집하는 사원은 슈퍼맨이 아니라, 조직 내에서 함께 일할 사람을 선택하는 것이다. 따라서 학창시절 또는 봉사활동 등을 통해 다른 사람과의 협동심을 키워온 이야기를 부각시키면 좋다.

- 긍정적이고 적극적인 사람임을 인지시켜야 한다.

  평가를 하는 사람들은 대부분 자기소개서를 쓰는 사람보다 10년 이상 경험이 많고 나이 차이가 많은 사람들이다. 때문에 평가자에 따라서는 젊은 세대가 이기적이고 소극적일 것이라는 선입견을 가질 수도 있음을 고려하여 자신이 긍정적이고 적극적인 사람임을 부각시켜야 한다. 막연하게 서술하여서는 설득력이 없으므로 경험을 중심으로 적어야 한다.

- 자신의 능력을 자신 있게 말한다.

지나친 겸손보다는 적당한 자기 자랑이 필요한 시대이다. 자신의 외국어 능력은 물론이고 취미생활이나 특기 중에서 자랑할 수 있는 것을 자랑하면 평가자는 그 부문에 기대를 걸 수도 있다.

- 입사 동기와 장래 포부를 명확히 피력한다.

남들이 다 쓰는 평범한 입사 동기보다는 솔직하고 명확하게 본인의 목표를 가능한 한 구체적으로 적는다.

- 정성과 성실함이 묻어나도록 깨끗하게 작성한다.

요즈음은 컴퓨터로 작성하나 아직까지도 자필로 쓴 자기소개서를 요구하는 경우도 있다. 특히 지원서 뒷면에 자기소개서를 쓰도록 되어 있다면 반드시 손으로 써야 하는데, 글씨를 정성스럽게 써야 한다.

② 자기소개서 작성요령

- 내용을 이해하기 쉽고 읽는 사람의 시선을 끌 수 있도록 소제목을 붙이면 좋다.
- 지루하지 않도록 눈에 띄는 표현으로 읽는 사람의 관심을 끌 수 있도록 한다. 끝에 작성일자와 본인 이름을 쓴다.
- 글자 수를 제시한 경우는 글자 수를 가능한 맞춘다. 너무 적은 양은 성의가 부족해 보이므로 주어진 글자 수를 가능한 채우도록 한다. 자유 형식의 자기소개서인 경우 1~1.5쪽이 적당하다.
- '저는' 등의 말이 반복되지 않도록 한다.
- 본문은 '~습니다' 등 존대어로 끝나도록 한다.
- 끝에 '이상으로 저의 소개를 마치겠습니다' 등으로 끝내는 것보다 감사의 말로 끝내는 것이 좋다.
- 끝에 작성일자와 본인 이름을 적는다.
- 글자 모양과 크기, 줄간격 및 줄맞춤 등을 조절하여 보기 좋게 작성한다.
- 맞춤법, 띄어쓰기 등에 주의하고 줄임말, 약어 등은 지양하고 표준어로 작성한다. 특히 요즘 세대가 줄임말을 많이 사용하게 되면서 공식적인 문서에서도 줄임말을

사용하는 경우가 많으므로 이에 대한 주의가 필요하다.

- 한 문장의 길이가 두 줄을 넘지 않도록 하고 한 문단도 7줄이 넘지 않도록 한다.
- 종이질이 좋은 곳에 프린트하며, 프린트가 지저분하게 되지 않도록 한다.

3) 포트폴리오

전문적 능력을 갖춘 비서라면 취업을 위해 그동안 본인의 성취 여부를 증명할 수 있는 제반 서류를 마련하여 포트폴리오(portfolio)를 제출하면 좋은 인상을 줄 수 있다. 자신이 갖추고 있는 능력 및 성과 파일을 프로젝트(project) 과제, 훈련(training), 기술(skill) 등으로 분류하여 포트폴리오에 포함한다. 이와 같은 자료를 준비함으로써 본인이 가지고 있는 전문적 기술, 능력 등의 객관적 증거를 제시한다.

3 면접

비서직의 경우 일반적인 시험만으로 비서의 적합성 여부를 판단하기는 어렵다. 이에 따라 비서직은 적격자를 선발하는 과정에서 면접이 차지하는 비중이 매우 높다. 면접에서 중요한 요소는 면접의 자세와 답변의 내용인데 자세는 겸손하게, 그리고 답변은 자신 있게 하는 것이 중요하므로 면접에 대한 충분한 준비가 요구된다.

1) 면접순서 및 주의사항

일반적으로 면접시험은 대기→호명→입실→면접→퇴실의 순서로 진행된다. 실질적인 질의·응답이나 토론은 면접실에서 이루어지지만 대기실에서부터 퇴실까지 행동 하나하나가 평가의 대상이 된다는 것을 분명히 인지하고 있어야 한다. 또한 면접시험의 순서를 아는 것은 안정감을 유지하는 데 꼭 필요하다는 것을 기억하자.

① 회사 도착

지각은 절대 금기사항이며, 가급적 20분 정도 일찍 도착하는 것이 분위기를 파악하는 데 도움이 된다. 회사에 도착하는 순간부터 수험생의 입장이라는 것은 감안하여 긴장감을 가지고 절도 있게 행동하는 것이 바람직하며, 침착하게 대기실을 찾아가도록 한다.

② 대기실에서

대기실에서는 회사의 인사담당 직원으로부터 면접순서와 유의사항을 전달받고, 차례를 기다리게 되는데 면접시험은 이때부터 시작된다고 해도 과언이 아니다. 잡담을 나누는 등의 불필요한 행동은 자제하고, 바른 자세를 유지해야 하며, 예상되는 질문에 대한 답변을 최종적으로 정리하는 것이 좋다. 차례가 가까워지면 다시 한 번 자신의 복장과 머리 스타일 등에서 흐트러짐이 없나 점검하면서 가다듬을 필요가 있다.

③ 입실

담당 직원이 자신의 이름을 부르면 똑똑히 대답한 후 면접실 문을 세 번 노크하고 응답이 있는 다음에 들어간다. 면접실에 들어서면 조용히 문을 닫고 가볍게 허리를 굽혀 인사한다. 그리고 면접위원이 지시하는 자리로 가 정식으로 인사한 후 수험번호와 성명을 또박또박 말하고 자리에 앉는다.

④ 질의 · 응답

다음 사항을 고려하여 답변하면 좋은 인상을 줄 수 있다.

- 응답 시에는 너무 말을 꾸미지 말고 솔직하게, 그리고 자신 있는 태도로 대답하여 신뢰감을 주도록 한다.
- 면접관의 질문이 끝나면 잠시 여유를 두었다가 간략하게 결론부터 말하고, 그에 따르는 설명과 이유를 덧붙여 논리가 명확한 답변이 되도록 한다. 물론 부가적인 설명도 간단 · 명료하게 한다.
- 올바른 용어를 적절히 구사해야 함은 면접의 기본이다. 특별한 경우를 제외하고, 특히 속어, 은어, 비어의 사용은 금물이다. 또한 가능한 한 직접 화법을 쓰되 구체적으로 대답해야 한다. "~같아요" 등의 불분명한 종결어미는 사용하지 않는 것이 현명하다.

- 혹시 잘못 대답했다고 해서 혀를 내밀거나, 머리를 긁적거리는 일은 없도록 한다. 또한 질문에 대한 대답이 생각나지 않는다고 천장을 쳐다보거나 머리를 푹 숙이고 바닥을 봐서도 안 된다.
- 질문내용을 잘 모를 때는 적당히 얼버무려 대답하지 말고 다시 확인한 뒤 대답한다. 그리고 모르는 질문에는 머뭇거리거나 더듬거리지 말고 5~10초 정도 생각해 보고 생각이 나지 않으면 '모르겠습니다', '잊었습니다', '학과 공부에 열중하다 보니 잊었습니다' 등으로 솔직하게 대답하는 것도 좋다.
- 난처한 질문을 받더라도 재치 있게 답변해야 한다. 그리고 사소한 질문에도 최선을 다하는 자세를 보여 줘야 한다.

면접 질문은 상황에 따라 매우 다양하나, 일반적으로 회사를 지원하게 된 동기, 회사에 대한 배경 등은 미리 생각하고 준비해 가는 것이 좋다.

⑤ 퇴실

면접관이 나가도 좋다고 하면 자리에서 일어나 '감사합니다'라고 인사하고, 의자를 바르게 놓은 후에 조용히 문을 닫고 나온다. 면접이 끝나고 의자에서 일어나면 앉았던 의자를 정돈한 후, 15° 정도의 가벼운 인사를 한다. 퇴실할 때 힘없는 표정을 짓지 않도록 주의한다.

2) 면접시험 시 피해야 할 사항

- 지각은 절대 금물이며 20분 정도는 일찍 도착하여 회사를 둘러보고 환경에 익숙해지는 시간이 필요하다.
- 앉으라는 지시를 받고 앉는다. 그러나 면접관이 지시하지 않으면 정중하게 "의자에 앉아도 될까요?" 하고 물어본다.
- 옷에 손을 자주 대면서 고쳐 입지 않도록 한다. 이러한 행동과 태도는 침착하지 못하고 자신 없고 불안하게 보인다.
- 시선을 다른 방향으로 돌리거나 눈을 위로 뜨지 말고 너무 긴장하여서 발 장난이

나 손장난을 하지 않도록 한다.

- 동종업계나 라이벌 회사에 대한 비난은 피해야 한다.
- 인사 담당자 책상에 있는 서류를 힐끗 쳐다보는 태도와 시선은 피한다.
- 먼저 면접한 동료들과 대기실에서 면접내용에 관하여 이야기하지 않는다.
- 집단면접 시 다른 지원자가 답할 때 경청하는 자세가 필요하다. 내 순서가 아니라고 무심한 표정을 짓거나 대답하는 지원자를 빤히 쳐다보아서는 안 된다. 상대방의 의견에 동의할 때는 가볍게 고개를 끄덕여도 된다. 다른 지원자가 답할 때 얼굴을 찌푸리거나 표정이 굳어지지 않도록 주의한다.
- 농담은 되도록 피한다. 쾌활한 것은 좋지만 지나치게 경망스런 태도는 취업에 대한 의지가 부족하게 보인다.

도입 사례 [취업기사] '스펙 초월' 채용, 취업준비생에게 또 다른 부담?

요즘 기업들이 사원을 뽑는 방식을 보면 이른바 스펙을 보지 않겠다는 게 대세를 이루고 있다. 영어 점수나 필요 없는 자격증 따는 데 쓸데없이 힘을 쏟지 말라는 건데, 이런 취지와는 달리 채용방식이 바뀌어도 취업 사교육을 받아야 하는 건 마찬가지란 하소연이 나온다.

대학 졸업을 앞둔 취업 준비생들에게는 요즘 이른바 '스토리텔링' 구술면접을 대비하는 것이 필수처럼 되었다.

〈인터뷰〉 "많은 형태의 면접이 있기 때문에 PT, 스토리텔링, 면접을 자체 준비하고 있습니다."

최근 들어 기업들이 학벌, 학점, 영어성적, 자격증 등 이른바 스펙을 중요시하던 기존의 채용방식을 바꾸고 있기 때문이며 대신 자기소개 오디션이나 심층면접, 인성·적성검사 등이 도입되고 있다. SK그룹, LG 등 대기업뿐만 아니라 산업인력공단 등 공기업들도 마찬가지이다. 시중에는 인·적성검사 대비반 등 이른바 스펙초월 준비 학원과 수험서적까지 등장했다.

〈인터뷰〉 "이번 상반기부터 채용문화가 급격히 바뀌면서… 저희처럼 당장 졸업을 앞두고 취업준비를 해야 하는 취업준비생 같은 경우는 급격하게 바뀐 취업환경이 어렵게 느껴지는 것이 사실입니다."

〈인터뷰〉 "사실 인성이나 사회성 등은 준비하기가 어려운 것 아닙니까. 전공과 관련된 부분을 더욱 준비하는 것이 필요하고…"

다양해진 채용방식은 수험생들의 평상시 잠재능력을 평가하는 데 집중돼야 하는데 또 하나의 짐만 안기고 있다는 게 취업준비생들의 하소연이다.

자료 : KBS TV 2014. 7. 20.

1 다음의 항목을 중심으로 이력서에 넣을 내용을 정리해 보자.

1) 학력사항

	기간	출신학교 및 학과	졸업 여부	학점
학력				

2) 교육이수과정 및 수상내역

	기간	내용	기관명
교육이수과정			
수상내역			

3) 교내활동

	기간	기관명	업무내용	직위
경력사항				

4) 이수과목

이수과목	1학년	
	2학년	
	3학년	
	4학년	

5) 자격증

취득	자격증	발행처

6) 특기사항

어학능력		

컴퓨터 활용능력	

7) 장학금 수혜

기간	관련내용	발행처

2 국문이력서를 작성해 보자.

3 영문이력서를 작성해 보자.

4 다음 내용을 참고하여 스토리텔링 기반 자기소개서 내용을 작성해 보자.

성공적인 자기소개서 작성 TIP! … 진정성과 구체성!
남과 다른 나만의 특징이 드러나도록 해야 하고, 성장과정 속에서 나만의 장점이 부각되어야 한다. 스토리, 장점, 문제해결과정이 잘 나타나는 자기소개서가 좋은 자기소개서이다. 자신이 진로를 탐색하고 문제의 해결과정을 다양한 경험과 사례를 통해 작성하는 것이 중요하다.

① 대학시절 경험한 것을 사소한 것 하나까지 떠오르는 대로 다 나열해 본다. 즉, 동아리 활동, 대회 수상, 임원 경력, 독서, 교우관계 등 사소한 것까지 적어 본다.
② 경험들을 모두 적은 후 자기소개서 문항에 맞게 전략적으로 배치한다. 성장과정, 학교생활, 사회활동, 성격의 장·단점, 지원동기 및 입사 후 포부 등으로 내용을 구분한다.
③ 자기소개서 항목마다 핵심적인 헤드라인을 적어 본다.
④ 적절한 에피소드와 그것을 통한 깨달음을 적는다.
⑤ 핵심역량이 드러나도록 자신의 성격을 적어본다.
⑥ 취업지원분야와 연관성이 강한 지속적 활동 위주로 적는다.
⑦ 대학시절 본인만의 특별한 상황을 이용한 어필 포인트를 적는다.
⑧ 성취경험, 가장 어려웠던 경험, 실패경험 등을 적는다.
⑨ 지도교수, 취업 컨설턴트, 선배 등의 첨삭을 받는다.
⑩ 최소 대여섯 번의 수정작업을 거쳐야 한다.

참고 SK의 인사담당자가 생각하는 '좋은 자소서'란?

기업의 인재상과 자신의 장점을 일치화한 자소서이다. 차별화된 스토리를 인재상에 연결해 자신의 장점과 경쟁력을 효과적으로 표현해야 한다는 의미이다. 다만 단순 나열식은 지양해야 한다. '저는 모든 것을 잘하니 무조건 뽑아 주세요'는 '전 이 회사를 위해 아무런 준비가 안 돼 있습니다'와 같은 의미로 본다. 지원 직무를 수행하기 위해 노력했던 것과 그에 맞는 보유역량들을 진실되게 이야기할 수 있어야 한다.

1) 성장과정

성장과정	소제목 :

2) 성격의 장·단점

성격의 장·단점	소제목 :

3) 경력사항

경력사항	소제목 :

4) 지원동기

지원동기	소제목 :

5) 입사 후 포부

입사 후 포부	소제목 :

5 인사 담당자에게 보내는 구직편지를 국문/영문으로 작성해 보자.

1) 구직편지(국문)
2) 구직편지(영문)

6 다음은 면접 체크리스트이다. 면접 전에 질문내용을 확인한 후 면접에 임한다. 면접 후 면접자로부터 면접 점수를 확인하고 본인의 면접 강점과 약점을 분석해 본다.

면접 checklist

면접자 ______________ 확인 ______________

항목	Yes	No
착석 지시를 받은 후 자리에 앉았는가?		
면접 중 손이나 발을 움직였는가?		
면접관을 바라보며 답변하였는가?		
옷에 손을 자주 대면서 고쳐 입었는가?		
명랑하고 활기찬 느낌이 지나치지는 않았는가?		
옷차림이나 화장이 너무 눈에 띄지는 않았는가?		
응답 시에는 너무 말을 꾸미지 말고 솔직하게, 그리고 자신 있는 태도로 대답하여 면접관에게 신뢰감을 주었는가?		
면접관이 질문하자마자 급하게 대답하였는가?		
말의 속도가 적당하였는가?		
면접관의 질문에 결론부터 말하고 이유를 말하였는가?		
의견에 따르는 설명과 이유를 덧붙여 논리가 명확한 답변이 되었는가?		
"~같아요" 등의 불분명한 종결어미를 자주 사용하였는가?		
혹시 잘못 대답했다고 해서 혀를 내밀거나, 머리를 긁적였는가?		
질문에 대한 대답이 생각나지 않아 한참 망설였는가?		
사소한 질문에도 최선을 다해 답하였는가?		
질문의 요지를 이해하지 못해서 동문서답을 하지는 않았는가?		
중간에 실수를 하여 그 실수를 생각하느라 뒷마무리를 잘하지 못했는가?		
끝까지 최선을 다했는가?		
면접관에게 불필요한 질문을 하였는가?		
'수고하셨습니다'라고 인사를 하였는가?		
어깨를 축 늘어뜨리면서 퇴실하였는가?		

7 다음은 일반적으로 많이 질문되는 면접 질문들이다. 각 질문에 간단하게 답해 보자.

1) 지망동기에 대한 질문사항

- 우리 회사에 지망하겠다고 마음먹은 것은 언제부터이며, 어떤 동기에 의해서입니까?

- 우리 회사에 들어오기 위해서 본인이 특별히 노력한 것이 있습니까?

- 직장을 선택하는 데 가장 중요하게 생각하는 부분은 무엇입니까?

- 우리 회사 이외의 다른 회사에 지망한 적이 있습니까?

2) 자신에 관한 일반적인 질문

- 1분 동안 자기 PR을 해보십시오.

• 3분 이내로 자기 소개를 해 보십시오.

• 당신에게 성공이란 무엇입니까? 반대로 실패란 무엇입니까?

• 실패를 한 적이 있습니까? 있다면 어떻게 극복하셨습니까?

• 어려운 사람들을 도와준 경험이 있으십니까?

• 자신의 인생에 가장 큰 영향을 미친 사람이나 사건이 있습니까?

• 요즘 본인의 주된 관심사는 무엇입니까?

3) 일에 대한 의식

• 당신에게 직업은 어떤 의미를 갖습니까?

• 갑작스런 일이 주어졌는데 사전에 다른 약속이 있다면 어떻게 하시겠습니까?

• 당신이 희망하는 부서를 말해 보십시오.

• 당신은 우리 회사에서 어떤 위치까지 오를 수 있다고 생각하십니까?

• 상사와 의견이 다를 경우 당신은 어떻게 하시겠습니까?

• 어떤 유형의 상사와 일하고 싶으십니까?

• 상사가 지시한 업무가 회사 규정에 어긋날 경우 어떻게 하시겠습니까?

• 많은 여성들이 결혼 후 직장을 그만두는 것에 대해 어떻게 생각하십니까?

• 순환보직에 의해 본인이 원하지 않는 업무를 맡게 된다면 어떻게 하시겠습니까?

• 직장에서 함께 일하고 싶지 않은 동료는 어떤 유형의 사람들입니까?

• 다른 사람을 평가할 때 가장 중요하게 생각하는 부분은 무엇입니까?

• 신입사원으로서 가져야 할 마음가짐으로 세 가지만 말씀해 보십시오.

4) 대학생활 및 친구에 대한 질문

- 학창시절에 무엇인가에 열중했던 적이 있었습니까?

- 이 전공을 왜 선택하셨습니까?

- 대학 전공에 만족하셨습니까? 만족하셨다면 어떤 부분이 가장 만족스러웠는지요?

- 아르바이트 경험이 있으시다면 어떤 아르바이트를 얼마 동안 하셨습니까?

- 학점이 좋지 않은데 특별한 이유가 있나요?

- 다시 대학생활을 시작한다면 무엇을 제일 먼저 하시겠습니까?

• 본인이 가장 잘하는 것은 무엇입니까?

• 친한 친구가 몇 사람 있습니까? 친구는 당신에게 어떠한 존재입니까?

• 당신에 대한 주변 사람들의 평가는 어떻습니까?

5) 능력 및 업적에 관한 질문

• 컴퓨터를 어느 정도 사용 가능하십니까?

• 영어 자격증이나 공인인증 점수가 있으십니까?

• 당신이 제일 자랑으로 생각하는 자신의 업적을 3가지 정도 들어 보십시오.

6) 팀워크에 관한 질문

- 남의 감독하에 일하는 것과 자기 혼자서 일하는 것, 어느 쪽을 좋아합니까?

- 본인의 팀워크가 좋다고 생각하십니까? 그 이유는?

- 조직 속에서 조직원으로 일하는 것이 무슨 의미라고 생각하십니까?

7) 면접 기업에 관한 질문

- 당사에 관하여 무엇을 알고 계십니까?

- 당사에서 꼭 일하고 싶은 이유 3가지를 설명해 보십시오.

• 당신은 당사에 어떻게 공헌할 수 있습니까?

• 당사에서는 왜 다른 사람이 아니라 당신을 고용해야만 할까요?

8) 허를 찌르는 질문

• 전일 당사의 주가는 얼마였는지 아십니까?

• 지금 당신이 이 회사의 CEO가 된다면 어떤 일을 하시겠습니까?

• 내일 지구가 사라진다면 당신은 오늘 무슨 일을 하시겠습니까?

• 가장 최근에 본 영화가 있다면, 보고 난 소감은?

- 다른 사람들이 뒤에서 자신에 대해 안 좋은 이야기를 하는 것을 알게 되었습니다. 어떻게 하시겠습니까?

- 지금 당장 5천만 원이 생긴다면 무엇을 제일 먼저 하시겠습니까?

- 당신이 지금 면접관이라면 어떤 질문을 하겠습니까?

9) 개인의 인생관

- 좌우명이 있다면 말씀해 주십시오.

- 자신의 인생지표가 되는 사람이 있다면? 그 이유는?

- 노동조합에 대해서 어떻게 생각하십니까?

• 어려운 사람들을 도와준 경험이 있으십니까?

• 10년 후의 당신의 모습을 그려 보십시오.

실습평가서

실습을 하면서 느낀 점을 적어 보자.

1. 인상적인 부분

2. 어려운 부분

3. 개선된 부분

✣ 스스로의 평가

평가점수	실습내용
매우 잘함	
잘함	
보통	
노력 요망	
많은 노력이 요망됨	

부 록

1. 전문비서 윤리강령
2. 항공사 코드
3. 각국 도시 공항 코드
4. 세계 주요국 월별 평균 기온
5. 세계시차표
6. 세계 화폐단위
7. 수의

전문비서 윤리강령

서문

전문비서윤리강령은 비서가 전문 직업인으로서 신뢰와 책임감을 갖추고 성실히 업무를 수행하며, 나아가 사회에 공헌하도록 함을 목적으로 제정되었다.

비서는 윤리강령을 준수할 의무를 지니며 직무를 수행함에 있어 본 강령을 행동준칙으로 채택한다.

Ⅰ. 직무에 관한 윤리

【상사 및 조직과 고객의 기밀 유지】 비서는 업무와 관련하여 얻게 되는 상사나 조직, 또는 고객에 대한 정보의 기밀을 보장하고 업무 외의 목적으로 기밀 정보를 사용하지 않는다.

【조직과 상사와의 관계】 비서는 전문적인 지식과 사무능력을 보유하고 업무를 효율적으로 수행함으로써 상사와 조직의 이익을 증진시킨다.

【예의와 정직】 비서는 항상 상사와 고객에게 예의를 갖추어 친절하게 대하며 직무수행에 있어 직위의 범위를 벗어나는 언행을 삼가고 정직하게 임하여 신뢰를 받도록 노력한다

【동료와의 관계 및 팀워크】 비서는 존중과 신뢰를 바탕으로 동료들과의 관계를 협조적, 우호적으로 유지하여 효과적인 팀워크를 이루어 나갈 수 있도록 노력한다.

【보상】 비서는 최선의 업무결과에 대한 정당한 대우를 받을 권리가 있으나 부당한 목적을 위해 제공되는 보상에 대해서는 응하지 않는다.

【자원 및 환경 보존】 비서는 업무수행 시 경비절감과 자원절약, 환경보존을 위해 노력한다.

【직무수행 봉사정신】 비서는 자신의 직무와 관련된 사항에 대해 직무수행 효과를 제고한다.

Ⅱ. 전문성에 관한 윤리

【전문성 유지 및 향상】 비서는 지속적인 자기계발을 위해 교육·훈련 프로그램에 적극적으로 참여함으로써 비서로서의 전문성을 유지 및 향상시킨다.

【전문직 단체 참여】 비서는 자신의 전문성을 향상시킬 수 있는 전문직 단체에 참여하여 정보 교환과 상호 교류를 통해 비서직 성장·발전과 권익 옹호를 도모한다.

【품위 유지】 비서는 직업의 명예와 품위 향상을 위하여 노력한다.

【사회봉사】 비서는 지역사회의 발전 및 공공의 이익을 도모할 수 있는 각종 봉사활동에 적극적으로 참여한다.

한국비서협회(www.kaap.org)

항공사 코드

항공사 코드(IATA)	항공사명	항공사 영문명
AC	캐나다항공	Air Canada
AF	프랑스항공	Air France
BA	브리티시항공	British Airways
CX	캐세이패시픽항공	Cathay Pacific
DL	델타항공	Delta Airways
JD	일본에어시스템	Japan Air System
KL	네덜란드항공	KLM Royal Dutch Airlines
NH	전일전공	All Nippon Airways
PR	필리핀항공	Philippine Airlines
TG	타이항공	Thai Airways Int'l
CA	중국국제항공	Air China
KE	대한항공	Korean Air
LH	루프트한자항공	Lufthansa German Airlines
MU	중국동방항공	China Eastern Airlines
SR	스위스항공	Swiss Air Transport
SQ	싱가포르항공	Singapore Airlines
OZ	아시아나항공	Asiana Airlines
CZ	중국남방항공	China Southern Airlines
AN	안셋항공	Ansett Australia
HY	우즈베키스탄항공	Uzbekistan Airways
CS	콘티넨탈항공	Continental Micronesia Inc.
SU	아에로플로트항공	Aeroflot Russian Int'l Airlines
NZ	뉴질랜드항공	Air New Zealand
VN	베트남항공	Vietnam Airlines
AI	에어 인디아	Air India limited
TK	터키항공	Turkish Airlines
NW	노스웨스트항공	Northwest Airlines
QF	콴타스항공	Qantas Airways
MH	말레이시아항공	Malaysia Airlines System
UA	유나이티드항공	United Airlines

각국 도시 공항 코드

일본 지역

도시명	코드	도시명	코드	도시명	코드
동경	NRT	오사카	KIX	나고야	NGO
후쿠오카	FUK	아오모리	AOJ	히로시마	HIJ
후쿠시마	FKS	가고시마	KOJ	고마츠	KMQ
마쓰야마	MYJ	니가타	KIJ	오이타	OIT
오카야마	OKJ	삿포로	SPK	센다이	SDJ
다카마쓰	TAK	도야마	TOY		

중국 지역

도시명	코드	도시명	코드	도시명	코드
북경	BJS	장춘	CGQ	대련	DLC
광저우	CAN	하얼빈	HRB	청도	TAO
상해	SHA	심양	SHE	천진	TSN
연태	TNT	계림	KWL	연길	YNT

아시아 지역

도시명	코드	도시명	코드	도시명	코드
서울	ICN	홍콩	HKG	방콕	BKK
싱가포르	SIN	대만	TPE	마닐라	MNL
푸켓	HKT	뉴델리	DEL	호치민	SGN
자카르타	CGK	코타키나발루	BKI	쿠알라룸푸르	KUL
뭄바이	BOM	울란바토르	ULN		

독립국가연합(구소련) 지역

도시명	코드	도시명	코드	도시명	코드
알미티	ALA	하바롭스크	KHV	크라스노야르스크	KJA
모스크바	SVO	타쉬켄트	TAS	블라디보스토크	VVO
사할린	UUS				

미주 지역

도시명	코드	도시명	코드	도시명	코드
로스앤젤레스	LAX	뉴욕	JFK	뉴어크	EWR
샌프란시스코	SFO	시카고	ORD	시애틀	SEA
호놀룰루	HNL	앵커리지	ANC	애틀랜타	ATL
보스턴	BOS	댈러스	DFW	덴버	DEN
라스베이거스	LAS	올랜도	ORL	필라델피아	PHL
워싱턴	IAD	상파울로	GRU	토론토	YYZ
밴쿠버	YVR	부에노스아이레스	BUE	산티아고	SCL

대양주 지역

도시명	코드	도시명	코드	도시명	코드
오클랜드	AKL	브리스베인	BNE	크라이스처치	CHC
괌	GUM	사이판	SPN	시드니	SYD

유럽 지역

도시명	코드	도시명	코드	도시명	코드
암스테르담	AMS	프랑크푸르트	FRA	런던	LHR
파리	CDG	로마	FCO	취리히	ZRH

세계 주요국 월별 평균 기온

도시명	1월	2월	3월	4월	5월	6월	7월	8월	9월	10월	11월	12월
뉴욕	2/-4	3/4	7/-1	14/6	20/12	25/16	28/19	27/19	26/16	21/9	11/3	5/-2
동경	9/-1	10/0	13/3	18/9	22/14	25/18	29/22	31/23	27/20	21/13	16/7	12/2
런던	7/2	7/2	11/9	13/4	17/7	21/11	23/13	22/12	19/11	14/7	9/4	7/2
로마	11/5	13/5	15/7	19/10	23/13	28/17	30/20	30/20	26/17	22/13	16/9	13/6
로스앤젤레스	18/8	19/8	19/9	21/10	22/12	24/13	27/16	28/16	27/14	24/12	23/10	19/8
리야드	21/8	23/9	28/13	32/18	38/22	42/25	42/26	42/24	39/22	34/16	29/13	21/9
마닐라	30/21	31/21	33/22	34/23	34/24	33/24	31/24	31/24	31/24	31/23	31/22	30/21
마드리드	9/2	11/2	15/5	18/7	21/10	27/15	31/17	31/17	25/14	19/10	13/5	9/2
멕시코시티	19/6	21/6	24/8	25/11	26/12	24/13	23/12	23/12	23/12	21/10	20/8	19/6
모스크바	-9/-16	-6/-14	0/-8	10/1	19/8	21/11	23/13	22/12	16/7	9/3	2/-3	-5/-10
몬트리올	-8/-17	-7/16	-1/-9	7/-2	16/5	22/11	24/14	23/12	18/8	11/3	2/-4	-6/-13
방콕	32/20	32/22	34/24	35/25	34/25	33/24	32/24	32/24	31/24	31/24	31/22	31/20
밴쿠버	5/0	7/1	10/3	14/4	18/8	21/11	23/12	23/12	18/9	14/7	9/4	6/2
뭄바이	28/19	28/19	30/22	32/24	33/27	32/26	29/25	29/24	29/24	32/24	32/23	31/21
부루셀	4/-1	7/0	10/2	14/5	18/8	22/11	23/12	22/12	21/11	15/7	9/3	6/0
부에노스아이레스	29/17	28/17	26/16	22/12	18/8	14/5	14/6	16/6	18/8	21/10	24/13	28/16
북경	1/-10	4/-8	11/-1	21/7	27/13	31/15	31/21	30/20	26/14	20/6	9/-2	3/-8
상파울루	31/16	41/14	31/15	30/11	26/11	26/8	28/7	28/5	29/10	31/10	31/11	31/13
서울	0/-10	3/-7	9/-1	17/5	23/11	27/16	29/21	31/22	26/16	20/8	12/1	3/-5
스톡홀름	-1/-5	-1/-5	3/-4	8/1	14/6	19/11	22/14	20/13	15/9	9/5	5/1	2/-2
시드니	26/18	26/18	24/17	22/14	19/11	16/9	16/8	17/9	19/11	22/13	23/16	25/17
시카고	0/-8	1/-7	6/-2	13/4	18/10	24/16	27/19	26/18	23/14	16/8	8/1	2/-5
싱가포르	30/23	31/23	31/24	31/24	32/24	31/24	31/24	31/24	31/24	31/23	31/23	31/23
아테네	13/6	14/7	16/8	20/11	25/16	30/20	33/23	33/23	29/19	24/15	19/12	15/8
자카르타	29/23	29/23	30/23	31/24	31/24	31/23	31/23	31/23	31/23	31/23	30/23	29/23
취리히	2/-3	5/-2	10/1	15/4	19/8	23/12	25/14	24/13	20/11	14/6	7/2	3/-2
텔아비브	18/9	19/9	20/10	22/12	25/17	28/19	30/21	30/22	31/20	29/15	25/12	19/9
파리	6/0	7/1	11/2	16/5	19/8	23/11	24/13	24/13	21/10	15/7	9/3	6/1
프랑크푸르트	3/-2	5/-1	11/2	16/6	20/9	23/13	25/15	24/14	21/11	14/7	8/3	4/0
호놀룰루	24/21	24/19	25/19	26/20	27/21	27/22	28/23	28/23	28/23	28/22	27/21	26/21
홍콩	18/13	17/13	19/16	24/19	28/23	29/26	31/26	31/26	29/25	27/23	23/18	20/15
휴스턴	17/7	18/8	22/12	26/16	29/19	32/22	33/23	34/23	31/21	27/16	22/11	17/7

세계시차표

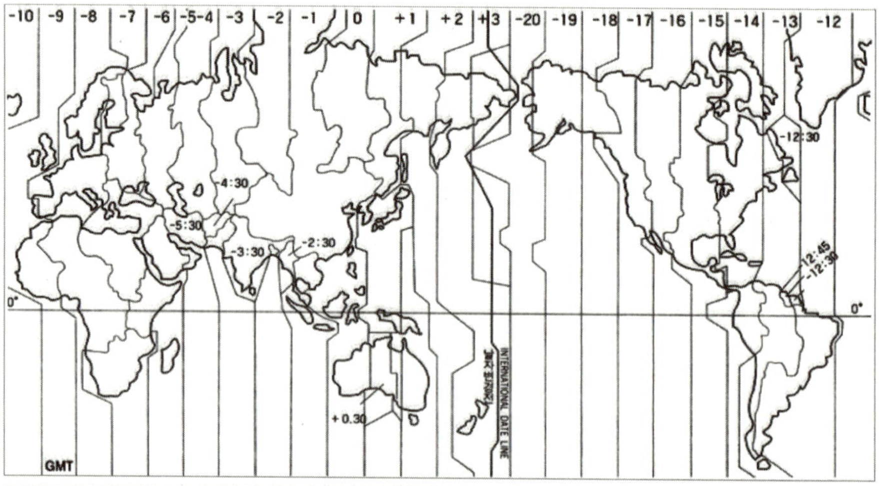

	런던 마드리드	로마·파리 베를린	아테네 카이로	바그다드	테헤란	칼라치 캘커타 + 30분	랑군 + 30분	방콕	마닐라·북경 홍콩	서울 동경	시드니 멜버른	오호츠크	웰링턴	미드웨이 사모아	호놀룰루		샌프란시스코 시애틀	덴버 페닉스	시카고 멕시코시티	뉴욕 마이아미	조지타운 구스베이	라오데자네이로	
-10	-9	-8	-7	-6	-5	-4	-3	-2	-1	韓國時刻	+1	+2	+3	-20	-19	-18	-17	-16	-15	-14	-13	-12	-11
14	15	16	17	18	19	20	21	22	23	0	1	2	3	4	5	6	7	8	9	10	11	12	13
15	16	17	18	19	20	21	22	23	0	1	2	3	4	5	6	7	8	9	10	11	12	13	14
16	17	18	19	20	21	22	23	0	1	2	3	4	5	6	7	8	9	10	11	12	13	14	15
17	18	19	20	21	22	23	0	1	2	3	4	5	6	7	8	9	10	11	12	13	14	15	16
18	19	20	21	22	23	0	1	2	3	4	5	6	7	8	9	10	11	12	13	14	15	16	17
19	20	21	22	23	0	1	2	3	4	5	6	7	8	9	10	11	12	13	14	15	16	17	18
20	21	22	23	0	1	2	3	4	5	6	7	8	9	10	11	12	13	14	15	16	17	18	19
21	22	23	0	1	2	3	4	5	6	7	8	9	10	11	12	13	14	15	16	17	18	19	20
22	23	0	1	2	3	4	5	6	7	8	9	10	11	12	13	14	15	16	17	18	19	20	21
23	0	1	2	3	4	5	6	7	8	9	10	11	12	13	14	15	16	17	18	19	20	21	22
0	1	2	3	4	5	6	7	8	9	10	11	12	13	14	15	16	17	18	19	20	21	22	23
1	2	3	4	5	6	7	8	9	10	11	12	13	14	15	16	17	18	19	20	21	22	23	0
2	3	4	5	6	7	8	9	10	11	12	13	14	15	16	17	18	19	20	21	22	23	0	1
3	4	5	6	7	8	9	10	11	12	13	14	15	16	17	18	19	20	21	22	23	0	1	2
4	5	6	7	8	9	10	11	12	13	14	15	16	17	18	19	20	21	22	23	0	1	1	3
5	6	7	8	9	10	11	12	13	14	15	16	17	18	19	20	21	22	23	0	1	2	3	4
6	7	8	9	10	11	12	13	14	15	16	17	18	19	20	21	22	23	0	1	2	3	4	5
7	8	9	10	11	12	13	14	15	16	17	18	19	20	21	22	23	0	1	2	3	4	5	6
8	9	10	11	12	13	14	15	16	17	18	19	20	21	22	23	0	1	2	3	4	5	6	7
9	10	11	12	13	14	15	16	17	18	19	20	21	22	23	0	1	2	3	4	5	6	7	8
10	11	12	13	14	15	16	17	18	19	20	21	22	23	0	1	2	3	4	5	6	7	8	9
11	12	13	14	15	16	17	18	19	20	21	22	23	0	1	2	3	4	5	6	7	8	9	10
12	13	14	15	16	17	18	19	20	21	22	23	0	1	2	3	4	5	6	7	8	9	10	11
13	14	15	16	17	18	19	20	21	22	23	0	1	2	3	4	5	6	7	8	9	10	11	12

- 현지시간이 굵은체의 숫자(시간)일 때는 한국은 그 다음날의 시간을 나타냅니다.
- 「써머타임」을 사용하고 있는 지역에는 현재 시간이 1시간 더 많아집니다.

세계 화폐단위

국가	화폐 단위	화폐 표시
Australia	dollar	A$
Brazil	real	R
Canada	dollar	Can$
Costa Rica	colon	C
Czech Republic	Koruna	K
Egypt	Egyptian pound	£E
Hong Kong	dollar	HK$
India	Indian repee	Re
Japan	yen	¥
Kenya	Kenya shilling	Ksh
Mexico	peso	Mex$
Moroco	Dirham	DH
New Zealand	dollar	NZ$
Poland	zloty	ZL
Russia	ruble	Rb
Singapore	dollar	S$
South Africa	rand	R
South Korea	won	₩
Switzerland	franc	SFr
Taiwan	dollar	NT$
United Kingdom	pound sterling	£
United States	dollar	US$

<table>
<tr><th colspan="2">국가</th><th>화폐 단위</th><th>화폐 표시</th></tr>
<tr><td>Austria</td><td>Ireland</td><td rowspan="6">euro</td><td rowspan="6">£</td></tr>
<tr><td>Belgium</td><td>Italy</td></tr>
<tr><td>Finland</td><td>Luxemburg</td></tr>
<tr><td>France</td><td>The Netherlands</td></tr>
<tr><td>Germany</td><td>Portugal</td></tr>
<tr><td>Greece</td><td>Spain</td></tr>
</table>

수의(壽儀)

부조금 봉투, 선물 포장지나 화환의 리본, 축전 등에 기록하는 문구를 말한다.

언제	수의	의미	어떻게
혼인식(婚姻式)	축화혼(祝華婚) 축화촉(祝華燭)	혼인을 축하함	혼인식 날 내는 부조금
수연 잔치	축수연(祝壽宴)	장수함을 축하함	장수를 축하하면서 행사비용으로 내는 축하부조금
	축회갑(祝回甲)	육십 살의 생일잔치를 축하함	회갑잔치 때의 축하부조금
	축희연(祝稀宴) 축고희연(祝古稀宴)	일흔 살 생일잔치를 축하함	칠순잔치 때의 축하부조금
	축희수연(祝喜壽宴)	일흔일곱 살 생일잔치를 축하함	희수연잔치 때의 축하부조금
	축산수연(祝傘壽宴)	여든 살의 생일잔치를 축하함	산수연잔치 때의 축하부조금
	축미수연(祝米壽宴)	여든여덟 살 생일잔치를 축하함	미수연잔치 때의 축하부조금
명절	송구영신(送舊迎新) 중추가절(仲秋佳節)	새해에도 안녕하시기를 기원함 추석 맞음을 축하함	연초에 하는 인사 추석 명절 때
축하	축입선(祝入選) 축당선(祝當選) 축우승(祝優勝) 축영전(祝榮轉) 축영진(祝榮進) 축생신(祝生辰) 축득남(祝得男)	입선 축하 당선 축하 우승 축하 좋은 전출을 축하 승진을 축하 어른의 생신을 축하 아들 얻음을 축하	좋은 일, 즉 경사가 났을 때
송별	전별(餞別) 석별(惜別) 전의(錢儀)	헤어짐을 애석하게 생각함	서로 아쉬운 헤어짐을 표현할 때
문병	기쾌유(祈快癒)	빨리 쾌유되기를 빔	가정, 병원에 문병 갈 때
문상	부의(賻儀) 근조(謹弔) 조의(弔意)	문상으로 내는 부조금 슬픔을 애도함 슬픔을 애도함	초상 시 문상 때 내는 부조금이나 화환

| 저자약력 |

장은주

이화여자대학교 법정대학 비서학과 졸업
서강대학교 경영대학원 경영학 석사(인사관리 전공)
서강대학교 대학원 경영학과 경영학 박사(인사조직 전공)
Syracuse University, Martin J. Whitman School of Management 방문교수
The Bank of New York 근무(심사부 비서)
한국 존슨앤드존슨 근무(수석비서)
현) 경인여자대학교 비서행정과 교수

김성은

이화여자대학교 법정대학 비서학과 졸업
이화여자대학교 대학원 비서학 석사
고려대학교 대학원 경영학과 경영학 박사(경영관리 전공)
현) 안산대학교 국제비서사무과 교수

유지선

이화여자대학교 법정대학 비서학과 졸업
서울대학교 사범대학 경영교육 석사(경영교육 전공)
서울대학교 대학원 농산업교육과 교육학 박사(교육학 전공)
(주)대우 인사부 근무
현) 수원여자대학교 비서경영과 교수

NCS 기반 비서실무실습

2015년 2월 28일 1판 1쇄 발행
2022년 8월 20일 1판 6쇄 발행

저　　자 | 장은주 · 김성은 · 유지선
발 행 인 | 이수영
발 행 처 | 도서출판 청람
서울시 마포구 독막로 288(대흥동, 세양상가 109호)
전　　화 | 02) 3272-2601~2
팩　　스 | 02) 3272-2603
홈페이지 | www.crbooks.co.kr
이 메 일 | crbooks@daum.net
등　　록 | 2000년 8월 26일 제6-0509호

ISBN 978-89-5972-452-9 93320 [정가 23,000원]